NEALE DONALD WALSCH

Retour à Dieu

Une vie sans fin

Traduit de l'américain par Michel Saint-Germain

ARIANE

Titre original anglais : *Home with God – In a life that never ends*
Atria Books
1230 Avenue of the Americas, New York, NY 10020

Retour à Dieu Une vie sans fin

Ariane Éditions Inc.
1217, av. Bernard O., bureau 101, Outremont, Qc,
Canada H2V 1V7
Téléphone : 514 276-2949, télécopieur : 514 276-4121
Courrier électronique : info@editions-ariane.com
Site Internet : www.editions-ariane.com

Traduction : Michel St-Germain
Révision linguistique : Monique Riendeau, Michelle Bachand
Révision : Martine Vallée
Graphisme et mise en page : Carl Lemyre

Première impression : 2006
ISBN : 978-2-89626-443-8

Dépôt légal :
Bibliothèque nationale du Québec, 2006-2017
Bibliothèque nationale du Canada, 2006-2017
Bibliothèque nationale de Paris, 2006-2017

Diffusion
Québec : Flammarion Québec – 514 277-8807
www.flammarion.qc.ca
France et Belgique : D.G. Diffusion – 05.61.000.999
www.dgdiffusion.com
Suisse : Servidis/Transat – 22.960.95.25
www.servidis.ch

Gouvernement du Québec – Programme de crédit d'impôt
Pour l'édition de livres – Gestion SODEC

Membre de l'ANEL

Nous reconnaissons l'appui [financier] du gouvernement du Canada. | Canada

Imprimé au Canada

Retour à Dieu

Introduction

Voici la transcription fidèle d'une conversation sacrée. Il s'agit d'une conversation avec Dieu sur le Retour à Dieu. C'est la dernière tranche d'un extraordinaire dialogue qui s'étend sur près de 3 000 pages, soit neuf volumes écrits en une douzaine d'années. On y traite de tous les aspects de la vie humaine.

Le présent entretien explore maints domaines de l'expérience humaine et, avec une profondeur nouvelle, un sujet particulier : la mort et l'au-delà.

À un certain moment, ce dialogue s'aventure même sur un territoire à l'extrême frontière de la spiritualité : la cosmologie de la vie entière. Il offre un aperçu saisissant de l'Ultime Réalité, présenté sur le mode métaphorique. Il révèle, en un langage simple et accessible, le sens et le but de la vie, les sources de la joie ultime, la nature du voyage auquel nous participons tous, et la fin extraordinaire de ce parcours – une fin qui n'est nullement un aboutissement, mais bien plutôt l'intermède extatique d'une expérience glorieuse et perpétuelle, dont la description complète défie l'imagination.

Ce dialogue est circulaire. Il s'élance en spirales vers des espaces étonnamment nouveaux et inédits, puis revient en terrain connu, assoyant solidement la prochaine exploration hallucinante. Si vous êtes patient tout au long de votre lecture – comme, d'ailleurs, dans votre vie –, votre récompense sera magnifique.

Le message de *Retour à Dieu* est peut-être l'un des plus optimistes et des plus utiles jamais reçus par l'humanité.

Il vous faut comprendre comment vous êtes arrivé à cette conversation. Si vous croyez y être venu par hasard, vous aurez manqué le caractère prodigieux de ce qui se déroule dans votre vie.

Votre âme vous a *amené* à cette conversation, comme à tous vos autres dialogues avec Dieu, quelle que soit leur forme. Elle a fait en sorte de placer ces pages devant vous. En ce moment, une myriade de circonstances ont été réunies d'une façon précise, à un moment précis, pour vous attirer en douce vers ces paroles, et ce n'est que par l'intervention de votre âme sacrée que ces événements ont pu se produire aussi naturellement. Si vous en êtes certain, vous accueillerez ces paroles différemment.

Vous avez été conduit ici parce que l'Univers comprend que vous avez réclamé en silence des réponses aux questions que tous les humains se posent. Que se passe-t-il en cette vie, et qu'y aura-t-il à la fin ? Retrouverons-nous nos chers disparus ? Dieu viendra-t-il nous accueillir ? Connaîtrons-nous le Jugement dernier ? Affronterons-nous la possibilité de la damnation éternelle ? Aurons-nous la permission, au ciel, de pousser de petits cris ? Saurons-nous même ce qui se passe après notre mort ? Se passera-t-il *même* quelque chose ?

Les réponses à ces questions recèlent des implications énormes pour tout être humain. Notre vie serait-elle différente si nous connaissions vraiment ces réponses ? Je crois que oui. Aurions-nous moins peur de vivre comme nous l'avons toujours voulu – sans crainte et avec amour – si nous avions moins peur de mourir ? Je crois que oui.

Mon cœur saigne de savoir que tant de gens redoutent de passer dans l'autre monde alors qu'ils sont encore de celui-ci. La vie est censée être une joie constante, et la mort, une période de réjouissance encore plus grande, et il serait merveilleux que chacun ne connaisse que la paix et une anticipation heureuse.

Comme ma mère. Elle est morte dans la paix absolue. Le jeune prêtre venu lui administrer les derniers sacrements de l'Église est sorti en hochant la tête. Il a murmuré : « Elle s'est mise à *me* réconforter. »

Maman, qui avait une foi inébranlable, croyait glisser dans les bras de Dieu. Elle savait ce qu'est la vie, et ce que n'est pas la mort. La vie, c'est donner tout ce que l'on a à tous ceux que l'on aime, sans hésitation, ni question, ni limite. La mort n'est pas une fermeture, mais une ouverture totale. Elle disait : « Quand je mourrai, ne soyez pas tristes. Dansez sur ma tombe. » Toute sa vie, maman a senti Dieu à ses côtés – là même où il serait à sa mort.

Mais que dire de ceux qui s'imaginent vivre et mourir *sans* Dieu ? Ils connaissent peut-être une existence très solitaire et une mort fort effrayante. Dans ce cas, il vaut peut-être mieux mourir sans s'en apercevoir.

C'est ainsi qu'est mort mon père. Un soir, il s'est levé de son fauteuil inclinable, a avancé d'un pas, puis s'est effondré sur le plancher. Le personnel médical est arrivé en quelques minutes, mais c'était déjà fini, et je suis sûr que mon père n'a jamais su que c'étaient ses derniers moments sur terre.

Maman savait qu'elle était sur le point de mourir et, selon moi, elle pouvait affronter sa mort d'une façon paisible et joyeuse. Papa, lui, non : il a donc choisi de partir abruptement. Il n'a pas eu le temps de penser : « Oh, mon Dieu ! je suis en train de mourir. Je suis *vraiment* en train de mourir. » De même, je ne crois pas qu'à aucun moment de ses 83 années d'existence, il se soit jamais dit : « Oh, mon Dieu ! je suis vraiment en train de vivre. » Maman savait qu'elle « vivait vraiment » chaque minute. Elle connaissait la merveille et la magie de tout cela. Papa, lui, non.

Mon père était un type intéressant, et ses pensées sur Dieu, la vie et la mort étaient une contradiction dans les termes. Plus d'une fois, il partagea avec moi sa totale perplexité sur les événements quotidiens, de même que son scepticisme absolu quant à l'au-delà.

Je me rappelle vivement une conversation, deux ans avant sa mort, dans laquelle il réfléchissait à son existence. Ce ne fut pas une discussion très longue. Je lui avais demandé son point de vue sur le sens de la vie. Il m'avait lancé un regard presque vide en disant : « Je n'y comprends rien. » Et quand je lui avais demandé ce qui, à son avis, se passait après la mort, il avait répondu : « Rien. »

J'avais insisté pour qu'il me fournisse une réponse plus consistante.

« L'obscurité. La fin. C'est tout. On s'endort et on ne se réveille pas. »

J'étais atterré. Il y a eu un silence gêné, que je me suis empressé de remplir en l'assurant de toutes les manières qu'il se trompait sûrement, qu'une expérience extraordinaire nous attendait tous, à coup sûr, de « l'autre côté ». J'avais commencé à lui décrire le sens de tout cela, selon moi, lorsqu'il m'a interrompu d'un mouvement impatient de la main.

« Des salades », a-t-il murmuré. Puis, plus rien.

J'étais renversé, car je croyais que mon père, même octogénaire, priait à genoux chaque soir. Qui priait-il, me suis-je demandé, s'il ne croyait pas que la vie était sacrée et que la mort n'était que le commencement ? Et *à propos* de quoi priait-il ? Peut-être priait-il pour avoir tort. Peut-être espérait-il contre tout espoir.

Ce livre s'adresse à tous ceux qui pensent comme mon papa, tous ceux qui espèrent peut-être contre tout espoir. Il est également dédié à ceux qui ne savent tout *simplement pas* ce qui survient après la mort, et qui ont donc une base très mince pour comprendre en profondeur ce qui se passe dans la vie, et pourquoi. Il s'adresse à ceux pour qui la vie ne vient pas avec une formule qui explique son fonctionnement. Il est destiné aux perplexes et à ceux qui croient en connaître un peu sur tout cela, mais se demandent de temps à autre s'ils ont vraiment raison… Il veut toucher ceux qui ont peut-être tout simplement peur.

Ce livre veut également rejoindre ceux qui ne font partie d'aucun de ces groupes, mais qui voudraient aider les membres de leur entourage, sans trop savoir comment. Que dire à un mourant ? Comment réconforter ceux qui continuent à vivre ? Qu'est-ce qu'on se dit *à soi-même* dans ces moments-là ? Ce ne sont pas là des questions faciles. Voyez-vous, à présent, pourquoi vous vous êtes dirigé vers ce livre ?

C'est par un *véritable* miracle que vous avez trouvé ce texte, vous savez. Un petit miracle, peut-être, mais un miracle tout de même. Je crois vraiment que les choses se passent comme je l'ai dit, que votre âme vous a attiré vers ce livre à partir de l'impulsion qui nous fait tous avancer vers notre prochain pas, notre prochaine intuition et, en définitive, vers le Divin.

Aucun de nous n'a à suivre cette impulsion. Nous pourrions changer de cap à tout moment, prendre une autre direction, ou rester là pendant longtemps, n'aller nulle part, coincés dans notre confusion. Un jour, cependant, nous allons tous reprendre la route, et il nous sera impossible alors de rater notre destination.

Cette destination est la même pour tous. Nous sommes sur le chemin du Retour et ne pouvons le manquer. Dieu ne le permettrait pas.

C'était là, en trois phrases, le message de tout ce texte.

Chacun fait tout pour soi... Lorsque tu comprendras cette vérité, même à propos de la mort, tu n'en auras plus jamais peur.

1

On ne peut vivre ni mourir sans Dieu, mais on peut croire le contraire.

Si vous croyez vivre ou mourir sans Dieu, telle sera votre expérience.

Vous pouvez faire cette expérience aussi longtemps que vous le voulez. Vous pouvez aussi y mettre fin à tout moment, à votre gré.

Pour moi, ces paroles sont sacrées. Elles viennent directement de Dieu.

Ces paroles flottent dans mon esprit depuis quatre ans. À présent, je vois qu'elles constituaient mon invitation. Une invitation de Dieu à entamer une conversation élargie.

Tu as raison. Comme je voulais m'assurer que nous aurions cette conversation élargie, je les ai placées dans ton esprit chaque fois que tu songeais sérieusement, même un seul instant, à la vie ou à la mort. C'est une conversation à laquelle tu as résisté, que tu as maintes fois repoussée.

Oui, je sais. Je ne crains pas de parler en profondeur de la vie, ni même de la mort, mais ce sont des sujets très complexes et je voulais m'assurer d'être vraiment prêt à me livrer à une immense conversation à ce propos. Je voulais être prêt, psychologiquement et, j'imagine, spirituellement.

Et maintenant, as-tu l'impression de l'être ?

Je l'espère. Je ne peux remettre indéfiniment cette conversation. Même si j'essayais, tu continuerais tout simplement à placer ces paroles dans ma tête.

C'est vrai, je le ferais, car je veux que tu les entendes, même si tu ne te rends pas au bout de cette conversation.

D'accord, je les ai entendues.

Je veux que tu les entendes maintes et maintes fois.

On ne peut vivre ou mourir sans Dieu, mais on peut croire le contraire.

Si vous croyez vivre ou mourir sans Dieu, telle sera votre expérience.

Vous pouvez faire cette expérience aussi longtemps que vous le voulez. Vous pouvez aussi y mettre fin à tout moment, à votre gré.

C'est tout ce qu'auront jamais besoin de savoir ceux qui ont peur de vivre *ou* de mourir.

Nous pouvons donc terminer la conversation ici même.

En effet. Cependant, jusqu'à quel point veux-tu comprendre ? Si tu choisis de poursuivre cette conversation, je te donnerai bien d'autres paroles avec lesquelles composer une formule condensée de la vie.

Ça, ça me met en appétit !

C'est précisément le but.

Et ça marche ! Alors, je ne vais sûrement pas interrompre ce dialogue. Me voici donc en conversation avec Dieu à propos de la vie et de la mort. Encore une fois.

Oui, mais nous allons aborder bien des choses dont nous n'avons jamais parlé.

Qui l'eût cru ?...

Peu importe. Tu n'es pas en conversation pour quelqu'un d'autre, mais pour toi-même.

Je dois constamment me le rappeler.

Ainsi, même si les gens pensent souvent agir pour quelqu'un d'autre, ils le font, en réalité, pour eux-mêmes.

Chacun fait tout pour soi. Lorsque tu t'éveilleras à cette prise de conscience, tu en seras à un tournant. Et lorsque tu comprendras que c'est vrai même en ce qui a trait à la mort, tu n'en auras plus jamais peur. Et lorsque tu ne craindras plus la mort, tu n'auras plus peur de vivre. Tu vivras pleinement, jusqu'au dernier instant de ton existence.

Attends. Minute. Tu dis que lorsque je *meurs*, c'est pour moi ?

Bien sûr ! Pour qui d'autre ?

Lorsque tu auras répondu à la plupart des questions que tu as jamais eues sur la mort, tu auras aussi répondu à la plupart des questions que tu as jamais eues sur la vie.

2

Eh bien, c'était un début intéressant. C'est une déclaration très intrigante.

C'est la première, et il en viendra un grand nombre. Cependant, notre dialogue explorera des espaces non seulement intrigants, mais aussi, pour certaines personnes, incroyables. Telle sera la nature des Rappels pour lesquels tu es venu.

Des Rappels ?

Comme je te l'ai dit au cours de conversations antérieures, tu n'as rien à apprendre, tu n'as qu'à te rappeler. La conversation que nous allons amorcer t'y aidera, comme d'habitude. Elle te guidera à travers une série de rappels sur la vie et la mort.

Tu remarqueras qu'un grand nombre de ces Rappels concernent la mort. C'est intentionnel. Par une compréhension profonde de la mort, tu comprendras plus rapidement et plus profondément la vie.

> Certains de ces Rappels te surprendront peut-être, car ils remettent en question une grande part de ce que tu croyais savoir. D'autres ne t'étonneront pas du tout. Dès que tu les entendras, tu auras conscience d'avoir su depuis toujours. Dans l'ensemble, ces Rappels te ramèneront à toi-même, en te rappelant tout ce que tu dois connaître pour vivre le Retour à Dieu.

L'humanité a attendu si longtemps une nouvelle conversation sur ces questions plus générales. La plus grande part de ce que nous entretenons dans notre réalité collective provient des siècles passés. À présent, nous avons besoin d'une « nouvelle sagesse ».

> Tous les humains naissent avec, dans leur âme, l'empreinte de toute la sagesse de l'univers. C'est dans l'ADN universel. En effet, « ADN » pourrait bien être l'acronyme de « Âme divine naturelle ».
>
> Tout être vivant intègre cette conscience naturelle qui fait partie du *système*, du processus appelé la Vie. C'est pourquoi, lorsque les gens se trouvent devant une grande sagesse, elle leur semble si familière. Ils se sentent tout de suite en accord : c'est sans discussion, ce n'est qu'un rappel. Elle fait partie de l'Âme divine naturelle. On dit qu'elle est « dans leur ADN ». Ce qui fait dire aux gens : « Ah oui ! bien sûr. »
>
> Commençons donc pour de bon cette nouvelle conversation qui te rappellera ce que tu as toujours su. Parlons de toutes ces choses d'une voix neuve, afin que tu puisses rafraîchir ta mémoire cellulaire et effectuer ton Retour.

Je peux retourner à Dieu de mon vivant, n'est-ce pas ? Je n'ai pas à attendre de mourir pour mon voyage de retour, hein ?

Ce n'est pas nécessaire.

Alors – redis-le-moi, pour que je puisse clairement le voir –, pourquoi tant de ces « Rappels » sont-ils reliés à la mort ?

La mort est le plus grand mystère de la vie. Décrypter ce mystère permet de tout décrypter.

Lorsque tu auras répondu à la plupart des questions que tu as jamais eues sur la mort, tu auras aussi répondu à la plupart des questions que tu as jamais eues sur la vie.

Tu sauras alors comment retourner à Dieu *sans* mourir.

J'ai pigé. Superbe.

Mais je te conseille de ne pas avoir d'attente, ni de vouloir forcer chacun à « piger » ce qui sera énoncé ici, car dans ce cas tu pourrais « arranger » cette conversation pour être certain que le plus grand nombre possible de gens la comprennent et soient d'accord.

Oh ! je ne ferais pas ça.

Cela pourrait te tenter, si tu croyais que d'autres allaient entreprendre de la marginaliser ou de la ridiculiser.

Je ne crois pas.

Pour bien des gens, certaines portions de cette conversation – surtout la discussion sur la cosmologie de la vie – paraîtront « tirées par les cheveux ».

Il ne fait aucun doute pour moi que les explorations et les excursions mentales que nous sommes sur le point d'entreprendre amélioreront ta capacité de saisir en profondeur la vérité sur la vie et la mort. Et pourtant, certaines peuvent sembler si lointaines et si ésotériques que tu pourrais vraiment être tenté de les couper.

Non, ça n'arrivera pas. Mon engagement par rapport à cette conversation consiste à la transcrire fidèlement et intégralement, sans rien enlever de ce que tu as l'intention d'y mettre.

Bien. Alors, allons-y.

Voici...

LE PREMIER RAPPEL
On ne meurt que pour soi.

C'est fort intéressant, car selon moi, je ne le « fais » pour *personne*. D'ailleurs, je ne considère pas du tout la mort comme une chose que je *fais*, mais comme une chose qui *m'arrive*.

C'est vrai, c'est *à toi* qu'elle arrive. Et *à travers* toi.
Tout ce qui t'arrive *à toi* arrive *à travers* toi. Et tout ce qui arrive *à travers* toi arrive *pour* toi.

Seulement, je n'ai jamais considéré la mort comme un acte intentionnel – encore moins comme un acte que je pose pour moi.

Tu le fais *vraiment* pour toi, car mourir est merveilleux. Oui, tu le fais « exprès », pour des raisons qui seront éclaircies au fil de cette conversation.

Mourir est merveilleux ?

Oui. Ce que tu appelles « la mort » est une chose merveilleuse. Alors, ne t'attriste pas lorsqu'une personne meurt, et n'aborde pas ta propre mort avec tristesse ou appréhension. Accueille-la comme tu as accueilli la vie, car la mort *est* la vie, sous une autre forme.

Accueille la mort d'un autre avec une douce célébration et un bonheur profond, car sa joie est merveilleuse.

Voici comment arriver à une expérience paisible de la mort – la tienne ou celle d'un autre : sache que la personne qui meurt est toujours en cause.

Et c'est...

LE DEUXIÈME RAPPEL

Vous êtes la cause de votre propre mort. C'est toujours vrai, quels que soient le lieu ou les circonstances.

Crois-tu que l'on meurt contre son gré ?

3

Mon Dieu, c'est vrai, tu tiens parole. Bien des gens auront *vraiment* de la difficulté à le croire.

Des principes sous-jacents à la vie – que nous examinerons davantage dans un moment – peuvent te permettre d'entretenir plus fermement ces Rappels dans ta réalité.

Lorsque nous explorerons ces principes de base, tu sauras que ce que vous appelez la « mort » est un moment fort de création.

Alors, tu vois ! Voilà une autre pensée fascinante. La mort est un « moment de création ».

C'est l'un des instants les plus forts auxquels tu seras jamais confronté. C'est un outil. Utilisée comme il se doit, la mort peut créer quelque chose d'assez extraordinaire. Cela, aussi, te sera complètement expliqué.

La mort est un outil ? Elle n'est pas seulement une « porte » ?

Oui, *c'est* une porte, mais une porte magique, car l'énergie avec laquelle tu la traverses *détermine ce qu'il y a de l'autre côté.*

Minute. Tu m'essouffles. Serait-il possible de ralentir juste un peu ? De repasser une partie de tout ça en ajoutant quelques enchaînements ? Car ce que tu viens de dire suscite en moi pas mal de questions.

Nous allons toutes les examiner, et répondre à chacune.

Magnifique. Revoyons d'abord cette idée de me servir de la mort comme d'un *outil.* Cette pensée est tout à fait nouvelle pour moi. Un outil, c'est quelque chose qu'on utilise délibérément, avec intention. Mais je ne veux *pas* mourir. Personne ne le veut.

Tout le monde veut mourir.

Tout le monde veut mourir ?

Bien sûr, sinon personne ne le ferait. Crois-tu que l'on meurt contre son gré ?

C'est certainement le cas pour bien des gens.

Rien ne se produit contre ton gré. C'est impossible. Alors, voici…

LE TROISIÈME RAPPEL
On ne peut mourir contre son gré.

Je serais tellement rassuré si je le croyais, et cette certitude aurait un si merveilleux effet de guérison. Mais comment pourrais-je adopter cela comme une vérité, puisque, d'après mon expérience, *bien* des choses échappent à ma volonté ?

Rien n'arrive sans ton consentement.

Rien ?

Rien.

Tu peux *imaginer* que des choses surviennent sans que tu le veuilles, mais ce n'est pas le cas et cela te permet seulement de te considérer comme une victime.

Rien ne retient davantage ton évolution que cette seule pensée. L'idée d'être une victime est le signe certain d'une perception limitée. La véritable persécution n'existe pas.

Que personne ne soit persécuté reste assez difficile à dire à quelqu'un dont la fille a été violée, ou dont le village entier a été rasé en un geste brutal de « nettoyage ethnique ».

Il serait pernicieux de parler ainsi à des gens qui sont en pleine souffrance. En ces moments, contente-toi d'être présent et de faire preuve d'une profonde compassion, d'une véritable bienveillance, d'un amour qui guérit. Ne t'imagine pas que les lieux communs ou les digressions intellectuelles calmeront leur douleur. Guéris d'abord leur douleur avant de guérir la pensée qui l'a créée.

Il est vrai qu'au sens humain ordinaire, certains ont été « victimes » de terribles événements et circonstances de la vie. Mais cette expérience de victime n'est réelle que dans le contexte de la conscience humaine normale et, par conséquent, limitée.

Lorsque j'affirme que la véritable persécution n'existe pas, je réfère à une conscience entièrement différente. Il s'agit d'un niveau de conscience que les humains peuvent atteindre, une fois leur douleur guérie.

Je crois que bien des gens auront du mal à accueillir tes déclarations, qu'ils soient ou non dans la douleur émotionnelle.

Ce que je dis ici, presque toutes les religions traditionnelles du monde l'ont répété depuis des siècles. « Les voies du Seigneur sont mystérieuses, ont-elles proclamé. Croyez à la perfection du plan de Dieu. »

Plus loin, au cours de cette conversation, nous aurons l'occasion d'explorer cette idée d'un plan parfait. Nous examinerons alors comment il se fait que bien des âmes interagissent les unes avec les autres pour produire les résultats individuels et collectifs de la vie sur terre, et ce, d'une façon particulière et parfaite, pour une raison particulière et parfaite. En fait, je vais *te* demander de *me* donner un exemple.

Vraiment ?

Oui. Ainsi, tu sauras exactement de quoi il en retourne. Pour l'instant, garde un cœur tranquille, sachant que tout se déroule à la perfection.

Je vais essayer d'entretenir cette pensée et de l'accueillir dans mon cœur, comme tu me l'as demandé. Mais tu vas plutôt vite, ici. Tu files. Nous venons tout juste d'établir ce dialogue, mais déjà tu es… comment dire ?… en orbite. Je ne veux pas te manquer de respect, mais où cette conversation nous mène-t-elle au juste ?

Où tu as toujours voulu aller.

C'est-à-dire… ?

À la vérité.

Il n'y a de vérité que celle qui est en toi.
Tout le reste, c'est ce qu'on te raconte.

4

Mais oui, j'ai déjà entendu ça. Tout le monde essaie de me dire qu'il m'amène à la vérité.

Oui, mais une seule personne peut t'y conduire.

De qui s'agit-il ? De toi ?

Non.

Qui est-ce, alors ?

Toi.

Moi ?

Oui, toi. Tu es le seul qui puisse t'amener à la vérité, car elle n'existe qu'en un seul endroit.

Attends, ne me le dis pas… c'est « en moi ».

Exact. Il n'y a de vérité que celle qui est en toi. Tout le reste, c'est ce qu'on te raconte.

Y compris ce que tu viens de dire !

Bien sûr !

Alors, à quoi rime toute cette conversation ? D'ailleurs, pourquoi écouter quelqu'un à propos de quoi que ce soit ?

Je n'ai pas affirmé que rien d'extérieur à toi ne pouvait *t'indiquer* le chemin de la vérité. J'ai dit que tu étais la seule personne qui puisse t'y amener.

Mais si je connaissais ma propre façon d'arriver à la vérité sur la vie et la mort, je ne te poserais pas de questions. Je ne serais pas en train de dialoguer avec toi, non ?

Écoute, je connais bien des gens qui prient pour ça. Ils prient pour obtenir une réponse, des conseils relativement aux questions les plus profondes sur la vie et la mort. Et lorsque les gens prient Dieu pour recevoir des réponses, et qu'ils les reçoivent – souvent très clairement –, ils déclarent que Dieu a répondu à leurs prières.

C'est apparemment mon expérience ici. Toute cette conversation me fait l'impression d'une sorte de prière à laquelle je suis en train de recevoir une réponse.

Voilà un merveilleux énoncé, car il se trouve qu'il est vrai !

C'est pourquoi je garde des écrits de toute cette conversation, de tout ce processus. Je transcris tout.

Prends seulement garde que cela ne donne aux autres l'impression que la clarté se trouve hors d'eux-mêmes et qu'ils doivent s'adresser ailleurs – à toi, par exemple – pour obtenir des réponses. Garde-toi de créer une situation dans laquelle d'autres t'envieront d'avoir découvert le chemin de la sagesse, car ils voudront alors que tu *leur* montres la voie et ce serait contre-productif, sinon dangereux.

Dangereux ?

Le jour où d'autres se mettront à croire que tu as accès à des réponses de Dieu et pas eux, tu deviendras dangereux. Alors, fais tout ton possible pour qu'on ne s'imagine pas cela de toi. Tu serais bien avisé de *ne pas laisser les gens faire de toi un cas à part.*

Prends toutes les mesures que tu crois nécessaires pour te « désexceptionnaliser ». Tu es exceptionnel, bien sûr. La démarche, ici, consiste à éliminer l'idée, dans l'esprit de quiconque, que tu es en quelque sorte *plus* exceptionnel que lui.

Que me suggères-tu ?

Fais ce à quoi on ne s'attendrait absolument pas de la part d'un « saint » ou d'un « gourou ». Deviens l'imprésario d'un groupe rock ou un comique de scène. Inaugure une salle de quilles.

Aucun saint n'est propriétaire d'une salle de quilles ? Aucun gourou n'est un comique de scène ?

Tu plaisantes ? Ils le sont *tous.*

Et badaboum !

Seulement, les gens ne le *croient pas.* C'est justement de cela qu'il s'agit. Alors, fais quelque chose d'outrancier qui fera s'interroger les gens. De la sorte, ils nieront ton caractère exceptionnel et te reprocheront même d'être très ordinaire.

Dis donc, le seul fait de raconter ma vie aux gens devrait suffire. J'ai commis trop d'erreurs, posé trop de gestes répréhensibles pour me retrouver sur un piédestal.

Il est vrai que tu es un messager imparfait – ce qui te rend parfait.

Car personne ne peut confondre le message avec le messager.

Ce n'est pas demain la veille, sauf si tu le permets. Alors, continue tout simplement d'être humain. Pardonne-toi et demande aux autres de pardonner aussi toutes tes fautes, nouvelles et anciennes. Puis, va déclarer à tous que les réponses qu'ils cherchent se trouvent en eux.

Peu importe de quel côté tu te diriges,
tu ne peux rater le Retour.

5

C'est très bien de dire ça aux gens, mais on l'a fait si souvent que, maintenant, c'est devenu un aphorisme éculé. Écoute, « la réponse se trouve en vous » est à un cheveu près de « la force est avec toi ».

> Et pourtant, je suis venu te dire que tout ce que tu auras jamais besoin de savoir, tu le savais dès ta naissance. En effet, tu es venu pour *le démontrer.*

Tes déclarations sont tellement… je ne sais pas… *coupées* de notre expérience réelle. Comment puis-je croire que chaque réponse est « en moi » depuis ma naissance, tandis que mon expérience me démontre que j'ai tant à apprendre ?

> Tu n'as *rien* à apprendre. Tu n'as qu'à te rappeler. La vie est un processus de croissance. La croissance est la preuve de la présence et de l'expression de la Divinité. *La vie entière fonctionne ainsi.*
>
> Prends l'arbre qui est derrière ta fenêtre. À ce jour, alors qu'il mesure cinq mètres de hauteur et te couvre de sa gigantesque ombrelle, il ne sait rien de plus que

lorsqu'il était une minuscule semence. Toute l'information dont il avait besoin pour devenir ce qu'il est aujourd'hui était contenue dans cette semence. Il n'a rien eu à apprendre. Il n'a eu qu'à grandir. Pour grandir, il a puisé à même l'information de sa mémoire cellulaire.

Tu n'es pas très différent de cet arbre.

N'ai-je pas dit : « Avant même votre demande, j'aurai répondu » ?

Oui, oui, mais… alors, je dois te le redemander… Quel est donc le but de cette conversation ? Pourquoi dire quoi que ce soit à quiconque et, surtout, pourquoi prier Dieu ou lui parler ?

Même l'arbre a besoin du soleil pour favoriser sa croissance.

Toute la vie est interreliée. Aucun aspect, aucune individualisation du Tout, n'est séparé d'un autre aspect, d'une autre individualisation. La vie crée continuellement, *d'une façon interactive*. Nous produisons mutuellement des résultats. Il n'y a pas *moyen* de faire autrement.

Ta conversation avec d'autres et toute l'information de ton monde extérieur sont comme des rayons de soleil qui font pousser les semences en toi.

Ton monde extérieur contient bien des choses aptes à te diriger vers ta vérité intérieure. Mais même ces gens, ces lieux, ces objets et ces événements ne sont que des rappels, des panneaux indicateurs.

C'est d'ailleurs cela, le « monde extérieur ». Le monde physique est destiné à te fournir un contexte dans lequel tu peux faire l'expérience extérieure de ce que tu sais intérieurement.

En somme, je bénéficie vraiment du fait que le monde qui m'entoure se présente exactement tel quel.

Tous les humains le font. C'est pourquoi j'ai dit : Lorsque vous regardez ce monde et tout ce qui vous est arrivé, « ne jugez pas ni ne condamnez ».

Faisons de l'arbre un ami qui nous accompagnera dans cette portion de notre discussion, pour nous aider à mieux comprendre.

Imaginons que tu sortes de la clairière pour pénétrer au cœur de la forêt. Tu ne t'es jamais avancé aussi loin dans les bois et tu sais que tu es susceptible d'avoir de la difficulté à resituer la clairière. Dès lors, à mesure que tu avances, tu fais des marques sur les arbres.

Puis, désireux de quitter la forêt, tu vois ces repères et tu te rappelles *que c'est toi qui les as mises* pour retrouver ton chemin.

Ces marques sont extérieures à toi. Elles finiront par t'indiquer le chemin du Retour, mais ne sont pas le lieu de ton Retour. Elles t'indiquent le sentier, la voie, la route – et celle-ci te semble familière. Tu la reconnais. Autrement dit, tu la « re-connais ». Mais le chemin n'est pas la destination. Tu es le seul à pouvoir te conduire à destination.

D'autres peuvent te mener à une voie, d'autres encore, te montrer la leur, mais tu es le seul à pouvoir t'amener à destination. Toi seul peux décider de retourner à Dieu.

Ton monde extérieur est la voie. Il est censé permettre ton Retour. En effet, c'est ce que sont supposés faire *tous les événements* de ton monde extérieur. *C'est pour cela que tu les as placés là.*

Ce sont les marques sur les arbres.

En effet.

Mais si je mets tout en place, dans mon monde extérieur, pour me guider vers ma vérité intérieure… c'est bien ce que tu dis, non ?

En effet. Tu as absolument raison.

Alors, en un sens, *je mets ce livre entre mes propres mains.*

C'est juste.

J'ai « fait en sorte » que ce texte me parvienne comme c'est le cas maintenant. C'est un panneau indicateur, une balise dans l'arbre.

Maintenant, tu vois clair. C'est précisément cela.

Mais si *tout*, dans mon monde extérieur, est un panneau indicateur, comment une simple partie de ce monde peut-elle avoir un sens ? Ce serait comme marcher dans la rue et arriver à une intersection, puis voir tous les panneaux pointer dans différentes directions tout en indiquant chacun PAR ICI LE RETOUR.

Maintenant, tu vois *vraiment* clair.

Qu'entends-tu par là, bon sang ?

Je dis que peu importe de quel côté tu te diriges, *tu ne peux rater le Retour.*

Donc, peu importe quel chemin je prends.

Oui, peu importe.

Peu importe le chemin emprunté ?

Absolument et certainement.

Alors, pourquoi me soucier de suivre un chemin plutôt qu'un autre ? Si tous les chemins représentent celui du Retour, quelle est la différence ?

Certains sont moins ardus.

Fais ce que tu veux, mais ne crois pas ce qui est dit ici.

6

Ah ! Certains chemins sont donc *meilleurs* que d'autres ?

« Moins ardus » est une description factuelle, *meilleurs* est un jugement. Cette observation nous donne…

LE QUATRIÈME RAPPEL
Aucun chemin de Retour n'est meilleur qu'un autre.

En es-tu sûr ? S'il te plaît, Dieu adoré, il faut que tu en sois certain. Presque toutes les autres religions de la terre affirment exactement le contraire.

Je te le redis, pour dissiper tout manque de clarté : Aucun chemin de Retour n'est meilleur qu'un autre.

Toutes les voies vous y mènent, et pour cela, seuls suffisent un désir véritable, un cœur pur et ouvert, et la certitude que Dieu n'a aucune raison de dire : « Non, tu ne peux pas être avec moi » à qui que ce soit, pour quelque raison que ce soit, encore moins pour avoir tout simplement cru en Dieu d'une façon différente.

Toutes les religions véritables sont merveilleuses et tous les véritables enseignements spirituels représentent des voies qui mènent à Dieu. Et aucune religion, aucun enseignement n'est plus « juste » qu'un autre. Il y a plus d'une manière d'atteindre le sommet de la montagne.

La religion a été créée par des cultures humaines pour aider ceux qui sont nés dans ces cultures à enfin s'apercevoir et comprendre qu'il existe une source éternelle d'aide au besoin, de force en cas de difficultés, de clarté en période de confusion, et de compassion devant la douleur.

La religion est aussi une manifestation de la conscience instinctive de l'humanité du fait que les rituels, les traditions, les cérémonies et les coutumes ont une valeur considérable : ils constituent des signes qui affirment la présence d'un peuple dans le monde, et un liant qui assure cette présence en unifiant la culture d'un peuple.

Chaque culture a sa tradition, magnifique et singulière, qui respecte une vérité merveilleuse et essentielle, à savoir qu'il existe quelque chose de plus grand et de plus important dans la vie que ses propres désirs, ou même ses propres besoins ; que la vie même est une expérience beaucoup plus profonde et significative que bien des gens ne l'imaginent au départ ; que c'est dans l'amour, la bienveillance mutuelle, le pardon, la créativité, l'enjouement et la solidarité dans un effort commun, en vue d'atteindre un but commun, qu'on trouvera les satisfactions les plus profondes et les joies les plus extraordinaires des relations humaines.

Que chacun de vous emprunte donc son propre chemin pour venir à moi. Entreprenez tous votre propre voyage de Retour. Ne vous inquiétez pas, ne jugez pas la façon dont les autres s'y prennent. Vous ne pouvez pas ne pas arriver à moi, ni eux non plus. En effet, vous vous rencontrerez tous de nouveau lorsque vous serez ensemble de Retour, vous demandant alors pourquoi vous avez tant ergoté.

Nous nous sommes vraiment querellés, n'est-ce pas ? À l'infini. Nous nous sommes disputés, nous nous sommes battus, nous avons tué et nous sommes morts pour avoir insisté sur le fait que notre voie était la bonne – ou plutôt *la seule* – pour arriver au ciel.

Oui, en effet.

Mais maintenant, tu viens nous dire ici qu'« aucune voie n'est meilleure qu'une autre ». Et je dois te demander en douce : Comment le croire ? Comment savoir ce qu'il faut croire ?

Fais ce que tu veux, mais ne crois pas ce qui est dit ici.

Pardon ?

Ne crois rien de ce que je dis. *Écoute* ce que je dis, puis crois à ce que ton cœur te dit. Car c'est dans ton cœur que se trouve ta sagesse, qu'habite ta vérité, que réside Dieu dans la communion la plus intime avec toi.

Je ne te demande qu'une chose.

Laquelle ?

De ne pas confondre, je t'en prie, ce qui est dans ton cœur avec ce qui est dans ton esprit. Ce qui est dans ton esprit y a été mis par d'autres. Ce qui est dans ton cœur, c'est ce que tu portes de moi, en toi.

Mais tu peux me fermer ton cœur, et beaucoup l'ont fait. Beaucoup m'ont également fermé leur esprit.

Et s'il te plaît, ne raconte pas aux autres que s'*ils* ne croient pas ce qui se trouve dans *ton* esprit, je les condamnerai.

Enfin, quoi que tu fasses, ne *les condamne pas toi-même en mon nom.*

C'est ce que nous *faisons* continuellement. Il semble bien que nous ne savons pas nous arrêter. Et nous nous faisons souffrir l'enfer.

Mais voici la bonne nouvelle : L'humanité n'a pas besoin de souffrir l'enfer pour aller au ciel.

Nous n'avons même pas à *parcourir* ces forêts de confusion, où nous devons baliser notre chemin vers la sortie. Nous pouvons les contourner.

C'est juste.

Même si ces bois ont l'air magnifiques et attirants depuis le bord de la route, je n'ai pas à entrer dans ces fourrés, à m'y perdre, ni à essayer de retrouver la sortie.

Non, tu n'as pas à le faire.

Chaque jour, je me promets de *rester sur la voie* mais je suis tenté par la vie de me prendre au piège dans toutes sortes de « drames » qui n'ont rien à voir avec qui je suis ni où je vais. Je m'égare avant même de le savoir.

Et tu n'es pas encore tiré d'affaire.

Je sais. J'entends sans cesse dans mon esprit les paroles de Robert Frost. Je les ai déjà entendues, mais je les entends cette fois d'une nouvelle façon…

Les bois sont magnifiques, sombres et profonds.
Mais j'ai des promesses à tenir,
Et des milles à franchir avant d'aller dormir,
Et des milles à franchir avant d'aller dormir.

Alors, viens avec moi, à présent. Cheminons ensemble jusque dans la clairière pour qu'enfin tu puisses distinguer les détails dans la forêt.

D'accord. En route vers la clarté. Je me suis égaré, j'ai trébuché dans la forêt sombre de mes propres conflits et confusions, et je veux sincèrement m'en retourner maintenant. Mais le chemin le plus court n'est-il pas « le meilleur » ? Et quel est donc le sentier le plus court ?

Pour répondre à cette question, nous devons définir ce que nous entendons par le « Retour ». Où, exactement, cherche-t-on à retourner ?

La plupart des gens croient « retourner » à Dieu. Mais tu ne peux retourner à Dieu, car tu ne l'as jamais quitté – *et ton âme le sait.*

Tu ne le sais peut-être pas sur le plan conscient, mais ton âme le sait.

Mais si mon âme sait que je n'ai aucunement besoin de retourner vers Dieu parce que je ne l'ai jamais quitté, qu'essaie-t-elle de faire alors ? De son point de vue, quel est le but de la vie sur terre ?

Je peux te répondre en cinq mots : *vivre ce qu'elle sait.* Voilà ce qu'elle cherche.

Ton âme sait que tu n'as jamais quitté Dieu, et elle cherche à en faire l'expérience.

La vie est un processus par lequel l'âme change la connaissance en expérience, et lorsque ce que tu as connu et vécu devient une *réalité sentie*, ce processus est accompli.

Le chemin du Retour mène en fait à un lieu appelé *Accomplissement*.

C'est la *conscience* accomplie de Qui Tu Es Vraiment, grâce à la *certitude* accomplie, l'*expérience* accomplie et le *sentiment* accompli de cela. C'est la fin de la séparation entre toi et la divinité.

Cette séparation est une illusion, et ton âme le sait. On peut donc définir l'accomplissement comme étant la fin de la séparation, le moment de ta réunification à la divinité.

Ce n'est pas vraiment une réunification, car je n'ai jamais été *désuni*, mais cela peut *ressembler* à une réunification, si j'ai oublié.

C'est juste. Au moment de la réunification, tu te rappelles tout simplement Qui Tu Es Vraiment, et tu en fais l'expérience.

Au sens figuré, c'est *vraiment* un « retour à Dieu ». Au sens littéral, c'est un retour à la *conscience* du fait qu'on n'est jamais parti, que Dieu et soi ne font qu'un.

Oui ! Et le retour à cette conscience est un processus en deux étapes où la conscience s'atteint par la connaissance et le vécu, lequel laisse place au senti.

La conscience est le senti de ce qu'on a connu et vécu.

C'est une chose de savoir quelque chose, c'en est une autre de la *vivre*, et encore une autre de la *sentir*.

Seul le senti donne lieu à la pleine conscience. Le savoir seul ne génère qu'une conscience partielle. Le vécu seul ne peut engendrer qu'une conscience partielle.

On peut savoir qu'on est divin, mais lorsqu'on vit le fait que le Soi *est divin*, la conscience devient accomplie du fait qu'on vit ce senti.

On peut savoir qu'on est un *aspect* quelconque de la Divinité – par exemple, la compassion –, mais lorsqu'on se vit *compatissant*, la conscience devient accomplie du fait de vivre ce senti.

On peut savoir qu'on est généreux, mais lorsqu'on se vit *généreux*, la conscience devient accomplie du fait de vivre ce senti.

On peut savoir qu'on est aimant, mais lorsqu'on se vit *aimant*, la conscience devient accomplie du fait de vivre ce senti.

Bien des fois, j'ai dit : «Je ne me sens pas moi-même aujourd'hui.» Désormais, je comprends exactement ce que ça signifie.

Quand tu ne te « sens pas toi-même », ce n'est pas parce que tu ne sais pas qui tu es, mais parce que tu n'es pas en train de le vivre. Tu dois ajouter le vécu au savoir pour connaître le senti.

Le senti est le langage de l'âme. La Conscience de l'âme s'atteint par le fait de *sentir de façon accomplie* Qui Tu Es Vraiment.

Comme la Conscience est un processus qui se déroule en deux phases, on peut l'atteindre par deux voies. Une âme arrive au *savoir accompli* par la voie du monde spirituel ; elle arrive au *vécu accompli* par la voie du monde physique. Les deux voies sont nécessaires, et c'est pourquoi il y a deux mondes. Assemble-les, et tu auras l'environnement parfait au sein duquel créer un senti accompli laissant place à une conscience accomplie.

D'ailleurs, je l'ai dit plus haut, le chemin du Retour mène à un lieu appelé *accomplissement*.

Toutes les âmes trouvent la paix après leur mort,
mais toutes ne la trouvent pas avant.

7

Voilà une explication merveilleuse et complète de la nature réelle de cette expérience que nous appelons la vie.

Et nous sommes loin d'avoir terminé. Les mystères les plus profonds de la mort seront bientôt révélés. Jusqu'ici, cette conversation n'a fait qu'effleurer la surface.

Examinons donc ta dernière question plus en profondeur.

Plus tôt, tu as demandé si le chemin le plus court n'est pas le meilleur chemin du Retour. Eh bien, pas nécessairement. La voie qui t'apporte le plus grand bienfait est celle qui te mène à l'accomplissement – même si elle est longue.

Le moment de conscience absolue – où tu connais, tu vis et tu sens totalement Qui Tu Es Vraiment –, est celui auquel tu arrives par étapes, ou stades. Chaque passage par une vie peut être considéré comme l'une de ces étapes.

Aucune âme ne parvient en une seule vie à la conscience absolue. C'est l'effet cumulatif de nombreux passages à travers le cycle de Vie qui conduit à ce qu'on pourrait appeler l'« accomplissement intégral », ou conscience absolue.

Chaque passage se termine lorsque le programme, ou la mission, de *ce passage en particulier* est complété.

Cette vie se termine lorsque tu as accompli ce que tu es venu faire dans le monde physique, ce que tu es venu vivre *cette fois*.

Tu ajoutes alors ce que tu as complété ici à ce que tu as complété dans d'autres voyages dans le temps, jusqu'à ce que tu finisses par « boucler la boucle », et atteindre la conscience absolue.

Il y a donc deux niveaux d'accomplissement : le premier renvoie à l'accomplissement d'une étape du processus général, et le deuxième, à l'accomplissement de l'ensemble du processus.

Oui. Et ce processus est accompli lorsque tu as pleinement connu, vécu et senti Qui Tu Es.

C'est une explication magnifique, et je « pige ». Les âmes viennent accomplir, ou vivre, des choses précises sur la Terre. Certaines peuvent y mettre plus de temps, mais lorsqu'elles ont fini, c'est le moment de nous réjouir, car leur travail ici est terminé.

Tu piges *vraiment*. C'est superbe ! C'est exactement cela !

Et « plus court » ne veut pas nécessairement dire « meilleur ». L'objectif est la *complétude*, non la *promptitude*.

Exact.

Extraordinaire. Maintenant, je peux de nouveau être content de moi, car je ne crois pas avoir encore accompli – et je suis dans ma sixième décennie – ce que je suis venu accomplir.

Qu'est-ce que c'est ?

Je n'en suis pas certain.

Dans ce cas, ce serait très difficile à accomplir.

Je sais. C'est en partie mon problème.

Nous devrions peut-être en parler.

Plus tard, peut-être. Je suis sûr que ce serait à mon avantage, mais pour l'instant je ne veux vraiment pas être distrait ici. Tu affirmais que, même s'ils ne sont pas forcément « meilleurs », certains chemins du retour sont moins ardus que d'autres. Ça m'intrigue.

Il est plus facile de prendre un chemin qui présente moins d'obstacles.

D'accord. Alors, comment en trouver un ?

Tu ne le trouves pas. Tu le crées.

De quelle manière ?

C'est ce que tu es en train de faire. En t'engageant ne serait-ce qu'à *prendre* le chemin, tu facilites les choses. Bien des gens passent leur vie sans jamais penser être « sur la voie ». Ils n'ont pas étudié. Ni prié. Ni médité. Ils n'ont accordé aucune attention à leur vie intérieure, et n'ont pas sérieusement exploré de plus vastes réalités. Toi, tu le fais à présent. En entreprenant ces explorations – par cette conversation même –, tu crées une voie qui présentera moins d'obstacles.

En d'autres mots, que tu suives un chemin sinueux ou droit, que tu passes par la forêt ou que tu la contournes, quand tu trouveras ta vérité sur la vie et le processus de vie, sur la mort et le processus de mort, tu auras dégagé les obstacles et créé un chemin moins ardu vers l'accomplissement.

Lorsque tu connaîtras pleinement la mort, il te sera possible de vivre pleinement ta vie. Et alors, tu pourras *faire la pleine expérience* de ton Être – ce que tu es venu faire ici –, puis tu pourras mourir avec grâce et gratitude, car tu seras dès lors conscient de ton Accomplissement. Cette voie, bien moins ardue, rend la mort très paisible.

Quelque chose, là-dedans, me paraît être un jugement, presque un impératif. « Si tu n'as pas eu de belle mort, tu n'as pas *bien* vécu. » Quelque chose comme ça.

Tu es en train de porter un jugement que je ne ferais jamais. Il est impossible de « mal » mourir ou de rater sa destination – qui est une réunion extatique avec le Divin au Cœur de Ton Être. Il est impossible de ne pas retourner à Dieu.

Nous parlons ici de la façon de rendre ta vie et ta mort moins ardues, plus paisibles. La phrase à laquelle tu viens de référer est une observation, non un jugement. Si tu passes aisément à l'accomplissement en ce qui concerne ce que tu es venu vivre dans ton corps, puis que tu meurs avec grâce et gratitude, tu auras trouvé la paix avant ta mort plutôt qu'après.

Toutes les âmes trouvent la paix après leur mort, mais toutes ne la trouvent pas avant.

Quand tu meurs, il est impossible de ne pas être accompli, mais il est *fort* possible de ne pas en être conscient. La « paix » consiste à avoir conscience de l'être. De n'avoir plus rien à faire. D'avoir fini. Terminé. De pouvoir prendre le chemin du retour.

Si tu t'approches de la mort dans la peur et l'inquiétude, l'agitation et le tremblement parce que tu ne veux pas lâcher prise, tu ne te sens pas accompli, ou tu crains pour l'état actuel de ta vie, ou ce qui reste à venir, tu parviendras tout de même à destination. *Tu ne peux manquer d'y arriver.*

Mais ce sera plus « ardu », n'est-ce pas ?

C'est juste.

Clarifions de nouveau une chose, ici. Tu es toujours immergé dans le Divin. Tu y es immergé maintenant. En effet, tu l'es. Tu es la Divinité immergée dans la Divinité, s'exprimant en tant que l'aspect individualisé de la Divinité appelée Toi.

Par conséquent, au sens le plus profond, tu n'es pas sur le chemin du Retour. Tu es déjà arrivé. Tu es de retour à Dieu, toujours.

Tu es déjà là où tu cherchais à être. L'extraordinaire secret, c'est que le fait de le savoir t'en apporte immédiatement l'expérience.

J'ai l'impression de tourner en rond dans cette conversation. D'être un somnambule qui ne sait trop où il est.

Pas seulement dans cette conversation, mais dans ta *vie*.

Lorsque tu vis – ou que tu meurs, d'ailleurs – dans la peur et l'inquiétude, agité et tremblant, refusant de lâcher prise, craignant ce qui se passe à présent dans ta vie, ou ce qu'il reste à venir, tu montres que tu ne sais pas où tu es. Et le problème dans ce cas, c'est que *ce que tu montres, tu le vis.*

Cela a toujours été le cas, et ce le sera toujours.

Partant, tu ne *feras pas l'expérience* de l'union avec le Divin ni du retour à Dieu, *même si tu y es.*

Crois-le ou non, j'essaie de comprendre. Tu vas très vite, et tout cela est très complexe – et je savais que ce le serait –, mais j'essaie vraiment de comprendre.

Bien. Suis-moi, alors. Reste sur la piste. Tu sais déjà tout cela. Je ne fais que te le rappeler.

Tu n'es pas en route vers le Divin, mais au milieu d'un *processus* éternel dans lequel, à mesure que tu avances, tu fais de plus en plus l'expérience de la Divinité. Tu fais de plus en plus l'expérience du Cœur de Ton Être, de l'Essence de qui tu es, au fil de la vie.

Tu es éternellement en train de fusionner avec cette Essence et, dans le cadre du processus de la vie, d'en émerger, sous la forme d'une expression rafraîchie de la vie.

Ce processus, que nous pourrions qualifier de « fusion énergétique », est la formule de toute la vie. On pourrait l'écrire ainsi : é+fusion, e+*mergence.*

En anglais, la fusion (*merging*) est très proche de l'urgence (*emergency*). C'est pourquoi cet événement est parfois appelé *« spiritual emergency »*, c'est-à-dire à la fois urgence et émergence, ou effusion.

C'est cela, la mort et le processus de mort.

« La mort est une émergence » ; cela n'a rien à voir avec « le fait de mourir ». C'est une question de fusion et d'émergence.

Tu veux dire que non seulement j'entre *en* union totale avec le Divin, mais j'en sors aussi ?

Oui.

Parlons-nous ici de réincarnation ?

En quelque sorte.

Ça y est, encore.

Il est important de saisir ici que rien de cela n'est réductible à une seule phrase ou un seul mot. Cependant, si tu veux bien être patient, tu découvriras sans doute que rien de cela ne dépasse ta compréhension.

Tout ce que je veux, c'est aboutir à la vérité sur la mort et le fait de mourir. Je veux connaître « la vérité de Dieu ».

Tu crois encore que Dieu est séparé de toi, n'est-ce pas ?

Je ne le pense pas vraiment. Je sais que Dieu et moi – c'est-à-dire toi et moi – ne faisons qu'un.

Vraiment ?

Oui. Je sais qu'il n'y a aucune séparation entre toi et moi. Que je suis une individualisation de la Divinité.

Alors, pourquoi parles-tu ainsi ? Pourquoi dis-tu vouloir connaître « la vérité de Dieu » ? Tu dois savoir que la vérité de Dieu se trouve en toi.

« La vérité de Dieu », c'était une figure de style.

Ah ! Ce que tu espères trouver, en réalité, c'est *ta* vérité.

Oui, j'espère que cette conversation, cette « prière » sera pour moi un moyen de me ramener à la réponse, à la vérité logée au fond de moi.

Bien. Cette expérience peut en effet te mener à cette voie, mais *tu* dois t'y placer, comme je l'ai répété à maintes reprises. Je peux te *montrer* le chemin du Retour, mais *à toi* de le *prendre*.

J'ai dit qu'au sens le plus profond, tu n'étais pas en voyage. Que tu es déjà arrivé à destination. Mais puisque tu ne le sais pas, tu fais l'*expérience* d'être en voyage. Tu dois donc faire ce périple pour découvrir qu'il n'est pas nécessaire. Tu dois prendre la route pour découvrir qu'elle *commence et finit là où tu te trouves.*

Tu as peur de mourir, et tu as peur de vivre.
Quelle existence !

8

Comment puis-je être certain que ces paroles, mis à part tout ce qui a déjà été dit à ce sujet, peuvent me conduire à ma vérité concernant la vie et la mort ?

Tu n'as pas à être en accord avec celles-ci pour qu'elles te mènent à ta vérité.

Ah non ?

Même si tu es en *total* désaccord avec ces paroles, tu seras amené à ta vérité. Tu auras trouvé le chemin du retour, car si tu es en désaccord avec elles, tu sauras *avec quoi tu es en accord*. Tu prendras donc une autre voie. Et si celle-ci n'est pas la tienne, tu en prendras une autre, puis une autre encore, jusqu'à ce que tu sortes de cette confusion pour t'en retourner.

Je suppose que ça pourrait se passer ainsi.

C'est ainsi que cela fonctionne. Ta vie entière te permet de retourner vers moi. Par conséquent, bénis chaque événement, chaque personne, chaque instant, car tout est sacré.

Même si tu t'opposes à cet événement, si tu détestes cette personne, si tu n'apprécies pas ce moment, tous sont sacrés, car la Vie informe la vie à propos de la vie à travers le processus de la Vie même et rien n'est plus sacré que le fait de *connaître*, puis de *vivre* ce que la Vie a à nous apprendre sur nous-mêmes.

Ainsi, cette conversation, malgré ton possible désaccord, te mènera à ta vérité et à ton chemin du Retour. Tu seras également guidé vers ce chemin si tu *es en accord*. D'une façon ou d'une autre, cette conversation t'orientera vers ta destination.

Tous les chemins conduisent au retour.

Chacun d'eux.

Et chaque chemin a ses propres repères pour m'aider à m'y rendre.

Précisément. Cette fois, tu comprends. Ce sont tes propres balises que tu vois dans les arbres. Regarde autour de toi. Tu as tout mis en place.

Cependant, il arrive que tu ne reconnaisses pas ces balises. Si tu ne les regardes pas sous le même angle, elles peuvent te paraître différentes, te donner l'impression que quelqu'un d'autre les a placées.

Nous parlons, bien sûr, des balises de ta vie, particulièrement celles que tu qualifierais de cicatrices. Ne crois surtout pas que quelqu'un d'autre les a placées. Cela ferait de toi une victime, et de cette personne, un bourreau. Comme je te l'ai indiqué déjà, dans la vie il n'y a ni victime ni bourreau. Souviens-toi toujours de cela.

À ce sujet, ma merveilleuse amie Elisabeth Kübler-Ross disait quelque chose que j'aime vraiment...

« Si on protégeait les canyons des vents de tempête, on ne verrait jamais la beauté de leurs sculptures. »

Oui. C'est ce que je voulais dire, plus tôt, en affirmant que toute la vie est merveilleuse, tout comme la « mort ». Ce n'est qu'une question de point de vue. Le point de vue crée la perception.

Oui.

Non, non, ne te contente pas d'acquiescer par un « oui ». Examine plutôt cette dernière déclaration en profondeur. Ce sera l'un de mes énoncés les plus importants ici. J'ai donc dit...

Le point de vue crée la perception.

Notre manière d'envisager une chose crée notre façon de la voir.

Exactement. Merci.

Ainsi, si tu te considères comme une victime, tu te verras comme une victime. Si tu te considères comme un bourreau, tu te verras ainsi. Si tu te considères comme un cocréateur dans un processus de collaboration, telle sera ta perception de toi. Si tu considères comme un cadeau chaque événement de ta vie – y compris *la mort* –, tu le verras comme un trésor qui te servira toujours et te mènera à la joie. Si, au contraire, tu vois cela comme une tragédie, tu le déploreras à jamais et n'en tireras qu'un chagrin éternel.

Voici donc…

LE CINQUIÈME RAPPEL
La mort n'est jamais une tragédie.
C'est toujours un cadeau.

Concentre-toi à présent sur cet événement que tu appelles la « mort ». Si tu reconnais que ce n'est pas une tragédie mais un cadeau, bientôt tu verras ainsi presque tous les autres événements de la vie.

Si je peux même voir la mort comme un cadeau, je peux également voir tout le reste, les « petites morts » – toutes ces choses supposément « mauvaises » qu'on m'a faites ou que j'ai faites à d'autres – comme des cadeaux. Et finie la peine.

Pour toi, et pour tous les autres.

Lorsque tu vis bien toutes tes « morts », tu permets aux autres de bien vivre *avec* tes morts, les petites comme la grande.

Ouah ! quelle phrase merveilleuse dans cette conversation. Mais on ne peut pas toujours « bien mourir ». Je parle ici de la « grande mort ». Écoute, parfois on a seulement peur de mourir.

Bien sûr que tu as peur ! Et lorsque tu crains également les « petites morts » – toute perte ou défaite –, tu as également peur de *vivre*. Dès lors, tu as peur de mourir et de vivre. Quelle existence !

Alors, aide-nous !

Qu'est-ce que je suis en train de faire ici, selon toi ? Je suis venu vous aider à vous débarrasser de votre peur de la « grande mort ». Si vous n'avez pas peur de *cela*, vous n'aurez plus peur de rien et vous pourrez vraiment vivre.

Alors, pourquoi sommes-nous *vraiment* « morts de peur » devant la mort ?

À cause de ce qu'on vous a enseigné ou raconté sur la mort.

En regardant la mort sous un jour nouveau, on peut la vivre d'une nouvelle façon. Et ce peut être un grand cadeau non seulement pour soi, mais pour ceux que l'on aime.

Mon ami Andrew Parker habite en Australie, et c'est exactement ce qu'a fait sa merveilleuse épouse, surnommée « Pip » par ses proches. Celle-ci est morte d'un cancer la veille du jour de l'An, soit juste à l'arrivée de 2005, et Andrew m'a fait parvenir un courriel qu'il avait envoyé à un grand nombre de leurs amis. Il illustre parfaitement ce dont il est question ici. Dans son courriel, Andrew dit ceci :

Pour moi, Pip a été le plus grand cadeau. Elle est entrée dans ma vie à une époque où je croyais être parvenu à tout gérer, mais ce n'était pas le cas. Elle est restée assise au clair de lune, ce premier soir où nous nous sommes vraiment rejoints, et je savais que si je passais un certain temps avec elle, je l'épouserais et nous aurions des enfants. Quelle bénédiction elle a été ! Puis un cancer de sa poitrine magnifique s'est mis de la partie, et oh, comme son courage et sa force m'ont édifié !

Son sourire omniprésent et son humour pince-sans-rire m'ont forcé à rester vigilant, mais c'est son amour inconditionnel qui m'a le plus marqué. Son amour était fort comme un chêne, bleu et profond comme l'océan, puissant comme les marées et les cou-

rants profonds. Son engagement et sa considération envers moi étaient irréductibles.

Elle a vu par-delà les aspérités du diamant brut, l'accent traînant de Newcastle, les jurons et les comportements grossiers qu'il me restait de mon passé. Elle ne voyait que le meilleur en moi et trouvait moyen de l'encourager en douce.

Ses traitements étaient brutaux, tout comme nos primitifs traitements médicaux. La chirurgie, la chimiothérapie et la radiothérapie, les hormones et la ménopause précoce ne l'ont jamais fait gémir de mécontentement et, à la naissance de notre enfant, elle rayonnait d'instinct maternel, d'énergie féminine et d'amour profond.

Tout le monde a été touché par sa beauté, à la fois intérieure et extérieure. Quand on a découvert des métastases osseuses, environ sept mois après la naissance de nos jumeaux, elle s'est excusée. Ce n'était pas à elle-même qu'elle pensait à ce moment-là, mais à moi et à nos trois garçons. Toutefois, elle s'est relevée, a mis cela derrière elle, et a ouvert les vannes de l'amour !

L'ablation de son deuxième sein lui a un peu plus fait mal dans son être profond. C'étaient ses sentiments personnels à propos de la féminité et le fait de se faire enlever aussi ce sein, même si elle n'a jamais été plus femme, pour moi, qu'à cette époque qui a suivi son opération. Lorsque nous avons ramené les garçons pour la voir, le lendemain, elle a soulevé ses enfants un à un pour leur montrer sa poitrine mutilée, sans jamais grimacer.

Sa force est gravée dans ma conscience, son détachement et son courage sont mes réconforts dans cet espace que j'occupe à présent, un espace rempli de ses souvenirs, et j'ai encore un long chemin à parcourir.

Au cours des trois années suivantes, elle a vécu. Oh, comme elle a vécu ! Avec mon entreprise et ma carrière en miettes, et mes efforts en vue de me trouver, de trouver ma voie et ma direction, elle m'a discrètement réservé un espace de croissance. Nourrissant mon âme avec amour et acceptation, et de fermes conseils, elle ne m'a jamais laissé me défiler en rien ! Mon Dieu, comme je la respecte pour cela !

Les six derniers mois de sa vie ont paru une éternité, que j'ai savourée un moment à la fois. Aujourd'hui, je voudrais tant passer un autre moment en sa présence. Comme je l'aimerais, si j'en avais la chance. Comme j'apprécierais chaque minute, chaque seconde, si on me redonnait ces instants.

Les derniers mois et les derniers jours de Pip ont été le plus grand cadeau qu'elle m'ait fait. Elle s'est graduellement retirée de ma vie. Plus de dîners fins ; c'était mon tour de cuisiner et nettoyer. « Qui ramassera ces vêtements si tu les laisses là ? » Ses inflexions suaves résonnent au fond de mon cerveau. J'ai les lits et la lessive à faire.

Comme ces tâches étaient joyeusement accomplies par notre Pip. Durant cette époque, elle m'a entraîné avec grande douceur me réconfortant alors que je la réconfortais également. Je ne me suis jamais senti si proche d'elle et j'ai ressenti le bonheur d'avoir cette occasion de m'occuper d'elle.

Puis vint le moment du retour à Perth, à ses amis et à sa famille. Je l'ai regardée pendant nos cinq heures de vol, et sa douleur était évidente. Ce voyage fut si ardu, mais je suis le seul à le savoir ! Pip a tout géré à sa manière habituelle, avec une dignité et une bienveillance absolues envers les autres. Elle a insisté pour qu'on l'emmène, comme prévu, à Rottnest Island, pour nager dans le bleu azur de l'océan Indien, appréciant encore la beauté et les bénédictions de la vie, les choses simples.

Ses derniers jours ont été un voyage aux proportions bibliques, un véritable séjour de quarante jours et quarante nuits dans le désert. Son décès est survenu au moment qu'elle avait choisi, à sa façon. Lorsqu'elle a su que tout irait bien, elle m'a offert le plus grand de tous les cadeaux : être avec elle, partager son espace et lui tenir la main lorsqu'elle s'en est allée.

Il était minuit cinquante ; c'était le jour de la Saint-Sylvestre. Elle voulait se rendre jusqu'aux douze coups de minuit, et elle l'a fait. Toute la douleur de la vigile, tout le souci de bien faire, d'en faire assez et de dire les bonnes choses, tout cela s'en est allé avec son esprit ! Doucement, car c'était là sa manière habituelle, elle est partie. Elle m'a laissé sans un seul doute sur qui je suis et sur ma raison d'être. Son plus grand cadeau envers moi a été d'apporter ma peur avec elle.

Mes jours sont maintenant différents, c'est vrai, même si elle n'est jamais loin ! Nos garçons ont toutefois de la difficulté – un amour comme celui de leur mère ne se remplace pas facilement. Nous sommes toujours en croissance ensemble, les cadeaux de sa vie s'ouvrent lentement, telle une fleur de lotus, un pétale à la fois, alors que nos vies prennent forme, nourries par l'amour d'une telle femme.

Ces paroles sont destinées à rendre hommage à mon amour, à la mère de mes enfants, à vous tous, et à tout. Nous nous trouvons mieux du fait que Pip s'est trouvée ici. Je ne regrette pas une seule minute et ne blâme personne.

Nous avons tous le choix en ce qui concerne nos vies ; notre façon d'agir ou de réagir colore notre existence. Pip et moi avons choisi l'amour, et même si cela a été difficile, cela m'a donné ma vie. Je choisis la gratitude, non la perte et la douleur. Oh oui, elles sont présentes en moi et ce sont des sentiments absolument convenables. Par-delà la peur, je me relie à l'amour et à mes propres divinité et unité.

L'amour guérit. Il guérit nos âmes, nos relations, et même notre planète. Ma femme m'a donné cet amour, et je choisis de le partager avec vous.

Le soir du jour de l'An, j'ai pris un repas avec la famille, puis je suis allé boire un verre ou deux chez quelques-uns des amis de Pip. Je suis parti vers 23 h 40 et, alors que je parcourais à pied les quelques kilomètres qui me ramenaient à la maison, Pip était présente en moi. J'ai senti l'énergie de la création et des possibilités, alors que certaines gens célébraient dans leurs jardins, que des feux d'artifice jaillissaient et que la voix angélique de Pip dans ma tête disait : « … et tu avais raison, tu le savais bien. »

Ce qu'elle entendait par là, c'est qu'elle était avec Dieu, dans la conscience collective, et, une fois de plus, au siège de la création.

J'ai pleuré.

Il n'y a ni victimes ni bourreaux dans le monde.

9

C'est un exemple saisissant, un exemple merveilleux et remarquable de la façon dont, en vivant bien sa mort, on permet aux autres de s'y *acclimater.*

J'espère mourir avec autant de grâce que Pip.

Cette conversation fera une grande différence. Savoir que tu meurs par choix te sera d'une grande aide.

Chacun meurt par choix ? Pip a choisi de mourir à ce moment précis ? Terri Schiavo est morte comme elle le voulait ?

Eh bien, tu sais à propos de Pip, parce qu'elle a vraiment *précisé* à quel moment elle avait choisi de mourir : avec l'arrivée du Nouvel An.

D'accord, mais voulait-elle avoir un cancer à ce *stade* de sa *vie* ? Voulait-elle vraiment partir si tôt ? À coup sûr, ce genre de chose allait être difficile à accepter par son mari, ses enfants et les membres de sa famille, qui demanderaient avec un profond chagrin, j'en suis sûr, *Pourquoi Pip voudrait-elle nous quitter ainsi ?*

J'ai une réponse qui va peut-être te secouer.

Laquelle ?

Plus tard. Nous devons en parler plus tard seulement. Il faut d'abord préparer le terrain. Ensuite, la réponse ne te scandalisera pas tout à fait autant. Mais elle pourrait te faire sursauter.

Eh bien, quelle que soit cette réponse, je suis sûr que les membres de la famille de Terri Schiavo ont la même question en tête. Eux aussi, j'en suis certain, rejetteraient d'emblée cette idée de « choix préalable » concernant le moment et la manière de mourir. Non, non, la plupart des gens diraient : « Ce n'est pas mon expérience, ni celle de Pip et de Terri. »

Tu as déjà dit que les âmes ne quittent leur corps qu'après avoir accompli leur œuvre et que cela devrait donc être une occasion de célébrer, mais cela peut tout de même s'avérer fort triste pour les gens qui restent dans le monde physique. Et dire à ces gens que leur proche a vraiment *choisi* de partir pourrait donner l'impression que cette personne ne veut plus être avec eux et… eh bien, ça pourrait être très blessant, il me semble.

Je connais une femme dont le mari est mort très jeune. Cette femme a gardé la tristesse de sa perte pendant plusieurs années. Mais la perte véritable était ressentie par sa jeune fille, qui ne s'est jamais remise de la mort de son père – en réalité, elle *lui en veut encore aujourd'hui* d'être parti. Elle ne comprend pas pourquoi il a fait cela, et si je lui disais maintenant qu'aucune âme ne quitte son corps contre son gré et que chacune cause sa propre mort et *veut*, en fait, mourir à tel moment, cela la blesserait encore plus.

Sauf si elle comprend qu'il ne savait peut-être pas *consciemment* ce qu'il voulait.

Ce n'est pas la réponse étonnante que je vais plus tard te révéler, mais c'est un facteur important à retenir comme possibilité à présent.

Je ne comprends pas. Qu'entends-tu par « il ne savait peut-être pas consciemment ce qu'il voulait » ? Je croyais que chacun causait sa propre mort et que personne ne mourait contre son gré !

Tu trouveras peut-être utile de comprendre que les humains créent, et « savent ce qu'ils savent », sur trois plans d'expérience : le subconscient, le conscient et le superconscient.

Rappelle-toi ce que j'ai dit : Quand on meurt, il est impossible de ne pas être accompli, mais il est fort possible de ne pas *en être conscient.*

Une âme peut savoir sur le plan superconscient qu'elle est accomplie dans cette vie-ci, mais ne pas le « savoir » sur le plan subconscient ou conscient.

Ces trois plans d'expérience ont été mentionnés dans l'un de nos dialogues antérieurs publiés dans le livre *L'Amitié avec Dieu.* Je l'ai trouvé absolument fascinant.

À ce stade, c'est plus que fascinant. Il est important de le comprendre, afin que tes questions puissent recevoir une réponse.

Alors, recommençons. Quels sont les trois plans d'expérience ?

Le subconscient est le plan d'expérience sur lequel tu ne connais pas et ne crées pas consciemment ta réalité. Tu le fais « subconsciemment », c'est-à-dire en ayant très peu de conscience et encore moins de justification.

Ce n'est pas un « mauvais » plan d'expérience ; ne le juge pas. C'est un bienfait, car il te permet des *automatismes*.

Lesquels ? Qu'entends-tu par « automatismes » ?

La repousse des cheveux, les clignements d'yeux, ou le rythme cardiaque en sont des exemples. Tu n'es pas constamment en train de te dire : « Il faut que je cligne des yeux, que je fasse pousser mes ongles. » Ces choses se produisent – et tout ton système corporel fonctionne – sans instructions conscientes et précises de ta part.

Le subconscient crée aussi des solutions instantanées aux problèmes. Il vérifie les informations qui entrent, puis examine sa banque de mémoire et trouve des réponses rapides à d'innombrables situations, tout aussi automatiquement. Si tu touches une poêle chaude, tu n'as pas à penser à éloigner ta main. Tu l'enlèves d'un coup, en une fraction de seconde. C'est une *réaction automatique fondée sur une information antérieure*.

Le subconscient peut te sauver la vie. Mais si tu n'as pas conscience des parties de ta vie que tu as choisi de créer automatiquement, tu pourrais t'imaginer subir l'« effet » plutôt qu'être la cause de ta vie. Tu pourrais même faire de toi une victime. Il importe donc d'avoir conscience du fait que tu as choisi d'être *in*conscient.

Le conscient renvoie à un type d'expérience dans lequel tu connais et crées ta réalité en ayant une certaine conscience de ce que tu fais. Dans quelle mesure tu en es conscient dépend de ton « niveau de conscience ». C'est le niveau physique.

Lorsque tu es engagé dans la voie spirituelle, tu vis en cherchant toujours à « élever ta conscience » ou à élargir l'expérience de ta réalité physique, afin d'inclure et d'englober ce qui, à un autre niveau, te semble vrai à propos de toi-même.

Le superconscient est le lieu de l'expérience où tu connais et crées ta réalité en ayant la pleine conscience de ce que tu fais. C'est celui de l'âme. La plupart d'entre vous n'ont pas conscience de leurs intentions superconscientes – sauf exception.

Le superconscient est la part de toi détentrice du programme général de l'âme, qui est de passer à l'Accomplissement de ce que tu es venu vivre et sentir par le biais de l'incarnation. Le superconscient te conduit sans cesse vers la prochaine expérience de croissance la plus désirée, en attirant à toi les gens, les lieux et les événements exacts, justes et parfaits pour cela, afin que tu puisses atteindre la combinaison de Savoir et de Vécu qui laissera place au Senti et créera ainsi la Conscience de ton Être véritable.

La dernière fois que nous en avons parlé, je t'ai demandé s'il y avait moyen d'établir les mêmes intentions à la fois sur les plans subconscient, conscient et superconscient.

Oui. Ce triple niveau de conscience est le *supraconscient*. Certains d'entre vous l'appellent également « conscience christique » ou « conscience supérieure ».

Vous pouvez tous l'atteindre. Certaines personnes y arrivent par la méditation, d'autres par la prière profonde, d'autres encore par le rituel, la danse ou une cérémonie sacrée, et d'autres, enfin, par le processus appelé la « mort ». Il y a bien des manières d'y parvenir. Lorsque vous y êtes, vous êtes pleinement créatif et les trois plans de conscience n'en forment plus qu'un. On parle alors d'« équilibre ». Mais en réalité, c'est plus que cela, car là comme en toutes choses, le tout dépasse la somme de ses parties.

Le supraconscient n'est pas une simple combinaison du subconscient, du conscient et du superconscient. C'est ce qui se produit lorsque les trois plans sont combinés *puis transcendés*. Tu passes alors au pur *État d'Être*, la Source ultime de création en toi. Tu peux en faire l'expérience avant ou après ta « mort ».

J'imagine que c'est ainsi que crée un maître vivant.

Oui.

Alors, un maître peut-il être surpris ?

Chez une personne d'une conscience continuellement élevée, les résultats sont toujours délibérés et intentionnels, jamais inattendus. Une expérience paraît inattendue en fonction du niveau de conscience auquel elle est perçue. Rappelle-toi : la perception crée l'expérience.

L'élève sur la voie de la maîtrise est celui qui s'accorde toujours à son expérience, même si celle-ci ne « semble » pas favorable, car, sur un certain plan, il sait qu'il l'a voulue. Cette « certitude » est ce qui permet à une personne de rester profondément paisible et « équilibrée » dans des circonstances qu'une autre trouverait fort stressantes.

Ce que l'élève en maîtrise ne voit peut-être pas toujours, c'est le *niveau* de conscience auquel l'expérience était destinée. Cependant, il ne fait aucun doute que, *sur un certain plan, cet élève en est responsable.* Et c'est précisément cette certitude qui le place sur la voie de la maîtrise.

Plus tôt, tu as demandé si Pip voulait mourir, si elle a été la cause de sa mort, et j'ai répondu : « Pas sur le plan conscient. » À présent, tu sais ce que j'entendais par là.

Toutes les décisions qui touchent l'âme humaine sont prises par cette âme à au moins l'un des trois niveaux de conscience, sinon au quatrième, le supraconscient.

Comme toutes les âmes, Pip a choisi la période de sa vie à laquelle elle allait quitter son corps. Dans son cas, cette décision n'a pas été consciente. Ensuite, ayant pris cette décision plus globale dans le *superconscient*, elle a *consciemment* choisi le jour et l'heure précis de son départ – quelques minutes après minuit, le 1er janvier, juste après avoir accueilli le Nouvel An. On sait que cette décision a été prise sur le plan conscient, *puisqu'elle l'a annoncée à l'avance*. Elle avait tout à fait conscience de ce qu'elle choisissait, et elle l'a créé.

Quelque chose de semblable a pu se passer dans le cas de Terri Schiavo[1]. Elle n'a peut-être pas choisi consciemment les événements antérieurs de sa vie, mais les choses ont peut-être changé quand, après ces événements initiaux, Terri a, dit-on, « perdu conscience ». Elle n'a peut-être pas du tout « perdu » conscience. Elle a peut-être *changé* de conscience. Elle s'est peut-être « trouvée » à un *niveau* différent de conscience – d'abord sur

1. Cette femme de 41 ans était dans un état neurovégétatif depuis 1990 à la suite d'un accident cardio-cérébral. Depuis 1998, ses parents et son mari se livraient une bataille juridique. Finalement, le 31 mars 2005, Terri Schiavo décéda lorsqu'on lui retira sa sonde d'alimentation.

le plan superconscient, où elle a pris pleinement conscience de ce qu'elle créait et de ses raisons, puis sur le plan supraconscient, où, ayant complété ce qu'elle était venue achever ici, elle a atteint la Conscience absolue de son unité intrinsèque avec le Divin.

Je crois que Terri s'est servie de sa vie pour inviter les gens du monde entier à passer à un nouveau plan de recherche sur les questions de vie et de mort, l'âme et Dieu, et sur les gestes qui bénéficient à l'humanité dans des cas comme le sien.

Je crois que cette femme, sur le plan spirituel, n'a jamais, au grand jamais, été *victime* de sa situation. Je crois qu'elle savait précisément, ces dernières années, ce qui se passait et qu'elle s'y soumettait afin d'attirer l'attention de la planète sur elle-même, pour le bien de l'humanité entière.

Je crois que Jésus a fait *exactement la même chose.*

Ai-je raison en ce qui a trait à Terri ?

> Il serait profondément indiscret et inapproprié de ma part de révéler le fonctionnement intérieur, superconscient ou supraconscient de l'esprit de cette personne. Mais je répète ceci, comme je l'ai fait bien des fois, à propos de tous les humains :
>
> *Il n'y a ni victimes ni bourreaux dans le monde.*

Eh bien, c'est la troisième ou quatrième fois que tu l'affirmes dans cette seule conversation, mais je le redis encore : les gens ont parfois beaucoup de difficulté à accepter l'idée que personne n'est victime.

Tu as déjà fait remarquer que cela s'explique par le fait que la plupart des gens voient les situations de la vie à partir de la perspective très limitée de la compréhension humaine normale, mais comment ceux d'entre nous qui cherchent à élever leur conscience et à aider à élever la conscience de l'humanité peuvent-ils élargir cette compréhension ?

Parlez à l'humanité des outils de création : la pensée, la parole et l'action. Ce sont les mécanismes par lesquels vous créez votre microréalité. Ces outils sont parfaits. Ils sont d'une magnifique efficacité.

Ce que vous pensez, ce que vous dites et ce que vous faites, tout cela crée l'expérience que vous appelez « vous » ainsi que les conditions et circonstances de votre vie.

Comme je l'ai déjà expliqué, si vous vous considérez comme une victime, si vous vous dites victime et agissez comme si vous en étiez une, *vous ferez l'expérience d'une victime* en dépit du fait que vous n'en êtes pas une.

Il en est de même lorsque vous décidez d'étiqueter l'expérience des autres. Si vous pensez de quelqu'un qu'il est une victime, si vous le dites et agissez comme s'il en était une, *vous ferez l'expérience que cette autre personne est une victime*, même si elle n'en est pas une.

D'après *ton* expérience, Terri Schiavo a-t-elle été une « victime » ? Peut-être. Mais l'a-t-elle *vraiment* été ? Non.

Vous ne pouvez être victime des circonstances que vous créez. Rappelez-vous toujours cela.

Par conséquent, pour être une victime de circonstances, vous devez jurer que vous ne les avez pas créées, et ce serait vous mentir à vous-même.

Vous créez toutes les circonstances de votre vie. Si vous les créez sur le plan conscient, vous en serez conscient. Si vous les créez sur le plan subconscient ou superconscient, vous n'en serez peut-être pas conscient. *Vous aurez néanmoins créé ces circonstances.*

Tous les maîtres le savent, et c'est pourquoi aucun d'eux ne pointe jamais du doigt quiconque en lui disant : « Tu m'as fait cela. »

Cependant, vous êtes apte à faire l'expérience de votre choix. Vous pouvez vivre ce que vous êtes venu vivre en vue de vous connaître à la suite de votre vie dans le monde spirituel d'avant votre naissance, ou il vous est possible de faire une expérience moindre. En cela, comme toujours, vous disposez du libre arbitre.

Cela m'amène à poser une autre question. Y a-t-il une conscience avant la naissance ? D'après ce que tu dis ici, il semble que oui. Nous sommes donc « conscients » de nous-mêmes avant de « naître ».

Oh oui, et même bien avant. Le « toi » qui est « toi » est « conscient » de lui-même depuis toujours. Nous développerons cet aspect plus tard, en explorant davantage cette question de la naissance. Pour l'instant, sache tout simplement que « *tu* » a toujours été... que tu es maintenant... et que tu seras toujours. En naissant, tu te désintègres, tout simplement.

Quoi ?

Tu cesses d'être intégré, singulier, pour te diviser en trois parties : le corps, l'esprit et l'âme, ce qu'on pourrait aussi appeler le subconscient, le conscient et le superconscient.

Alors, c'est *ça*, la corrélation.

Plus ou moins, grosso modo. Ce n'est pas une corrélation exacte et scrupuleusement précise, mais elle trace une approximation.

Dans cette sainte trinité – Dieu en trois parties –, ton esprit est là où ton activité consciente prend place.

Par conséquent, ne pense qu'à ce dont tu choisis de faire l'expérience, exprime seulement ce que tu choisis de réaliser et utilise ton esprit pour ordonner consciemment à ton corps de ne faire que ce que tu choisis de démontrer comme étant ta réalité la plus élevée. Voilà comment tu crées sur le plan conscient.

Observe bien. N'est-ce pas ce que fait chaque maître ? Un maître procède-t-il autrement ? Non. Vraiment pas.

Vous êtes tous en cause en ce qui a trait aux événements de votre vie – y compris votre mort.

10

Tout est merveilleusement exprimé. Merci. Et maintenant, si tu le permets, j'aimerais revenir sur un point quelque peu troublant.

Volontiers.

Lorsque tu m'as dit très clairement, au cours de cette conversation, que nous sommes tous la cause de notre propre mort, je me suis tout de suite fait la remarque que si c'était vrai, chaque mort serait, par définition, un suicide. Je n'ai pas cessé de penser à cela depuis.

Ce n'est pas le cas.

Le fait que chacun *cause* la fin de sa vie ne signifie pas qu'il la choisisse délibérément, sur un plan conscient. Cela n'implique pas, non plus, qu'il le fasse pour échapper à un état ou à une situation.

Causer quelque chose et le *choisir* consciemment peut être tout à fait différent.

Comment ? Je ne comprends pas.

Tu peux être la cause d'un accident sans l'avoir consciemment choisi.

Je vois.

Alors, soyons clairs à propos de ce qui est communiqué ici. Vous êtes tous en cause en ce qui a trait aux événements de votre vie – y compris votre mort. Cependant, la plupart des gens n'en sont pas conscients.

Mais si une personne en est *vraiment* consciente – d'ailleurs, ce dialogue est *en train d'en rendre* les gens conscients –, est-ce que *ça*, ça ne revient pas à dire qu'en mourant, on se suicide ? Dans cette perspective, tout le monde est en cause quant à la fin de sa vie, non ? Ai-je manqué quelque chose ?

Deux conditions sont requises pour qu'une mort soit considérée comme un suicide.

1. Il faut avoir conscience de ce qu'on fait – c'est-à-dire choisir consciemment de mourir.
2. Il faut également choisir de mourir dans le but de s'évader, au lieu de compléter sa vie.

L'un des buts de cette conversation est de t'aider à entrer en contact avec le caractère sacré de ta vie physique, à comprendre que la vie incarnée est un cadeau aux proportions inexprimables.

J'ai déjà dit que la mort est un moment fort de création, et c'est vrai. Mais elle sert à *aller vers* quelque chose, non à *fuir*.

Le suicide est lié à tant de douleur que j'hésitais à l'aborder. Cette douleur affecte d'abord, évidemment, celui qui subit le tourment qui a mené à la décision de mettre fin à ses jours, puis elle touche sa famille et ses amis. Pourrait-il y avoir un espace de réconfort dans tout cela – pour qui que ce soit ?

Le réconfort peut provenir du fait de savoir que la personne qui s'est suicidée va bien. Qu'elle est bien. Qu'elle est aimée et n'a jamais été abandonnée par Dieu. Qu'elle n'a tout simplement pas accompli ce qu'elle voulait. Quiconque songe au suicide doit comprendre cela.

Veux-tu indiquer par là que ceux qui se suicident ne sont aucunement punis ?

La « punition » n'existe pas dans ce que vous appelez l'au-delà. Seuls ceux qui restent sont punis. Ils ressentent un choc incroyable, et certains ne s'en remettent jamais complètement. Tous ressentent une perte énorme. Beaucoup passent le reste de leur vie à se blâmer. Ils se demandent ce qu'ils ont fait de mal et se tourmentent à propos de ce qu'ils auraient pu dire pour possiblement changer les choses.

Ce qui est triste, c'est que ceux qui mettent fin à leur vie s'imaginent changer les choses, mais ce n'est pas le cas.

Mettre fin à son existence pour fuir ou éviter quelque chose ne favorise aucune fuite. Si vous envisagez cela, vous devez savoir, je le répète, que c'est impossible.

Il est normal de souhaiter éviter ce qui est pénible. Tout cela fait partie de la danse humaine. Mais en ce pas de danse particulier, la personne tente de fuir ce que l'âme voulait faire, et non fuir, en s'incarnant.

Parce que cette personne a trouvé l'expérience pénible et difficile, elle cherche à sauter dans un vide où elle n'aura rien à affronter ni à craindre. Mais on ne peut sauter dans le vide, car *il n'y en a pas*.

Il n'y a aucun vide dans l'univers. Nulle part. Il n'y a aucun « lieu du néant ». Partout, l'espace est rempli.

De quoi l'espace est-il plein ?

De vos propres créations. Partout où vous irez, vous serez tous confrontés à vos créations, sans pouvoir y échapper. Vous ne le voudrez pas non plus, car elles servent à vous recréer. Il n'est donc pas à votre avantage de vouloir les éviter ou les contourner. On ne peut se servir du néant pour les éviter.

En d'autres mots, il est impossible d'*anéantir* vos créations.

Très malin. Ce calembour est très habile.

J'emploie souvent les mots ainsi, afin que tu puisses aisément et toujours te rappeler le message qu'ils sont censés véhiculer.

Eh bien, je me rappellerai toujours celui-ci : « Il est impossible d'a-néant-ir nos créations. »

Si tu meurs avec, tu dois vivre avec.

Cette déclaration est très forte.

C'était intentionnel.

Pardonne-moi de revenir en arrière et d'aborder ce point alors qu'il est question du suicide, mais tu as déclaré que la mort était une chose *merveilleuse*. Si quelqu'un mène une existence pénible, pourquoi ne souhaiterait-il pas la mort, si elle est si merveilleuse ?

Ce que vous appelez la « mort » est *vraiment* merveilleux, mais pas plus que la *vie*. En réalité, la « mort » *est simplement* la vie qui se poursuit autrement.

Je veux que ce soit très clair pour toi. De l'autre côté de la mort, tu vas *te* rencontrer, et tout ce que tu auras emporté avec toi sera encore là. Dès lors, tu feras la chose la plus ironique : *Tu vas te donner une autre vie physique pour affronter ce que tu n'as pas affronté dans ta vie la plus récente.*

Je vais retourner à la vie physique ? Il ne me sera pas possible de « régler les choses » dans le monde spirituel, non physique ?

Non, car la vie physique a pour *but* de te fournir un contexte dans lequel vivre ce que tu as choisi dans le monde spirituel.

Ainsi, en quittant la vie physique, tu n'échapperas à rien. Tu te replaceras tout simplement *dans* la vie physique, et dans la situation à laquelle tu cherchais à échapper… sauf que cette fois tu reviendras à la case départ.

Tu ne verras pas cela comme une « punition » ou une « exigence », ni comme un « fardeau », car tu le feras de plein gré, dans le cadre du processus d'autocréation *qui est le but de ton existence.*

Alors, mieux vaut affronter maintenant ce qui est notre lot.

C'est justement cela, la vie.

Lorsque tu te sers ainsi de l'existence, la mort devient l'outil de création d'une vie nouvelle et différente quand tu es prêt. Le suicide, pour sa part, consiste à utiliser la mort pour recréer la *même* vie, avec les mêmes défis et expériences.

Je n'ai jamais entendu la mort exprimée de la sorte. Ça en dit long.

Oui.

Alors, tu peux utiliser la mort comme un outil de *fuite*, ou de *création*. La première option est impossible, la seconde est merveilleuse.

Mais n'y a-t-il pas là un jugement ? Est-ce que ça ne rend pas le suicide « mauvais » ? En fait, je croyais que Dieu ne jugeait pas.

Il n'y a rien de « mauvais » en soi à recréer les mêmes défis et expériences de vie. Si tu souhaites affronter à répétition les mêmes défis, à ta guise. En cela, comme en toute chose, tu peux faire selon ton désir.

Si tu crois pouvoir *fuir* ces défis, sache que ce sera impossible. Tu vas les affronter de nouveau. Et, bien sûr, ce peut être un peu répétitif.

La raison pour laquelle certaines personnes ont l'impression de ne plus vouloir affronter leurs présents défis, c'est qu'elles croient devoir les affronter seules, ce qui est là une idée fausse entretenue par beaucoup.

La solitude est la plus grande affliction du monde actuel. La solitude émotionnelle, physique et spirituelle – le sentiment d'être isolé, blessé, de porter un fardeau que personne ne comprend et de se sentir sans ressources – représente une forme de désespoir.

En définitive, face à ce désespoir *sans fin*, rien ne semble avoir d'importance, sinon la fuite. Cependant, vous ne pouvez fuir ; vous n'arriverez qu'à répéter tout ce que vous tentez maintenant d'éviter.

Voilà pourquoi je viens vous dire ici qu'*aucun* d'entre vous n'est dépourvu de ressources. Et tu peux l'annoncer au monde entier. Vous n'avez qu'à m'invoquer en ayant la certitude absolue que je serai là. Qu'à tendre la main avec une foi absolue pour que je vous tende la mienne.

Puis-je te poser une question qui te paraîtra peut-être brutale ?

Certainement.

Pourquoi devons-nous tendre la main vers *toi* avant que tu ne nous tendes la tienne ? Si tu es vraiment un Dieu omniscient, tu dois le savoir quand nous avons besoin d'aide. Si tu es vraiment un Dieu miséricordieux, tu dois être prêt à offrir cette aide *sans que nous ayons à la demander*. Si nous sommes déjà à genoux, pliés par la défaite totale, pourquoi ne nous aimes-tu pas suffisamment pour nous aider sans que nous ayons à te supplier ?

Et puisque nous y sommes, qu'as-tu à répondre à la personne qui te fait le reproche suivant : « Je t'*ai* appelé, mais tu n'étais pas là ! Crois-tu que je n'ai pas demandé l'aide de Dieu ? Pour l'amour du ciel, pourquoi suis-je si désespéré à ton avis ? Parce que j'ai l'impression que même *Dieu* m'a laissé tomber ! Je suis absolument délaissé, maintenant. Et je n'en peux plus. C'est fini. Ça suffit. Assez. »

Que dis-tu à *cette* personne, hein ?

Je dis…

Entrevois maintenant la possibilité d'un miracle. Si tu n'as pas fait l'expérience de recevoir une solution de ma part, il y a une raison, mais celle-ci est sans importance à présent. Ce qui compte, c'est que tu entrevois la possibilité qu'en ce moment même, devant tes yeux, il y ait une réponse. Ouvre les yeux et tu la verras. Ouvre ton esprit et tu la connaîtras. Ouvre ton cœur et tu en sentiras la présence.

Je dis…

Ce n'est que si tu m'appelles avec une certitude absolue que tu prendras conscience de ta réponse. Car ce que *tu* sais, ce que *tu* sens et ce que *tu* déclares sera validé par ton expérience. Si tu m'invoques dans le désespoir, je serai là, mais ton désespoir pourrait t'aveugler et t'empêcher de me voir.

Je dis…

Rien de ce que tu as fait n'est si horrible. Rien de ce qui t'est arrivé n'est si irréparable qu'il ne puisse être guéri. Je peux te guérir, et je le ferai.

Cependant, tu dois cesser de te juger. Celui qui porte le plus grand jugement, c'est toi. D'autres peuvent te juger de l'extérieur, mais ils ne te connaissent pas, ils ne te voient pas, et leurs jugements ne sont donc pas valides. Ne les *rends* pas valides en les acceptant comme si c'étaient les tiens. Ils n'ont aucune importance.

N'attends pas que les autres te voient tel que tu es vraiment, car ils voient à travers leur propre douleur. Sache plutôt que *je te vois à présent dans l'émerveillement et la vérité* et que cette image de toi est parfaite. En te regardant, je n'ai qu'une seule pensée : « Celui-ci est mon bien-aimé, en qui j'ai mis toute ma complaisance. »

Je dis…

Le pardon n'est pas nécessaire au Royaume de Dieu. Dieu ne peut subir de tort ni être offensé, d'aucune façon. Il n'y a qu'une seule question importante dans tout l'univers, et elle n'a rien à voir avec ta culpabilité ou ton innocence. Elle a plutôt à voir avec ton identité. Sais-tu qui tu es vraiment ? Lorsque tu le sauras, toutes tes pensées de solitude disparaîtront, toutes tes idées de manque de mérite s'évaporeront, toutes tes intentions désespérées se transmuteront en une conscience émerveillée du miracle qu'est ta vie, du miracle que tu es.

Et finalement, mon bien-aimé, je dis...

Tu es entouré, en ce moment même, de cent mille anges. Accepte leurs soins, puis transmets leurs dons aux autres. Car c'est en donnant que tu recevras, et c'est en guérissant que tu seras guéri. Le miracle que tu attends t'attend. Tu sauras cela quand tu deviendras le miracle qu'*un autre* attend.

Alors, va, et accomplis tes miracles, fais de ta mort le moment de ta plus grande gloire et non l'annonce de ta plus grande peine. Utilise la mort comme un outil de création et non de destruction, comme un outil pour avancer, non pour reculer. Par ce choix, tu as honoré la Vie même et permis à la Vie de t'apporter ton propre rêve le plus grandiose, alors même que tu es vivant dans ton corps physique, soit la paix de ton âme, enfin.

Merci.

Merci pour ces paroles.

J'espère, je prie pour qu'elles puissent être entendues par toute personne souffrante.

Je dois néanmoins te poser une autre question par rapport à tout cela : Que se passe-t-il lorsqu'une personne demande à une autre – un médecin ou un proche – de l'aider à mettre fin à ses jours ?

Tu réfères ici à l'euthanasie, une chose assez différente. Dans ce cas, il est question d'une personne dont la vie est déjà terminée sur tous les plans pratiques et pour qui il ne reste plus rien à vivre, sinon qu'une douleur physique incessante ou une perte totale de dignité dans le processus de la mort.

On ne peut comparer l'euthanasie au suicide. Les gens qui songent au suicide au milieu d'une vie autrement active et raisonnablement saine prennent une décision très particulière. Ceux qui mettent fin à une existence qui, de toute manière, finirait à très court terme selon toutes les indications médicales, prennent une décision tout à fait différente.

Ceux qui voient clairement, devant toutes les preuves médicales, que leur vie physique est presque achevée, peuvent choisir de demander : « Est-il nécessaire, à la fin, de subir cette douleur et cette indignité ? » Chaque âme recevra la réponse qui lui conviendra, et aucune ne répondra incorrectement à la question, car il n'y a pas de réponse « incorrecte ».

Je vois très bien la différence, et je crois que chaque personne raisonnable la voit aussi.

Vous êtes tous différents de Dieu, sans en être séparés. N'étant pas séparés de Dieu, vous ne mourez pas.

11

Bon, permets-moi de revenir sur autre chose. Tu as dit que tu allais décrire certains principes spirituels fondamentaux de la vie grâce auxquels nous pourrions mieux comprendre la vie et la mort. Même si tu en as abordé plusieurs, y en a-t-il un seul qui pourrait nous permettre de tout comprendre d'un seul coup ?

Oui, et c'est…

LE SIXIÈME RAPPEL
Vous ne faites qu'un avec Dieu.
Il n'existe aucune séparation.

Même si certains trouveront peut-être cette information fort élémentaire, lorsque vous appliquez ce principe de base de la vie *à* la vie, vous créez un contenant dans lequel se retrouvent tous les Rappels précédents qui vous ont amené ici, ainsi que les suivants.

Les implications du Sixième Rappel sont énormes. S'il est clair pour vous que vous ne faites qu'un avec Dieu, sans aucune séparation, cela change le contexte de votre expérience de tout ce qui est arrivé, arrive et arrivera dans votre vie.

À titre d'exemple, précisons que la compréhension de votre unité avec le Divin rend beaucoup moins ardue votre tâche de vous rappeler et d'accueillir des vérités comme : vous êtes la cause de votre propre mort, ou, il n'y a dans le monde ni victimes ni bourreaux. Cela peut faciliter votre cheminement vers l'Accomplissement, et apaiser votre mort.

Alors, de toute évidence, l'individu qui est « vous » ne représente pas la Totalité de Dieu, mais il a toutes les caractéristiques, tous les aspects, tous les éléments de la Divinité en lui.

Dieu, c'est vous, littéralement. En effet, Dieu est tout. Il n'est *rien* qui ne soit Dieu.

J'ai souvent entendu l'analogie selon laquelle je suis à Dieu ce qu'une vague est à l'océan. La même substance, mais en plus petit.

En effet, cette analogie a été reprise bien des fois, et elle n'est pas inappropriée.

Définissons à présent cet « océan ». Tenons pour acquis que Dieu est le Créateur ; très peu de croyants ont à redire là-dessus.

S'il est vrai que Dieu est le Créateur, cela veut dire que chacun de vous est aussi un créateur. Dieu crée *toute* la vie, et vous créez toute *votre* vie. C'est aussi simple.

Si vous considérez ainsi ce raisonnement, vous pouvez l'entretenir dans votre conscience.

Dieu et vous êtes en train de créer tout le temps – vous sur le plan micro, Dieu sur le plan macro. Est-ce clair ?

Oui, je vois ! Il n'y a aucune séparation entre la vague et l'océan. Aucune. La vague est une *partie* de l'océan, *qui agit d'une certaine façon* ; elle fait comme l'océan, mais à un degré moindre.

C'est tout à fait juste. Vous êtes moi, et je vous donne le pouvoir d'agir comme vous le faites. Votre pouvoir vient de moi.

Sans l'océan, la vague n'a pas le pouvoir d'être une vague. Sans moi, vous n'avez pas le pouvoir d'être vous. Et sans vous, mon pouvoir ne se manifeste pas.

Votre joie consiste à me manifester. *La joie de l'humanité est de manifester Dieu.*

Voilà toute une affirmation…

La vie, c'est Dieu matérialisé.

Ce qu'il faut comprendre, c'est qu'il n'existe aucune façon unique pour la vie de matérialiser Dieu. Certaines vagues sont petites, à peine des ondulations, tandis que d'autres sont immenses, tonitruantes par leur envergure. Cependant, qu'elle soit minuscule ou monstrueuse, une vague est une vague. À aucun moment, il n'y a absence de vague sur l'océan. Et même si chaque vague est différente, aucune vague unique n'est séparée de l'océan même.

Différence ne veut pas dire *séparation*. Ces mots ne sont pas interchangeables.

Vous êtes différents de Dieu, sans en être séparés. N'étant pas séparés de Dieu, *vous ne mourez pas.*

La vague arrive sur la plage, mais elle ne cesse pas d'exister. Elle ne fait que changer de forme en se retirant de nouveau dans l'océan.

L'océan ne devient pas « plus petit » chaque fois qu'une vague s'écrase sur le sable. En effet, la vague qui vient démontre la majesté de l'océan et, par conséquent, la révèle. En se retirant dans l'océan, elle en restaure donc la gloire.

La présence de la vague est une preuve de l'existence de l'océan.

Votre présence est une preuve de l'existence de Dieu.

Je devrais apposer cette phrase sur la porte de mon réfrigérateur. *Votre présence est une preuve de l'existence de Dieu.* Cela ferait tout un autocollant pour voiture ! Cette explication est si simple, tout en étant si élégante.

Ainsi, lorsque nous affirmons que « Dieu, et Dieu seul » choisit le moment de notre mort, nous affirmons que les humains font partie de ce processus, car ils font partie de Dieu.

Oui, c'est tout à fait juste.

Et quand je mourrai, ma mort surviendra *par moi*, et non *à moi*.

En effet. À présent, tu la vois d'une manière différente. Tu es en train de changer de point de vue, ce qui modifiera ta perception puis ton expérience, car la perception crée l'expérience.

Il y a une seule et dernière chose que je ne parviens pas encore à comprendre. Pourquoi donc choisirais-je de mourir ?

Pour une raison bien simple : tu as terminé, tu as fini, tu es accompli.

Certains disent que voir, c'est croire.
Je te dis que croire, c'est voir.

12

Bon, d'accord, nous revoilà au point de départ. Si j'ai bien compris, je suis venu ici pour accomplir une tâche, et lorsque j'aurai fait ce pour quoi je suis venu, j'aurai terminé et je serai prêt à partir.

Il ne s'agit pas d'une chose à faire, mais que tu as choisi de vivre.

Si Dieu et toi ne faites qu'Un, *tu n'as rien à faire*. Chaque décision émerge du libre arbitre. Chaque choix le démontre.

Tu t'es incarné pour vivre un aspect de toi-même, comme nous en avons déjà discuté. Cet aspect de toi peut être vécu par une action – c'est-à-dire une activité physique – ou une façon d'être particulière, même si, en réalité, tu ne fais rien.

Donne-moi un exemple concret.

Eh bien, puisque nous parlons beaucoup de ce que tu appelles la « mort » et « le fait de mourir », imagine que tu es tranquillement assis à des funérailles. Tu te contentes vraiment d'être assis là. Tu bouges à peine, mais tu es en train d'être quelque chose, n'est-ce pas ?

Peut-être es-tu triste, ou joyeux, en ton for intérieur. L'un ou l'autre. Cela dépend beaucoup de ta vision des choses – dans ce cas, de ta vision de la « mort ».

Mon point de vue crée ma perception.

Oui, et c'est ainsi que tu crées ce que tu es. Bref, si tu es triste, un certain regard sur les choses en est la cause. Et si tu es joyeux lors de ces funérailles, c'est exactement pour la même raison. Ton regard sur les choses reste un choix que *tu fais*. C'est un choix de libre arbitre qui définit qui tu es, qui tu veux être, et comment tu veux faire l'expérience de toi-même.

Tu peux cependant changer de point de vue en toute circonstance en changeant d'idée quant au « regard sur les choses » que tu désires. Tu peux décider ce que tu veux voir, puis, l'ayant placé là, tu l'y trouveras.

Ça, c'est toute une affirmation !

Oui. C'est une affirmation très valorisante de la réalité – sauf exception. Et sais-tu qui en décidera ?

Moi.

Oui, toi. C'est juste. Tu détermineras donc si c'est une affirmation valorisante, et ce, *selon ta façon de la considérer.* Ainsi, la boucle est bouclée. Tu vois ce que tu obtiens et tu obtiens ce que tu vois.

Tu vois ?

Charmant. Très charmant.

Crois-le ou non, ce n'est pas seulement une boutade.

Oh, je sais. Tes boutades pointent toujours vers une immense vérité sous-jacente.

Mais revenons à notre exemple. Une façon pour moi d'être joyeux intérieurement à l'approche de mes *propres* funérailles consiste à comprendre que lorsque je mourrai, ce sera parce que je l'aurai choisi. Tout ce qui m'arrive, y compris ma mort et le moment de sa venue, est causé par moi.

C'est précisément ce que je dis ici. Cela t'apportera une grande paix à ta mort. Le fait de savoir que Dieu et toi ne faites qu'Un et que vous prenez cette décision conjointement peut t'amener dans un espace de douce sérénité.

Mais cette idée suppose que l'humanité croit en un genre d'univers très différent. Dans le nôtre, la plupart des gens qui croient en Dieu pensent que c'est Dieu, et non eux-mêmes, qui est la cause première, que Dieu est certainement la cause de leur mort, qu'ils meurent lorsque Dieu décide de « les rappeler à lui ».

Ils meurent lorsqu'*ils* décident de *s'en retourner.*

Tu me demandes de croire en un univers dans lequel je suis véritablement la cause de ma propre expérience.

Tel est l'univers dans lequel tu vis.

Ça ne semble pas être le cas.

Ça ne le sera que si tu changes de point de vue. N'apparaîtra que ce que tu verras.

Quelle sagesse !

Il y a là plus de sagesse que tu ne le penses. Certains disent que voir, c'est croire. Je te dis que *croire, c'est voir.*

J'adore cette nouvelle variation sur un vieil aphorisme. Et ça aussi, tu l'as déjà dit.

Et je le redirai jusqu'à ce que tu comprennes.

D'accord, personne ne meurt « avant son temps ». Comme tu l'as répété ici, j'imagine que je dois l'accepter, ou rejeter toute l'idée. Je vais donc l'accepter comme une vérité, même si c'est difficile pour moi.

Dis-moi ce qu'il y a de si difficile.

Je crois que je suis encore accroché à l'idée... Écoute, j'ai entendu tout ce que tu viens de dire, mais... J'imagine qu'une part de moi s'accroche encore à l'idée qu'il nous arrive des choses que nous ne voulons pas voir survenir ou que nous ne créons pas en nous-mêmes. Mais je comprends, maintenant, que rien ne se produit par hasard et, ainsi, que personne ne meurt sans l'avoir choisi.

On ne peut pas « ne pas choisir ». *Tout* se choisit.

Oui, d'accord, je vois. Et j'imagine que tu n'as plus à marteler ce point, mais il va à l'encontre de ce que l'humanité s'est toujours dit sur tout ça. Et je dois te déclarer quelque chose. Alors que j'écris ces lignes, au moment même où nous nous engageons dans cette portion très précise de ce qui sera, j'imagine, une très longue conversation, la Vie même trouve moyen de me signifier de plus en plus clairement la vérité de ce que tu dis. Rien n'arrive par hasard. En d'autres mots, *ma vie quotidienne* est en train de m'en convaincre. En cet instant.

Parle-m'en.

Est-ce un hasard si, au moment même où nous avions précisément l'échange qui précède, j'ai fait une courte pause et, pour changer de rythme, j'ai décidé d'ouvrir mon courrier électronique – pour y trouver la lettre suivante d'une lectrice ?

La correspondante, Jackie Peterson (un nom d'emprunt pour protéger l'identité de cette personne), m'y expliquait qu'elle avait perdu son fiancé deux mois plus tôt, décédé d'une crise cardiaque foudroyante. Elle était atterrée, d'autant plus qu'il n'avait jamais eu aucun problème d'ordre médical et qu'il avait toujours effectué des bilans de santé.

Elle mentionnait les livres *Conversations avec Dieu*, dans lesquels elle avait lu que nous choisissons nos situations de vie terrestre, et se demandait si elle avait choisi cette situation ou si celle-ci faisait partie du modèle de vie de son ex-fiancé.

As-tu répondu à cette lettre ?

Bien sûr. Après avoir surmonté mon ahurissement total devant le fait qu'elle se « présentait » tout simplement à ce moment précis, j'ai répondu à cette lettre du mieux que j'ai pu, basant ma réponse sur notre conversation présente.

Eh bien, voyons comment tu t'es débrouillé. Examinons ce que tu as écrit.

Voici ma réponse…

Ma chère Jackie,

Entends-moi, je t'en prie, au plus profond de toi-même lorsque je te dis à quel point je suis désolé de cet événement dans ta vie. Je ne veux pas te livrer ici de « réponse facile » qui simplifierait tout cela et te laisserait croire qu'il n'y a aucun problème…

Jackie, ton problème est réel, et ta tristesse immense, et tu as tous les droits de te sentir en colère, triste, confuse, frustrée, et en quête de réponses.

J'aimerais d'abord te conseiller de te permettre tous tes sentiments présents sans essayer, sur aucun plan, de les maîtriser, de les régulariser, de les limiter ou de les restreindre. Contente-toi de les ressentir et de les laisser être tels qu'ils sont, un instant à la fois.

Il est remarquable que tu me présentes cette leçon aujourd'hui, car je suis en train de travailler à mon prochain livre de dialogues de CAD, intitulé Retour à Dieu, dans lequel je viens justement d'explorer cette idée de l'âme qui détermine à quel moment elle va quitter le corps et s'en retourner.

Oui, il est vrai que dans ce dernier tome de CAD, comme dans tous les précédents, Dieu nous révèle qu'une personne ne meurt jamais à un moment, ou d'une façon, qu'elle n'a pas elle-même choisi. En outre, il dit clairement que ce choix peut ne pas être conscient et avoir été effectué sur un plan de conscience auquel seule l'âme accède.

Dans ce cas, cela signifierait que ton fiancé n'a pas choisi consciemment de mourir à tel moment précis. Sur ce plan, sa mort l'a peut-être surpris autant que toi. Je soupçonne que ce soit le cas. Je ne crois pas que ton fiancé ait consciemment choisi de te quitter.

Il est vrai, selon moi, que l'âme choisit parfois, sur un plan subconscient ou superconscient, des choses qu'elle ne choisirait jamais sur un plan conscient, afin d'accomplir son Programme supérieur. La mort appartient presque toujours à cette catégorie. Très peu de gens choisissent consciemment de mourir à tel moment, à tel endroit et de telle manière. Je crois que le Christ l'a fait, que Bouddha l'a fait et que d'autres âmes l'ont fait aussi, mais selon moi cette situation est fort rare.

Par conséquent, essaie de ne pas être trop en colère contre ton fiancé et permets-toi plutôt de diriger cette colère vers les circonstances qui te l'ont enlevé au moment même où vous commenciez à goûter votre vie commune. Je me rends compte de ta consternation et je la comprends profondément, et tu y as droit.

Pour ce qui est de la compréhension de tout ce qui s'est produit, toutefois, je crois possible que l'âme de ton fiancé ait eu entre autres buts de faire l'expérience de son union parfaite et de sa merveilleuse relation avec toi, après de nombreuses tentatives dans cette vie-ci et de nombreuses autres dans des vies antérieures. Je crois que ton fiancé a été un cadeau pour toi – et que tu étais un cadeau encore plus extraordinaire pour lui. Tu étais ce que lui aussi avait cherché.

Je crois que tu es entrée dans sa vie dans le cadre d'un « contrat » ou d'un « accord » qui lui permettait de faire beaucoup plus, enfin, l'expérience de Qui Il Était Vraiment. Je crois qu'il s'est davantage senti « lui-même » avec toi qu'avec qui que ce soit d'autre. Non seulement en cette vie-ci, mais peut-être dans de très nombreuses vies.

Jackie, tout cela est sans doute un peu difficile à accepter sur le plan humain, et je vais te demander de voir si tu peux faire un « bond » jusqu'à un plan spirituel très élevé afin de comprendre ce que je vais suggérer ici : Je crois possible que ton fiancé soit mort de bonheur.

Tu l'as dit, il n'a jamais eu de maladie grave de sa vie, il était en bonne condition physique, il voyait régulièrement à ses bilans de santé, et il n'avait pas la moindre raison de mourir aussi soudainement. Cependant, il a peut-être eu une raison spirituelle de le faire.

Tout simplement, il a peut-être vraiment terminé son programme terrestre avec ton aide, ton assistance, grâce à toi, l'âme amie dont l'intention précise était justement de lui fournir cette dernière assistance afin qu'il puisse s'en retourner, puis avancer sur le chemin de son évolution.

Jackie, tu as montré à ce merveilleux homme à quel point une relation pouvait être merveilleuse et à quel point lui-même pouvait être merveilleux au sein d'une relation. Comme je l'ai précisé déjà, je crois que votre relation a créé un contexte dans lequel il pouvait avoir de lui-même une expérience fort différente de toutes celles qu'il avait jamais eues. J'irai plus loin. Je suis prêt à parier qu'il te l'a dit. Je crois à pré-

sent qu'il t'a vraiment dit en toutes lettres qu'il ne s'était jamais senti aussi bien qu'avec toi.

Ainsi, Jackie, ton fiancé a quitté son corps soudainement, célébrant glorieusement ce qu'il avait trouvé et ce qu'il avait enfin vécu de lui-même : la plénitude de Qui Il Était.

La grande tristesse que tu portes en toi fait partie de l'énorme cadeau, indiciblement merveilleux et spirituellement généreux, que la Vie t'a invitée à faire à cet « autre » fort merveilleux (qui n'est, en réalité, qu'une autre partie de toi), afin que tu puisses aussi savoir Qui Tu Es Vraiment.

Car ton fiancé t'a lui aussi offert un trésor (ailleurs, dans ces conversations, il est dit que « tous les bienfaits véritables sont mutuels »). Ce trésor, c'était le fait de te savoir capable de donner, de recevoir et de vivre un merveilleux amour sous la forme humaine – ce dont tu avais sérieusement commencé à douter avant qu'il ne croise ton chemin. Son intention, alors, était de te redonner à toi-même. Et c'est ce qu'il a fait.

Ainsi, le but divin de votre relation a été accompli et complété sous une forme divine, à un moment divin. Une telle relation devait prendre forme, puis s'achever, selon le calendrier divin (et vous le savez, j'en suis sûr, car je crois que vous en avez souvent parlé ensemble), même s'il est très difficile pour l'instant de le voir ainsi ou d'en faire l'expérience.

Tu te prépares peut-être, actuellement, à exécuter un programme encore plus élargi au cours des prochaines années, en te servant de cette expérience pour apporter de l'aide et de la guérison à d'autres personnes qui connaissent de nombreuses situations de vie différentes, dont chacune représentera un défi sur le plan spirituel. Tu es peut-être tout simplement en train de te préparer à évoluer dans la joie de redonner les gens à eux-mêmes.

Certaines de ces personnes que tu rencontreras auront peut-être perdu leur foi en l'amour, croyant que la relation juste et parfaite ne leur est tout simplement pas possible ni offerte, et qu'il serait préférable pour elles d'oublier complètement cette idée, qui représente à leurs yeux un grand canular de l'univers. Tu pourras leur parler d'autre chose, et les encourager à demeurer toujours ouvertes à la possibilité.

Certaines de ces personnes se retrouveront peut-être subitement en deuil sans comprendre ni « voir la perfection » de l'instant, seulement capables de ressentir la perte et la douleur, croyant peut-être tout simplement ne plus pouvoir continuer. Tu seras à même de leur parler d'autre chose, de les encourager à demeurer ouvertes, toujours, au prochain cadeau grandiose de la vie, au prochain moment extraordinaire de certitude et d'expression de l'idée la plus grande qu'elles se font d'elles-mêmes, de Dieu, de l'amour et de Qui Elles Sont Vraiment.

Bien sûr, tout cela n'est peut-être que conjecture ou invention de ma part, Jackie, je le reconnais. Toutefois, je vois toujours à l'œuvre un but supérieur et un programme supérieur dans les événements de la vie – y compris les plus tragiques et les plus tristes. Je crois qu'à la fin de nos vies sous leur forme physique actuelle, tout cela nous deviendra instantanément et joyeusement clair, que nous nous réjouirons et nous délecterons dans la parfaite symétrie de tout cela.

Je crois aussi, Jackie, que ta relation avec ton fiancé ne finira jamais et que celui-ci peut être là avec toi, au moment où tu souhaites recevoir son amour et son énergie spirituelle pour t'aider à poursuivre ton périple, alors même qu'il poursuit le sien.

Je crois que vous cheminerez toujours ensemble, tout comme vous l'avez fait pendant des siècles. Ce n'est pas la première fois que vous êtes réunis sous la forme physique, et c'est là quelque chose que, d'après moi, vous avez tous deux reconnu et compris. Non, ma chère Jackie, ce ne sera pas non plus la dernière. En effet, votre relation ne finira jamais, au grand jamais.

Elle se poursuit encore à l'instant même, car qui, à ton avis, t'apporte ce message ? Est-ce moi ou quelqu'un d'autre, qui parle par moi ?

Crois-tu qu'une telle chose soit possible, Jackie ? Personnellement, je le crois.

Ne cherche pas à chasser ta tristesse, Jackie, en ce moment de perte. La tristesse – comme le bonheur – est l'un des moyens dont nous disposons pour nous honorer les uns les autres, à partir du cœur. En ressentant pleinement ta tristesse, tu honores l'âme de ton bien-aimé, Jackie. Et tu honoreras aussi son âme en ressentant pleinement ton bonheur le jour et l'heure venus – car ils viendront assurément.

En attendant ce jour, je te souhaite de trouver la paix de l'âme, Jackie. Que la paix insondable soit avec toi, et demeure avec toi, maintenant et à jamais.

Je t'envoie mon amour sur les ailes de la prière.

Neale.

L'observation objective est impossible.
Rien de ce qui est observé n'est laissé intact par l'observateur.

13

Je vois que tu as profondément intégré ce que tu as retenu.

Tu comprends clairement, à présent.

Merci, je crois que j'ai fini par vraiment *saisir* la vérité.

Attention ! Tu veux dire *ta* vérité, n'est-ce pas ? *La* vérité n'existe pas objectivement.

La perspective crée la perception, et la perception crée l'expérience. L'expérience que la perception crée pour toi constitue ce que tu appelles la « vérité ».

Ta vérité, c'est ton expérience réelle. Tout le reste, c'est l'expérience de quelqu'un d'autre, *qui t'en a parlé.*

Cela n'a rien à voir avec toi.

La réalité objective n'existe pas ?

Non. « Réalité objective » est un oxymore.

Entends-tu par là que rien n'est conforme aux apparences ?

J'affirme tout juste le contraire. *Tout* est conforme aux apparences, mais les apparences sont fondées sur des perceptions. Et les perceptions sont fondées sur des points de vue, qui, eux, ne sont pas objectifs, mais subjectifs. Ce n'est pas quelque chose que tu subis, mais que tu *choisis*.

Tu viens à peine d'expliquer tout ça il y a un moment. J'ai alors eu de la difficulté à comprendre, et j'en ai encore. En somme, je choisis mes points de vue. C'est bien ça ?

En effet.

C'est le processus par lequel tu crées.

J'ai beaucoup de difficulté à le croire.

Alors, tu ne le croiras pas.

Ce qui signifie que…

… tu n'en feras pas l'expérience.

Si je ne *crois* pas au fait de choisir le point de vue désiré, je ne peux l'*avoir*.

Exactement.

Parce que c'est mon point de vue.

Parce que c'est ton point de vue.

Et que celui-ci affecte ta perception, qui affecte ton expérience – et ton expérience renforce ton point de vue.

Mais je pourrais objecter que je n'ai pas *choisi* cette perception. Ce n'est que ce que j'observe, objectivement.

C'est ce que tu observes, *étant donné ton point de vue*.

Tu n'observes rien « objectivement ».

L'« observation objective » est impossible.

C'est là un autre oxymore.

Oui.

Rien de ce qui est observé n'est laissé intact par l'observateur.

Je suis sûr que pour bien des gens ce raisonnement ressemble à du charabia nouvel âge.

C'est intéressant, car c'est de la science pure.

De la science ?

C'est de la physique quantique élémentaire. Lis n'importe quel ouvrage de mécanique quantique et tu le constateras.

Tu affirmes donc que j'affecte ce que je vois à partir de ma façon de le regarder ?

Ou du simple fait de le regarder. C'est exactement ce que je dis et précisément le cas.

Eh bien, on s'est certainement éloignés de la route. Nous voilà dans un marécage de théorie de la perception et de physique quantique !

Tout cela pour te ramener à ta vérité. Tu ne peux redécouvrir ta vérité, te la rappeler, ou l'habiter, à moins de te rappeler *comment tu y es arrivé.*

Nous parlons ici de la manière dont tu y es arrivé.

Ce dialogue te permet de prendre le chemin que tu as toujours voulu prendre : celui du Retour. Si tu peux y parvenir avant de mourir, tu n'auras plus jamais d'inquiétude concernant la mort. Tu n'auras plus jamais peur de mourir.

N'est-ce pas le but que tu veux atteindre par cette conversation ? Pour toi-même et tous les autres ?

Oui.

Alors, notre discussion sur la théorie de la perception et la physique quantique n'a pas du tout été une diversion, et tu comprends peut-être maintenant pourquoi nous abordons la vie, et la vie après la « mort », sous cet angle.

Ah ! Tu confirmes à présent qu'il y a *vraiment* une « vie après la mort » !

Non.

Non ?

Non. Il n'y a pas de vie après la mort.

Il n'y a pas de vie après la mort ?

Non. En fait, la « mort » n'existe pas du tout. Et c'est…

LE SEPTIÈME RAPPEL
La mort n'existe pas.

Mais je sais que tu *crois* qu'elle existe, et ainsi, pour toi, elle existe absolument.

C'est de cela que nous parlons ici.

Des perceptions, et des points de vue dont elles proviennent.

Hum… Nous voilà revenus à notre point de départ.

Toute cette conversation revient sans cesse sur elle-même. Si tu ne l'as pas déjà remarqué, tu le feras à un moment donné.

Ce dialogue ne se déroule pas en ligne droite. Nous avançons en spirales, ici, en revenant constamment sur de nombreux points importants. Pas seulement deux fois, mais bien trois ou quatre fois. Cela te sera évident au fil de notre conversation. Et ce ne sera pas accidentel, mais d'une redondance intentionnelle.

Nous parlons ici de la cosmologie du cosmos, ni plus ni moins. Des secrets de toute la vie. Des expéditions de l'âme après la mort. De la nature du temps et de l'espace. Et d'au moins deux idées qui remettent en question la cosmologie et l'ébranlent même. Et puisqu'il te faut parfois entendre les choses plus d'une fois pour vraiment les absorber… poursuivons, car nous avons bien des éléments à couvrir. Prêt ?

Prêt.

Alors, laisse-moi répéter ici, pour être clair, que ton point de vue – ta façon de voir – crée ta réalité durant cette vie *et après*.

Si je ne *pense* pas qu'il y a une vie après la mort, il n'y en aura donc pas ?

Oh, il y en aura une, c'est certain. Tu ne peux changer l'Ultime Réalité, mais tu *peux* changer l'expérience que tu en fais. C'est pourquoi j'ai dit…

On ne peut vivre ni mourir sans Dieu, mais on peut croire le contraire.

Si vous croyez vivre ou mourir sans Dieu, telle sera votre expérience.

Vous pouvez faire cette expérience aussi longtemps que vous le voulez. Vous pouvez aussi y mettre fin à tout moment, à votre gré.

Voici donc…

LE HUITIÈME RAPPEL
On ne peut changer l'Ultime Réalité,
mais on peut changer l'expérience qu'on en fait.

J'essaie de comprendre exactement comment ça fonctionne, quel en est le sens. Je cherche à voir si je peux apporter une certaine conscience à ça, à partir de mon parcours, de mon expérience dans la vie .

Bien. C'est un très bon processus, un merveilleux début. Seulement, ne reste pas coincé là.

Qu'entends-tu par là ?

Garde toujours l'esprit ouvert par rapport aux choses dont tu n'as peut-être pas fait l'expérience personnelle.

D'accord, j'ai l'esprit ouvert.

Dans ce cas, revenons sur quelque chose que tu *peux* tirer de ta mémoire. Prenons un exemple à même ton propre « parcours de vie » : T'es-tu déjà trouvé à marcher à l'extérieur quand, soudainement, la pluie s'est mise à tomber ?

Bien sûr. Plus d'une fois.

Ton expérience de ce moment, la réalité de cette averse, a-t-elle été pour toi une contrariété et un embêtement, ou une merveille et un bonheur ?

Je me rappelle avoir fait l'expérience des deux. Dans un cas, je l'ai absolument vécu comme un embêtement. J'étais furieux qu'il se soit mis à pleuvoir. J'ai couru pour me mettre à l'abri aussi vite que j'ai pu, mais ça n'a servi à rien, je me suis fait tremper.

Une autre fois, je marchais avec une jeune amie, un jour d'été, sous un ciel pluvieux. Nous nous trouvions dans un grand parc de stationnement, et la jeune femme a soudain arraché ses vêtements et s'est mise à danser sous la pluie ! Elle dansait, bondissait et sautait de joie, et je suis resté là, ahuri, la tête trempée, des mèches de cheveux sur le visage.

Elle a ri de moi et m'a mis au défi d'en faire autant. Alors, je l'ai fait. Et nous avons dansé dans ce parc de stationnement pendant presque cinq minutes avant l'arrivée d'une policière. Très gentille, celle-ci nous a tout simplement invités à remettre nos vêtements, car elle ne voulait pas nous arrêter pour indécence ou trouble de l'ordre public. Nous avons ri tous les trois, puis mon amie et moi avons acquiescé à sa demande, mais je n'oublierai jamais ce moment de ma vie. C'était pure joie débridée. De l'espièglerie joyeuse.

> Bien sûr, j'étais au courant. C'est pourquoi j'ai proposé cet exemple d'une marche sous la pluie. Alors, permets-moi de te poser la question suivante : Ce jour-là, qu'y avait-il de différent à propos de la pluie ?

Pardon ?

> En quoi la pluie au cours du premier incident différait-elle de la pluie dans le second cas ? Était-elle plus humide ? Plus forte ? Les gouttes étaient-elles plus froides ou plus grosses ?

Non. Tout était à peu près pareil, vraiment. La première pluie n'était pas plus orageuse ou furieuse que la seconde. Dans les deux cas, il s'agissait tout bonnement de jolies averses d'été.

Quelle était *donc* la différence entre les deux expériences ?

Ma façon de les voir. Mon point de vue. Dans un cas, je portais un complet d'affaires et je m'en allais à une rencontre très importante, et de mon point de vue, la pluie était un ennui. *Pire*, c'était une intrusion dans mon plan, un obstacle sur mon chemin. Dans l'autre cas, j'étais habillé décontracté et je n'avais aucun délai en particulier. Il me « semblait » que la pluie pouvait être agréable.

Et qui a créé ces points de vue ?

Moi, bien sûr.

Tu aurais pu déterminer que la rencontre d'affaires n'était pas si importante, ou que l'on comprendrait de te voir un peu moins présentable et que cela compterait peu, non ? Tu aurais pu « le voir ainsi », n'est-ce pas ?

Oui.

Imagine maintenant que la pluie soit l'« Ultime Réalité ». Tu ne pouvais pas changer le fait qu'il pleuve, mais tu pouvais changer ton *expérience* de la pluie en modifiant ta façon de la voir. Tu ne pouvais changer l'Ultime Réalité, mais tu pouvais *faire l'expérience* de l'Ultime Réalité comme il te plaisait.

Voilà le plus grand secret de la vie.

Mais ce n'est pas toujours si facile !

Mais *oui*, ça l'est.

Si je changeais ma façon de voir certaines choses, tous les drames disparaîtraient donc.

Ah, *maintenant*, on y vient…

Par exemple, le Septième Rappel – « La mort n'existe pas ». Mon Dieu, si l'humanité entière tenait ça pour une vérité, que deviendraient tous les drames ? Comment pourrions-nous être en colère, ou tristes, ou pleurer la perte de nos proches ? *Que feraient les Italiens ?*

Très drôle.

Crois-tu que les Italiens diront la même chose que toi ?

Bien sûr que oui. Ce sont eux qui vont rire le plus fort.

D'accord. Mais sérieusement, cela peut-il être vrai ? C'est une chose d'affirmer qu'il y a de la vie après la mort, mais c'en est une autre de prétendre que la mort n'existe pas. Tu as affirmé quelque chose de très important, ici.

Tu dis cela comme si c'était nouveau.

Presque partout où on m'a cité – peu importe la religion, la culture, la période ou le contexte –, on a rapporté correctement mes déclarations, à savoir que la mort n'existe pas, pas de la manière que la plupart d'entre vous la considèrent, c'est-à-dire comme la fin de toute existence. La vie n'a *pas* de « fin ».

Mais la « mort » en tant qu'expérience humaine existe, elle.

C'est la fin de votre existence physique présente, oui. Cette expérience se termine au moment de votre mort, mais la vie même ne finit pas.

Si vous croyez en Dieu, vous devez croire en la vie éternelle, car les dieux de toutes les religions l'ont déclaré.

Et si je ne crois pas en Dieu ?

Cela peut changer ton expérience, mais cela ne changera pas ce qui existe. Ton expérience, c'est ce que tu crois, et ce que tu crois dépend de ton point de vue.

Il n'y a pas de « réalité fixe » ? De réalité unique, commune à tout le monde ?

Des choses « fixes » se produisent, mais tu peux ne pas savoir qu'elles se produisent.

Ça commence à devenir très confus.

Désolé. En vérité, au moment de la mort, tu feras l'expérience de ce que tu crois, et ta croyance sera fondée sur ta perception, et celle-ci sur ton point de vue.

Et il n'y a aucune chance que ma perception change ?

Tout comme dans la vie avant la mort, ta perception peut changer durant ta vie après la mort.

Mais qu'est-ce qui pourrait susciter cela ?

Un changement de point de vue chez toi.

Une nouvelle façon de voir.

Absolument.

Mais d'où vient-il, *ce changement de point de vue* ?

D'un tas de choses — y compris ta décision, dans les instants qui suivront ta mort, que ta vision actuelle des choses ne marche pas. C'est-à-dire qu'elle ne t'apporte pas l'expérience que tu choisis d'avoir. Une telle décision modifierait immédiatement ton expérience.

D'accord, d'accord… supposons que nous… Pourrais-tu seulement décrire avec précision ce qui se produit au moment de la mort, et partir de là ?

Je serais heureux de parler des *possibilités*, mais comme je l'ai déjà mentionné, ce sera très différent pour chaque personne.

Indique-moi certaines possibilités, alors.

Tu poses une très grande question. Tu veux vraiment entrer dans ce sujet maintenant ?

Oui. J'ai attendu assez longtemps. Je veux savoir ce qui se passe après la mort.

Soyons clairs. L'enfer n'existe pas.
Il n'y a aucun endroit pareil.

14

Je sais, c'est l'éternelle question *« Que se passe-t-il après la mort ? »*, mais je dois la poser directement, en espérant une réponse directe.

Bien sûr, je vais t'en donner une, mais elle ne sera pas brève, du genre : « Vous allez au ciel ou en enfer, selon la vie que vous avez menée. »

Je ne peux répondre en une phrase à une question semblable.

Non, tu dois laisser ce rôle à l'Église.

Sans commentaire !

Alors… cette réponse ?

Laisse-moi d'abord te préciser qu'une chose sera *vraiment* la même pour tout le monde : votre mort sera vécue par stades, ou par phases, et la première est la même pour tout le monde.

Au premier stade, au moment de votre mort, il vous semblera instantanément que la vie continue. Ce sera ainsi pour chacun. Il pourrait y avoir une brève période de désorientation, au cours de laquelle vous en viendrez à réaliser que vous n'êtes plus dans votre corps, mais séparé de celui-ci.

Puis, bientôt, vous comprendrez que même si vous êtes « mort », vous n'avez pas terminé votre vie. C'est alors que vous réaliserez et verrez pleinement, peut-être pour la première fois, que vous n'êtes pas dans votre corps, qu'un corps est une chose qu'on *a*, non pas qu'on *est*. Vous passerez aussitôt au deuxième stade de votre mort, et c'est là que les voies individuelles divergent.

En quoi ?

Si le système de croyances que vous avez adopté avant votre mort comprend la certitude que la vie continue, lorsque vous saisirez que vous êtes « mort », vous saurez immédiatement ce qui se passe et vous le comprendrez. Votre deuxième stade sera alors l'expérience de tout ce qui, selon vos croyances, se produit après la mort. Ce sera aussi instantané.

Si, par exemple, vous croyez à la réincarnation, vous pourrez faire l'expérience de moments de vies antérieures dont vous n'avez aucun souvenir conscient.

Si vous croyez que vous serez enveloppé dans les bras accueillants d'un Dieu d'amour inconditionnel, telle sera votre expérience.

Si vous croyez au Jugement dernier, suivi du paradis ou de la damnation pour l'éternité…

Oui, dis-moi ce qui se passe alors.

Exactement ce à quoi vous vous attendez. Dès que vous traverserez le premier stade de la mort et réaliserez que vous ne vivrez plus dans un corps, vous passerez à l'étape deux et vivrez l'expérience d'être jugé, tout comme vous l'aviez imaginé, et le jugement se déroulera précisément tel que vous l'aviez imaginé aussi.

Si vous mourez en pensant mériter le ciel – ou l'enfer –, vous en ferez immédiatement l'expérience.

Le ciel – ou l'enfer – sera en tous points comme vous l'imaginiez. Si vous n'avez aucune idée détaillée de l'un ni de l'autre, vous les inventerez sur-le-champ. Et ces lieux seront instantanément créés pour vous.

Vous pouvez vivre ces expériences aussi longtemps que vous le voulez.

Eh bien, dans ce cas, je *pourrais bien* me retrouver en enfer !

Soyons clairs. L'enfer n'existe pas. Il n'y a aucun endroit pareil. Tu ne peux donc pas y aller.

Par contre… Peux-tu te *créer* un « enfer » personnel si tu le choisis, ou si tu crois que c'est ce que tu « mérites » ? Oui. Ainsi, tu peux t'envoyer *toi-même* en « enfer » et cet « enfer » sera conforme à l'image que tu en avais ou que tu avais besoin d'avoir, mais tu n'y resteras pas un seul moment de plus que ce que tu as décidé.

Mais qui donc choisirait de rester là ?

Tu serais étonné. Bien des gens vivent dans un système de croyances selon lequel ils sont des pécheurs et doivent être punis pour leurs « offenses ». Ils vont donc vraiment rester dans leur illusion de l'« enfer », croyant que c'est là ce qu'ils méritent, ce qu'ils ont « attiré », ce qu'ils *doivent faire*.

Cela importera peu, cependant, car ils ne souffriront pas du tout. Ils vont tout simplement s'observer eux-mêmes avec la distance du détachement et voir ce qui se passe en une sorte de visionnement d'une vidéo de formation.

Mais s'il n'y a aucune souffrance, qu'est-ce qu'il y aura *donc* ?

De la souffrance, mais il n'y en aura aucune.

Pardon ?

En réalité, ils *paraîtront* souffrir, mais la part d'eux qui observera cela ne sentira rien. Pas même de la tristesse. Ils se contenteront d'observer.

Pour établir une autre analogie, c'est un peu comme regarder votre enfant « jouer » une petite scène dans votre cuisine. L'enfant semble « souffrir » en se tenant la tête ou en serrant son ventre, espérant que maman lui permettra de rester à la maison pour ne pas aller à l'école. Maman comprend parfaitement qu'il ne se passe rien, qu'il n'y a aucune souffrance réelle.

Cette analogie n'est pas tout à fait exacte, mais elle est suffisamment proche de l'idée de ce qui se passe en réalité.

Ces observateurs s'observeront donc eux-mêmes dans cet « enfer » de leur propre création, tout en sachant qu'il n'est pas réel. Et lorsqu'ils auront appris ce qu'ils croient devoir apprendre (c'est-à-dire qu'ils se seront rappelés ce qu'ils avaient oublié), ils se « libéreront » et passeront au troisième stade de la mort.

Et ceux qui se sont créé un « ciel » ? Passeront-ils au stade trois ?

Finalement, oui. Ils se rappelleront tous ce pour quoi ils ont créé l'expérience de leur « ciel », puis réaliseront la même chose qu'à la fin de leur vie terrestre.

C'est-à-dire ?

Qu'il n'y a rien d'autre à faire.

Et ils passeront à autre chose.

Oui, au stade trois de la mort. Mais je ne veux pas le décrire maintenant. Examinons d'abord pour toi certaines autres possibilités du « stade deux ».

D'accord. Comme quoi ?

Tu pourrais être de ceux qui meurent dans un espace d'incertitude quant à savoir si la vie se poursuit ou non après la mort.

Oui, je vois. Et que se passe-t-il?

Tu seras confus et incertain devant ce qui surviendra, ce qui t'incitera à envisager les événements d'une façon entièrement différente. Tu réaliseras que tu n'es pas ton corps, que tu es « mort » (cela arrive à tout le monde au « stade un »), mais puisque tu seras incertain de ce qui vient ensuite, ne sachant même pas s'il vient quelque chose ensuite, tu passeras peut-être beaucoup de temps à essayer de te figurer comment « avancer ».

Vais-je recevoir de l'aide ?

Toute l'aide que tu accepteras.

Dans les moments subséquents à la « mort », vous vous trouverez tous en présence des anges et des guides les plus affectueux et des esprits les plus gentils, y compris l'esprit ou l'essence de tous ceux qui ont été importants pour vous dans votre vie.

Ma mère ? Mon père ? Mon frère sera là ?

Ceux que tu as aimés le plus seront le plus près de toi. Ils t'entoureront.

C'est *merveilleux*.

La présence de ces êtres aimés et de ces anges sera d'une importance énorme pour toi. Elle t'aidera à mieux t'orienter et à comprendre exactement ce qui est en train de t'arriver et quelles options sont les tiennes.

J'avais entendu dire que nous retrouverions nos proches après la mort et qu'ils nous aideraient à « traverser ». Je suis tellement content de savoir que c'est vrai !

Tu peux même devenir conscient de la présence de certains de ces proches *avant* ta mort.

Avant ma mort ?

Oui. Bien des mourants, encore dans leur corps physique, annoncent à d'autres personnes dans la pièce où ils sont qu'ils voient des proches, ou que les êtres qui leur sont chers sont venus pour eux.

Ces autres personnes dans la pièce tentent alors souvent de convaincre les mourants qu'ils imaginent des choses, mais ils voient *vraiment* des choses très réelles que les autres ne peuvent cependant voir à cause de leur point de vue limité. Le vôtre s'élargit immensément après la « mort », et souvent dans les instants qui précèdent immédiatement la mort.

C'est excitant ! Tu rends presque la mort *passionnante*.

Elle l'est *vraiment*. En fait, la mort peut être l'un des moments les plus excitants de votre vie. Tout dépend de ce que vous croyez. Comme dans la vie, vous ferez, dans la mort, l'expérience de ce que vous croyez.

Par exemple, si vous ne sentez *pas* la présence de ces esprits au moment de votre mort, ce sera parce que vous ne vous y attendez pas et que la possibilité de leur présence soit hors de votre système de croyances. Mais il suffit que vous *espériez* ces présences affectueuses pour les percevoir aussitôt.

Je comprends. Il est vraiment important de bien comprendre ses propres croyances entourant la mort.

Il est important, dans la vie, de bien comprendre ses croyances à propos de *tout*. Vos croyances affectent non seulement votre mort, mais *votre vie entière*.

La mort est intrigante. Elle est excitante,
intrigante et tout à fait merveilleuse.

15

Depuis très longtemps, j'entends dire que mes croyances affectent ma vie. Je croyais seulement que des *règles différentes* s'appliquaient, en quelque sorte, après la mort. Je suis un peu surpris d'entendre que je crée ma propre réalité même après la mort.

Alors, je suis content que nous ayons cette conversation.

Attends. Et mon père ? Il croyait que *rien* n'arrive après la mort. Absolument rien.

Si on meurt dans un espace de *certitude* qu'il n'y a *aucune* vie après la mort, une fois qu'on s'est aperçu qu'on est mort, on passe immédiatement au stade deux, où on fera une expérience de non-vie.

Comment fait-on une telle expérience ?

En faisant l'expérience de rien du tout. Il n'y aura tout simplement pas d'expérience. Les choses continueront, mais tu ne pourras pas les percevoir.

Ce sera en tous points comme si tu dormais pendant que les choses se déroulent autour de toi.

Alors, il n'y a aucun espoir ? Mon père est mort en ayant la certitude absolue qu'il n'y avait rien, aucune espèce de vie, aucune expérience, quelle qu'elle soit, après la mort… alors… il n'y a aucun espoir pour lui…

Encore une fois, lorsqu'on meurt dans cet espace, c'est comme tomber endormi. Pour faire l'expérience d'autre chose, il faut tout simplement *s'éveiller.*

Comment peut-il s'éveiller ?

La bonne nouvelle, c'est que *tout le monde* s'éveille. Comme dans la vie terrestre, tu ne demeureras pas endormi à jamais dans l'au-delà, tu ne resteras pas à jamais dans un sommeil d'oubli. *Ce n'est pas dans le plan.*

L'âme s'éveillera grâce aux soins de proches et d'anges. Puis, elle se demandera où elle est, pourquoi rien ne se passe, ce qui est arrivé. Elle commencera à établir des liens, à relier tout ça, et, à ce moment, elle passera à la conscience du deuxième stade de la mort.

À quoi ressemble tout ça ? Quelle a été l'expérience de mon papa ?

À celle qu'il a alors choisie.

Voulait-il créer quelque chose ? N'importe quoi ?

Absolument. Mais s'il y a confusion, l'expérience peut être un peu confuse, une sorte de micmac de scénarios rapidement créés susceptibles d'avoir un sens ou non.

Ça, ça ne semble pas très emballant.

Ne t'inquiète pas. Ce n'est pas « mauvais » en soi. Il s'agit tout simplement d'une réorientation. C'est comme passer d'une chaîne de télé à l'autre. Il n'y a rien de mal à cela. Il faut seulement décider de la « chaîne » à regarder.

Si on commence à se sentir un peu dépassé et à vouloir de l'aide, on prend immédiatement conscience des proches, des anges et des esprits qui ont plané au-dessus de soi et qui nous prodiguent des soins, dans l'attente qu'on remarque leur présence.

De toute manière, tu choisiras bientôt une image, parmi les milliers qui se trouvent dans ton esprit, et tu te mettras à créer à partir de là.

Mais à présent, tu dois comprendre qu'aucun des scénarios que je viens d'élaborer pour toi n'a le moindre rapport avec l'Ultime Réalité. L'expérience de celle-ci survient au stade trois. Les scénarios que je viens de décrire sont les deux premiers stades, les plus primitifs, de ton « expérience de l'après-mort ».

Donc, au premier stade de la « mort », je m'aperçois que je ne suis plus dans mon corps. Au deuxième stade, je traverse tout ce qui, dans mon imagination ou mes choix, se produit lorsque je « meurs ». Peux-tu me décrire maintenant ce qu'il adviendra alors de moi au troisième stade?

Tu fusionneras avec l'Essence puis tu feras peu à peu l'expérience de l'Ultime Réalité au Cœur de ton Être.

Tu veux dire Dieu ?

Tu peux donner à l'Ultime Réalité le nom de ton choix. Certaines personnes l'appellent Essence.

D'autres l'appellent Allah. D'autres encore, le Tout. Peu importe l'appellation, c'est toujours la même chose.

Et si c'est précisément ce que j'ai cru qu'il allait arriver ?

Et si *quoi* est précisément ce que tu as cru qu'il allait arriver ?

Et si j'ai toujours cru qu'immédiatement après ma mort je serais immergé en Dieu, ne serait-ce pas alors une expérience du deuxième stade de la mort ?

Ce serait ton *idée* de l'expérience que tu fais au deuxième stade, oui. Car au deuxième stade de la mort, tu fonctionnes encore à partir de ton esprit.

Cette expérience serait aussi agréable et glorieuse que tu l'imaginerais. Mais alors, au dernier stade de la mort, tu ferais l'expérience telle qu'elle est en réalité, non telle que tu l'avais imaginée.

Mais tu as raison. Tu saisis. Si tu as toujours cru qu'immédiatement après ta mort, tu retournerais à Dieu, oui.

C'est le plus grand espoir du monde, et il est vrai.

Ma mère n'espérait pas, elle *savait*. Ma mère *savait* qu'elle allait rencontrer tous les anges et qu'elle était sur le chemin du Retour.

Et ce fut exactement son expérience. Puis, elle est passée au stade suivant de la mort, et ce qu'elle imaginait est devenu une réalité encore plus grande.

Elle a fait l'expérience de la présence de Dieu ? Tu étais là pour l'accueillir ?

Je te le dis, je suis là pour accueillir *tout le monde*.

Il est impossible de mourir *sans* Dieu. Je serai toujours là.

Je te prendrai dans mes bras, te réconforterai, t'accueillerai, et t'assurerai que tu es parfait comme tu es, et parfaitement prêt à entrer dans le royaume des cieux. Puis, je te retournerai aux âmes de tes proches et aux anges, qui te guideront pour le reste de ton parcours, te menant vers le royaume spirituel... ou ce que tu qualifierais de « vrai » paradis, par opposition à celui que tu imagines. À cet endroit, tu accompliras ce que tu avais l'intention de faire.

Je dois travailler au ciel ?

Ne t'inquiète pas. Ce sera semblable à un jeu. Tu joueras dans les Jardins des Dieux. Ce sera vraiment le « ciel ». J'emploie le mot « travail » au sens d'« accomplir ce que tu a décidé de faire ».

Et que vais-je donc « décider de faire » au ciel ?

Lorsque nous en serons à explorer le domaine spirituel, nous examinerons cela de plus près. Pour l'instant, sache ceci : Tu ne quitteras pas ma présence jusqu'à ce que j'aie procédé à l'interrogation sacrée et que tu y aies répondu.

L'Interrogation sacrée ?

Oui. Mais j'aimerais t'en reparler plus tard. Ce sera peut-être la part la plus importante de notre conversation et, pour cette raison, je veux d'abord mettre en place quelques éléments.

D'accord, mais maintenant cela fait deux choses que tu reportes à plus tard. Tu as déjà dit avoir une réponse qui me secouerait vraiment, mais que tu voulais d'abord en établir les bases. Maintenant, tu veux me révéler ce qu'est l'« Interrogation sacrée », mais seulement après avoir posé quelques éléments. Tu m'intrigues donc vraiment.

Eh bien, la mort est intrigante. Elle est excitante, intrigante et tout à fait merveilleuse.

Si Dieu était là pour accueillir ma mère, à quoi ressemblait-il ? Et lorsque je te rencontrerai à mon tour, vais-je pouvoir te reconnaître ?

À quoi veux-tu que je ressemble ?

Je peux te faire ressembler à tout ce que je veux ?

Oui. Comme en toutes choses, tu obtiens tout ce que tu choisis. Oui, oui, encore *oui.*

Si tu choisis que je ressemble à Moïse, je ressemblerai à Moïse. Si tu t'attends à ce que je ressemble à Jésus, je ressemblerai à Jésus. Si tu veux que je ressemble à Mahomet, je lui ressemblerai aussi. Je prendrai la forme à laquelle tu t'attends ou qui te mettra à l'aise en ma présence.

Et si je ne sais absolument pas à quoi ressemble Dieu ?

Alors, je serai un sentiment. Ce sera le plus merveilleux que tu aies jamais eu. Tu auras l'impression de baigner dans une chaude lumière, comme si tu étais dans les bras de l'amour.

Ou tu auras peut-être l'impression d'être enveloppé dans un cocon, ou suspendu en apesanteur à l'intérieur d'un lumineux conteneur d'acceptation absolue et inconditionnelle. Tu auras d'abord l'impression que je t'apparais sous une forme physique. Puis cette forme deviendra un sentiment et tu n'auras plus jamais besoin de me voir sous une forme particulière.

Mais rappelle-toi : Il est impossible de mourir sans Dieu, mais il n'est pas impossible de *le croire*. Tu peux penser tout ce que tu veux à la deuxième étape de la mort. Alors, l'énergie de ma Pure Essence peut t'entourer et tu peux décider de l'écarter, de rabaisser l'expérience, de la qualifier d'hallucination, ou de n'en tenir aucun compte.

Je ne ferais jamais ça. Pourquoi le ferais-je ?

Tu l'as fait bien des fois dans ta vie. Qu'est-ce qui te laisse croire que ça pourrait être différent après ta mort ?

J'espère bien être plus sage à ma mort. Et tu me signifieras alors *clairement* que tu es Dieu, que je suis aimé et que cette expérience, c'est toi qui m'accueilles au Retour.

Écoute-moi.

La mort est un moment de création au cours duquel un ajustement énergétique a lieu, qui règle avec précision *l'énergie avec laquelle tu y entres* et produit un effet duplicateur dans le monde non physique que tu pénètres. De la sorte, il t'est possible de *poursuivre l'expérience tout juste créée*, et ce, au moment même où tu transites dans un autre monde.

(Le même processus se déroule à la naissance, mais à l'inverse. À ta naissance, l'énergie que tu as apportée avec toi depuis le monde spirituel est transformée en matière par ce processus d'harmonisation énergétique, produisant un effet duplicateur dans ce monde physique où tu viens d'entrer.)

Rappelle-toi : La mort est une porte, et l'énergie avec laquelle tu franchis cette porte détermine ce qui se trouve de l'autre côté. Ainsi, tu peux *recréer* quelque chose de nouveau au moment de ton choix (comme dans la vie), mais tu y trouveras, initialement, ce que tu *comptes* y trouver.

Si tu ne crois pas en Dieu et que tu entres ainsi dans la mort, Dieu sera là mais tu n'en feras pas l'expérience – *pas plus que durant ta vie.*

Pour faire l'expérience de la présence de Dieu, tu dois savoir que Dieu est présent.

Si tu regardes une fleur en sachant que Dieu s'y trouve, tu y verras Dieu. Sinon, tu ne verras qu'une fleur. Tu peux même n'y voir qu'une semence.

Si tu regardes quelqu'un dans les yeux en sachant que Dieu s'y trouve, tu y verras Dieu. Autrement, tu ne verras qu'un autre humain. Tu peux même n'y voir qu'un être méchant.

Si tu regardes tes propres yeux dans un miroir en sachant que Dieu s'y trouve, tu y verras Dieu. Autrement, tu n'y verras qu'une personne qui tente de découvrir qui est là. Tu peux même n'y voir qu'une personne qui n'a pas la réponse à cette question.

Tu veux dire que Dieu ne me tire pas de ma propre « ignorance » ?

Dieu te « tire » chaque jour de ta propre ignorance. Le sais-tu ?

Je suppose.

Vraiment ?

Eh bien, parfois.

C'est la même chose immédiatement après la mort. Parfois, les gens le savent ; parfois, c'est le contraire. Et il en sera selon tes croyances.

Quel message ! Je m'attendais certainement à en entendre davantage, à ce que tu m'apprennes que la présence de Dieu dans l'au-delà sert à « outrepasser », à détruire même toutes les croyances qui font obstacle, en remplissant l'instant d'une gloire absolue.

Dieu remplira *vraiment* l'instant de gloire absolue, car il n'est rien de plus glorieux que l'acte de Création pure, et Dieu te permettra de créer, à l'instant de ta mort, tout ce dont tu veux faire l'expérience.

Voilà en quoi consiste le stade deux de la mort. Au stade trois, tu en viendras à connaître une Vérité supérieure à propos de toi – et tu te rappelleras de nouveau comment la créer. Car tu fais partie du Dieu dont tu es venu parler ici. Cependant, même si tu continues d'imaginer que ce n'est pas le cas, tu peux malgré tout créer toute expérience désirée.

Alors, comprends bien ceci : Tu es en train de créer ici et maintenant ton expérience la plus ancienne de l'au-delà et tu continueras de la créer par ta façon d'y penser et ton espoir.

L'« espoir » joue un rôle ?

Rappelle-toi : Il te suffit *d'espérer* que quelqu'un viendra t'aider pour être aussitôt entouré de proches et d'anges. Il te suffit d'*espérer* rencontrer Mahomet, et Mahomet te guidera. Il te suffit d'*espérer* que Jésus sera là, et Jésus y sera. Ou le Seigneur Krishna. Ou Bouddha. Ou tout simplement l'Essence d'Amour pur.

L'espoir joue un rôle merveilleux dans la «mort» et dans la « vie », deux réalités identiques, bien sûr. N'abandonnez jamais l'espoir. *Jamais.* L'espoir est une affirmation de votre désir le plus élevé. C'est l'annonce de votre rêve le plus grandiose. C'est la pensée divinisée.

L'espoir est la pensée divinisée. Quelle affirmation parfaitement merveilleuse !

Puisque tu aimes tant cette affirmation, voici la «formule condensée de la vie» que je t'ai promise.

Ah oui, l'une de tes promesses à retardement !

L'espoir est la porte de la croyance, la croyance est la porte de la connaissance, la connaissance est la porte de la création, et la création est la porte de l'expérience.

L'expérience est la porte de l'expression, l'expression est la porte du devenir, le devenir est l'activité de toute la Vie et la seule fonction de Dieu.

Ce que vous espérez, vous finirez par le croire, ce que vous croyez, vous finirez pas le savoir, ce que vous savez, vous finirez par le créer, ce que vous créez, vous finirez par en faire l'expérience, ce dont vous faites l'expérience, vous finirez par l'exprimer, ce que vous exprimez, vous finirez par le devenir. Voilà la formule de la vie entière.

C'est aussi simple que cela.

Quand de l'information sur la vie nous est donnée d'une manière aussi succincte, j'adore ! Quel cadeau ! Des poètes comme Robert Frost nous en offrent. Et les compositeurs de chansons. Les dramaturges. Les écrivains. Les messagers et les enseignants. J'adore aussi ce que Lisel Mueller a mis dans un poème en vers libres intitulé *L'espoir*.

Elle y écrit que l'espoir « est le mouvement qui court des yeux à la queue d'un chien ». N'est-ce pas superbe ? Est-ce que ça ne saisit pas toute l'affaire ? En voici un extrait :

L'espoir…
C'est le mouvement qui court
des yeux à la queue d'un chien.
C'est la bouche qui gonfle les poumons
de l'enfant qui vient de naître.

C'est le don singulier
que nous ne pouvons détruire en nous,
l'argument qui réfute la mort,
le génie qui invente l'avenir,
tout ce que nous connaissons de Dieu.

Vous faites l'expérience d'un monde tridimensionnel, mais vous n'y vivez pas. L'Ultime Réalité est beaucoup plus complexe que vous ne l'avez peut-être jamais imaginée.

16

Revenons à cette idée que l'état d'esprit d'une personne au moment de sa mort est l'expérience que son âme rencontrera de l'« autre côté ».

Oui, c'est exactement ce que j'ai d'ailleurs répété à maintes reprises.

D'accord, mais je continue d'y revenir parce que quelque chose dans cette affirmation ne semble pas me convenir, et j'ai essayé de trouver quoi. Maintenant, je crois l'avoir.

Je t'en prie, dis-le-moi.

Cette idée ne laisse pas beaucoup de place au réconfort de ceux qui approchent la mort *sans* espoir – ceux qui se trouvent dans un état de peur, de terreur, d'appréhension, d'autocritique ou de doute – ni de leurs familles.

Je vois où tu veux en venir.

Eh bien, peu de gens meurent dans la grande paix et la merveilleuse expectative qui sont nécessaires, d'après ce que tu sembles suggérer, à une expérience glorieuse. Je crois plutôt que plus de gens meurent dans – quel serait le mot ? – l'appréhension du moins, sinon la peur, la terreur, la confusion ou le choc devant la soudaineté de l'événement, comme lors d'un accident.

Je comprends ta préoccupation. Toutefois, il est réconfortant de savoir que toutes les âmes trouvent la paix, la joie et l'amour. Toutes les âmes passent au stade trois de la mort, à ce moment de fusion avec l'Essence.

Entre-temps, il n'y a pas de « douleur » émotionnelle, physique ou spirituelle dans l'au-delà. Je l'ai déjà mentionné, même ceux qui s'imaginent aller en « enfer », puis s'y envoient, ne souffrent pas. Ils s'observent tout simplement dans cette expérience, mais sans aucun lien émotionnel.

Tu as comparé ça au visionnement d'une vidéo de formation.

En effet, cela renvoie au même genre de détachement. Tu te donnes l'expérience afin de la revoir, d'en tirer toute la sagesse possible, mais tu ne souffres pas. Dans la vie après la « mort », il n'y a pas de souffrance.

Alors, qu'y trouve-t-on ? Y a-t-il vraiment quelque chose ? De la joie ? Du bonheur ?

C'est tout ce qu'il y a. Rien de négatif.

Rien de négatif ?

Pas la moindre chose.

Mais n'as-tu pas dit que l'on fait l'expérience précise à laquelle on s'attend ?

C'est juste.

Alors, si on *s'attend* à souffrir ? Si une personne *choisit* de souffrir, car elle a le sentiment que c'est la seule façon de « mériter son entrée » au ciel ou de « payer pour ses péchés » ? Je croyais avoir compris qu'une âme peut faire l'expérience de tout ce qu'elle veut après la mort.

> Et c'est vrai. Ainsi, tu *ferais* l'expérience de la souffrance... sans la faire vraiment.

Parce que, comme tu l'as déjà expliqué, tu ne fais que regarder sans t'identifier au « soi » qui en fait l'expérience ?

> Oui, et aussi parce que, même si tu pouvais t'identifier à la part de toi-même qui en fait l'expérience, tu ne le ferais pas.

Tu me perds, ici...

> Permets-moi de te rappeler une chose dite plus tôt et qui pourrait davantage expliquer tout cela.

Oui, ce serait bien. Une explication plus complète serait vraiment bien, à présent.

> Dès que l'âme fait une expérience non désirable selon elle, cette pensée même modifie son expérience intérieure. Ainsi, il n'y a aucune souffrance. Pas même pour la personne qui imagine avec force qu'elle *devrait* être punie.
>
> Elle créerait l'expérience en imagination mais n'en ferait pas l'expérience comme elle l'avait imaginée, pour la simple raison que, dès qu'elle a l'expérience, elle choisit de ne pas l'avoir.

Même si c'est ce qu'elle pense vraiment vouloir ?

Le niveau de conscience dans l'au-delà élimine toute possibilité de choisir ce qui n'est pas vrai. En outre, l'âme saurait et comprendrait immédiatement que le concept, l'idée et l'expérience de la « souffrance » ne sont pas réels.

Au premier stade de la mort, l'âme comprend que le corps avec lequel elle a passé sa vie physique n'est pas réel, qu'il n'est pas ce qu'est véritablement l'âme. Au deuxième stade de la mort, l'âme comprend que l'esprit, avec toutes ses pensées, n'est pas réel, qu'il n'est pas véritablement l'âme.

Toutes les pensées de l'esprit limité, qui émergent du point de vue limité de l'expérience humaine, sont largement affectées au deuxième stade de la mort, précisément parce que le *point de vue* de l'âme dans l'au-delà n'est pas beaucoup plus grand, ni différent, de celui que celle-ci avait dans le corps.

C'est à partir de ce point de vue amélioré que l'âme commence à créer et à faire l'expérience d'elle-même. Dès que l'âme voit et comprend qu'elle n'est pas un corps, sa perspective change largement, comme tu peux l'imaginer. En fait, c'est ce qui pousse l'âme vers le troisième stade de la mort, alors que toutes les pensées – non seulement les « mauvaises », mais aussi ses propres pensées concernant le « ciel » – sont abandonnées, et qu'elle fait l'expérience de l'Ultime Réalité.

Ainsi, même pour la personne qui croit sincèrement qu'elle doit souffrir, qu'elle le mérite, que la souffrance est l'unique moyen de se racheter aux yeux de son Dieu, l'idée de la rédemption, et de la souffrance comme moyen de l'atteindre, n'a plus aucun sens dans la perspective élargie de l'âme.

L'âme peut s'*observer en train d'essayer* de souffrir dans l'enfer qu'elle s'est créé, mais elle verra bientôt que le fait de créer une telle expérience n'a aucun sens.

Je croyais que rien n'était impossible pour une âme qui s'exprime en tant que créateur de sa propre réalité !

La question n'est pas là. C'est plutôt que ça n'a aucun sens. L'âme n'aurait aucune *raison* de créer certaines expériences – au-delà du « souvenir » en question. Lorsque l'âme se sera souvenue que la souffrance n'est pas une réalité, mais une expérience créée dans l'esprit humain, elle aura atteint ce qu'elle cherchait à atteindre avec la création de son propre enfer et, par conséquent, l'expérience n'aura plus aucun sens.

Car, en quelque sorte, l'âme « en sait trop » pour tirer quoi que ce soit d'autre de ses expériences. On pourrait comparer cela au magicien qui accomplirait continuellement ses propres tours pour un seul spectateur : lui-même.

Je serais enclin à penser qu'il serait difficile pour un magicien de maintenir son intérêt envers ses propres tours.

Plus encore, ce serait impossible. C'est dans ce contexte qu'on pourrait affirmer qu'il est impossible pour l'âme de souffrir.

Pas même un minuscule instant ? Pas même pendant qu'elle décide si elle est intéressée ou non ?

Non. Pas du tout.

Il n'y a pas de « minuscule instant ». Ta question s'inscrit dans la réalité de ce que tu appelles le « temps », où les choses se déroulent en suivant une séquence. Mais toutes les choses que j'ai décrites, et qui arrivent à une âme après la mort, surviennent au même instant.

Minute. Tu as toi-même dit qu'elles se produisent par stades. Le stade un, le stade deux, et ainsi de suite.

C'est exact, en fonction de votre terminologie. Mais ces stades sont vécus simultanément, chaque nouvelle expérience « effaçant » la précédente, comme si l'ancienne n'avait jamais existé. Vous « êtes » ce que vous « êtes » maintenant, et c'est largement comme si vous *n'aviez jamais été rien d'autre.*

Je suis désolé, mais ça n'a aucun sens. Tu n'es plus cohérent.

Le défi consiste à parler en termes terrestres d'une situation ou d'une expérience qui n'est pas de ce monde. Disons en somme que tout arrive séquentiellement et simultanément.

C'est encore *moins* cohérent ! Les choses se produisent *soit* séquentiellement, *soit* simultanément. Non pas des deux manières à la fois.

Vraiment ?

Je te dis que c'est vrai pour toute la vie.

Toute la vie est à la fois « séquentielle » *et* « simultanée » ?

C'est juste.

Eh bien, d'accord, ça me renverse. Je suis incapable d'envisager ça dans ma réalité.

Peux-tu concevoir cette possibilité ? Peux-tu forcer ton esprit à la concevoir ?

Comme aucun terme ne désigne cette expérience dans votre langage, nous devrons en inventer un. Disons alors que toute la vie est « séquentanée », c'est-à-dire à la fois « séquentielle » et « simultanée ».

Je ne sais que dire. Je suppose que tout est possible, et je suis prêt à admettre que je ne sais pas tout ce qu'il y a à savoir sur l'Ultime Réalité, mais je ne peux aller aussi loin. Même si je pouvais m'y rendre *sur le plan conceptuel*, je ne peux m'imaginer le faire *sur le plan expérientiel*. Il m'est impossible d'imaginer en faire l'expérience.

Voyons si nous pouvons trouver d'autres mots – de vrais mots – pour te l'expliquer ou, du moins, clarifier ça un peu.

Excellent, car j'ai besoin d'aide ici, et ce, immédiatement. Ou devrais-je dire *séquentanément*...

Parfait. C'est parfait !

Alors, imagine avec moi une réalité où le temps n'existe pas. Pas comme tu l'imagines, du moins. Une réalité où il n'y a qu'un seul instant, le Présent d'Or.

Tout ce qui est arrivé, arrive et arrivera jamais... a lieu dans le Présent.

C'est vrai de toutes tes vies, pas seulement de l'expérience que tu appelles « cette vie-ci », mais aussi de l'au-delà. La différence, c'est que dans l'au-delà, tu le sais. Tu en fais l'expérience.

Une seconde ! Tu viens de dire que *toutes* mes vies se déroulent simultanément. Par là, tu entends toutes mes incarnations, non ?

Oui. Mais également tous tes nombreux passages dans *cette* présente incarnation.

Es-tu en train de me dire que je traverse *cette vie-ci* plus d'*une fois* ?

C'est juste. Et de nombreuses possibilités et expériences se produisent simultanément.

Mais si c'est le cas, ça signifie qu'il y a nécessairement des « réalités parallèles ». Est-ce à dire que des « univers parallèles » fonctionnent à côté du nôtre, dans lesquels le « je » qui est « moi » est en train de vivre d'autres expériences ?

Tout à fait.

Eh bien, au début de cette conversation tu m'as avisé que certaines parties allaient sembler « tirées par les cheveux » à certaines gens, et à coup sûr tu as tenu ta promesse. En effet, bien des gens qualifieraient ce dernier scénario de pure science-fiction.

Et ce n'en est pas. Comme je l'ai déjà indiqué, c'est de la science.

Ça aussi, c'est de la science ? Les réalités parallèles relèvent de la *science* ?

Crois-tu vivre dans un monde réduit à trois dimensions ? Pose la question à n'importe quel physicien quantique.

Nous ne vivons pas dans un monde tridimensionnel ?

Vous *faites l'expérience* d'un tel monde, mais vous n'y vivez pas.

Qu'entends-tu par là ?

Que l'Ultime Réalité est beaucoup plus complexe que vous ne l'avez peut-être jamais imaginée. Qu'il se passe plus de choses qu'il n'y paraît. Que *toutes* les possibilités existent, à tout moment. Tu es en train de choisir la possibilité dont tu veux faire l'expérience maintenant, à partir d'un champ multidimensionnel de possibilités infinies. Et il y a un autre « toi » en train d'effectuer des choix *différents,* ici et maintenant.

Un autre *moi* ?

C'est exact.

Tu veux dire que j'existe dans de multiples dimensions ?

En effet.

Il n'y a rien de mystérieux à propos de l'univers, lorsque vous le regardez bien.

17

Une fois de plus, nous nous sommes engagés dans un domaine tout à fait différent de celui que, selon moi, nous allions explorer. Aussi fascinant qu'il soit, a-t-il un rapport avec mon sujet : la vie telle que j'en fais l'expérience, et ma mort ?

Tout est étroitement lié, dans ce domaine. Pas un seul fait sur la vie et ce que vous appelez la « mort » n'existe d'une façon détachée. Tous sont pertinents.

D'accord. Alors, réponds donc à cette question : Si tout arrive en même temps, comment est-il possible pour le « nous » qui est « nous » de faire l'expérience d'événements comme s'ils avaient lieu de manière isolée, séquentielle ?

Cela dépend de ce que tu choisis de regarder. Et cette information est grandement pratique pour votre présente traversée de cette vie.

Votre expérience est créée par votre regard. Ou, plus correctement, par votre façon de vous *déplacer* dans l'espace-temps.

Pardon ?

Laisse-moi illustrer cela avec simplicité afin de voir si je peux mieux t'amener à comprendre.

Mon Dieu, *s'il te plaît*. Je fais de mon mieux pour te suivre, mais j'ai besoin de quelque chose de solide à quoi m'accrocher.

D'accord. Supposons que tu entres dans une pièce immense toute ornementée. C'est peut-être la bibliothèque d'une maison richement décorée.

Bien. Je peux l'imaginer.

En marchant dans cette pièce, tu remarques certaines choses « en premier ». Peut-être y a-t-il, dans un coin, deux statues plus grandes que nature de personnages humains nus. Naturellement, elles attirent ton regard, et tu t'avances pour les examiner. Ou peut-être y a-t-il autre chose de tout aussi spectaculaire, par exemple un immense ours empaillé ou un téléviseur grand écran ouvert qui beugle sur le mur latéral. Ton attention s'y dirige immédiatement. Ton esprit y va tout de suite.

D'accord, je peux l'imaginer aussi.

Mais en regardant autour de toi, tu commences à voir d'autres objets, plus petits, moins spectaculaires. Tu finis par te diriger vers une bibliothèque située au milieu de la pièce. Tes yeux se posent sur un titre en particulier, sur la reliure d'un livre situé au centre de l'étagère du milieu, directement devant toi. C'est ce que tu es venu chercher dans cette pièce. Les statues ont accroché ton regard, et tu t'es dirigé vers elles, mais le livre représente bel et bien ce que tu es venu chercher.

En décrivant cette scène à quelqu'un d'autre, plus tard, tu peux t'entendre dire : « Enfin, il était là ! Justement ce que je cherchais ! »

Bien sûr, ce n'est pas « enfin ». Tu aurais pu tout aussi bien dire : « Il a toujours été là ! »

Le livre convoité était là tout ce temps, attendant que tu le voies. Il ne s'est pas montré « plus tard ». En effet, il n'est pas du tout « apparu ». Il était tout le temps là. Cependant, tu ne le voyais pas, parce que tu ne regardais pas dans cette direction. Tu n'allais pas vers lui.

Néanmoins, tout, dans cette pièce, était là. Tout cela existait simultanément. Tu as vu ce qui était là, tu l'a « découvert » et, par conséquent, tu en as fait l'expérience séquentiellement. Ainsi, le moment était vraiment « séquentané ».

Je vois. Je comprends que ça ait pu me sembler ainsi.

Une chose n'« apparaît » pas « soudainement » lorsque tu l'aperçois. Le fait que tu la voies la fait soudainement « apparaître » *à tes yeux*. Ceux qui tâtent de la physique quantique élémentaire diraient que rien ne se trouve là avant que tu le voies. Le fait de le voir là le place là. Mais la science plus avancée sait maintenant que même cela n'est pas l'affirmation ultime de la réalité des choses.

Dans l'Ultime Réalité, les choses *sont* là avant que tu ne les voies. En d'autres mots, il existe des possibilités multiples, à tout moment. Chaque résultat concevable de chaque situation concevable existe ici et maintenant

– est *en train de se produire* ici et maintenant. Le fait que tu n'en voies qu'un ne le « place » pas là au sens littéral ; il le place « ici » *dans ton esprit.*

Mais *quelle* réalité, à partir des réalités existantes, est celle que je place dans mon esprit ?

Celle que tu choisis de voir.

Et qu'est-ce qui me fait choisir de voir une réalité au lieu d'une autre ?

Voilà la question, n'est-ce pas ? Qu'est-ce qui te fait *vraiment* choisir de voir une réalité plutôt qu'une autre ?

Lorsque tu passes à côté d'un type étendu sur le trottoir, débraillé, mal rasé, en train de vider une bouteille de vin, qu'est-ce qui te fait choisir de voir en lui un « voyou des rues » ou un « saint des trottoirs » ? Lorsque ton employeur t'écrit que tu as été victime d'une « réduction d'effectifs », qu'est-ce qui te fait choisir de voir là un « horrible désastre » ou une « merveilleuse occasion » ? Devant un reportage télévisé sur un tremblement de terre ou un tsunami qui a fait des milliers de victimes, qu'est-ce qui te fait choisir d'y voir une « calamité » ou le déroulement de la « perfection » ?

Qu'est-ce *donc* qui t'amène à choisir l'un plutôt que l'autre ?

Mon idée de ce qui s'y trouve ?

En effet. Aussi, ton idée de *toi-même.*

Ça me rappelle l'histoire de Don Quichotte de la Mancha, dans laquelle un gentilhomme voit le monde par yeux différents, des yeux qui « brûlent encore, bien qu'ayant tout brûlé » – paroles de Joe Darion, adaption française de Jacques Brel, tirées d'une comédie musicale. Don Quichotte conçoit le projet le plus étrange jamais imaginé... devenir un chevalier errant et partir gaiement dans le monde en vue de redresser tous les torts.

Il trouve un bol à rasoir et, le retournant, y voit un casque, qu'il décide de porter fièrement sur la tête. Puis il rencontre une jeune serveuse, Aldonza, et y voit Dulcinée, une demoiselle magnifique, pure et sincère. Il lui demande un souvenir qu'il pourrait apporter avec lui dans la bataille, et lorsqu'elle lui jette par dérision un torchon de comptoir, il en fait son écharpe et le porte sur son cœur. En s'éloignant sur son cheval, il déclare : *Je suis Don Quichotte, seigneur de la Mancha. Ma destinée m'appelle, et je vais !*

Et il a *tout inventé*.

Quelle est ta destinée à toi ? Comment vivras-tu ta vie ? Comment verras-tu les gens, les lieux et les événements qui la composent ? Et comment cela tournera-t-il ?

Tu es Dieu. Dis-le-moi.

Tout dépend de ta façon de le voir.

Sais-tu ce qu'il y a d'incroyable ? Même si c'est dingue, je pense que je comprends vraiment tout cela.

Bien sûr que si, puisque tout cela est très naturel. Ton âme comprend tout parfaitement – y compris la « séquentanéité ». Ton âme *sait* que toutes les réalités existent. L'homme de la rue est *à la fois* le voyou et le saint. Aldonza est *à la fois* la serveuse et la magnifique demoiselle. Tu es *à la fois* la victime et le méchant, et tu as été les deux au cours de ton existence. Et *rien* de cela n'est réel. *Rien*. Tu fabriques tout. Tu crées ton expérience en décidant quelle partie de Tout Ce Qui Est tu choisis de regarder. Et tu peux très bien *regarder à côté* de quelque chose que tu essayais de trouver.

Ah, *ça*, je comprends. Certaines personnes me disent qu'elles cherchent le compagnon parfait, mais lorsque celui-ci leur est envoyé par les cieux, elles ne le voient même pas, car elles sont distraites par l'apparence ou ce qu'elles décrivent comme des défauts. Don Quichotte considérait la serveuse comme une magnifique demoiselle, *et elle en est devenue une*.

Ce fait de regarder à côté s'applique même aux objets physiques. Je ne peux te dire combien de fois je suis parti à la recherche d'une chose qui se trouvait pourtant sous mes yeux et qu'à cause d'une distraction je n'ai pas vue. J'ai regardé à côté ! Ainsi, je quitte cette « pièce » (ce moment de ma vie) en annonçant à toutes les personnes concernées : « Ce n'est pas là. Je vous le dis, ce n'est pas là ! » Puis, à mon grand désarroi, quelqu'un d'autre entre dans cette pièce et en revient triomphalement avec ce que j'avais *juré* introuvable !

C'est ce que fait un maître. Un maître spirituel, c'est quelqu'un qui entre dans la pièce de ta vie et voit ce qui, selon toi, n'y est absolument pas.

Si souvent, j'ai entendu des gens dire – tout comme *moi* d'ailleurs : « Bon, comment *cela* a-t-il pu arriver là ? »

Les magiciens comprennent parfaitement ce principe. Ils affirment que « la main est plus rapide que l'œil ». Ils accomplissent leurs tours droit devant vos yeux. Il n'y a aucune illusion là-dedans. Mais le magicien sait que *cela vous apparaîtra comme une illusion* à cause de *la direction de votre regard.*

Le secret professionnel du magicien consiste à *détourner votre regard de l'endroit où le tour est accompli.*

Ce n'est pas un hasard si on a souvent considéré les magiciens et les maîtres spirituels d'une manière assez semblable, en les qualifiant de « mystiques ». Les mots « mystique » et « magique » sont souvent rapprochés pour décrire une personne ou une expérience particulière.

Les mystiques sont des gens qui voient des choses que vous ne voyez pas. Ils ne détournent pas leur regard du lieu où la magie s'accomplit ; ils le regardent directement.

Il n'y a rien de mystérieux à propos de l'univers lorsque vous le regardez bien, quand vous le voyez dans sa multidimensionnalité. Mais ce n'est pas facile pour la plupart des gens, étant donné les limites de leur point de vue.

Vous vous êtes placés dans un corps, à l'intérieur de l'espace-temps, pour voir, percevoir et vous déplacer dans les directions limitées dont le corps est capable. Toutefois, votre corps n'est pas Qui Vous Êtes, mais une chose que vous *avez*. Le temps ne passe pas ; vous le traversez, comme une pièce. Et l'espace n'est pas vraiment « de l'espace » au sens « d'un lieu où il n'y a rien », car il n'existe aucun lieu de la sorte.

Le temps *est*. On dit que « le temps passe », mais en fait il ne va nulle part. C'est *vous* qui passez, *vous* qui « traversez le temps », qui créez l'illusion du « temps qui passe » alors que vous passez à travers le Seul Moment Qui Soit.

Et le « Seul Moment Qui Soit » est infini. Ainsi, en le dépassant, vous avez littéralement le sentiment d'être en train de « passer le temps », *car c'est bien le cas.*

Le temps est quelque chose que vous *remarquez* séquentiellement, tandis qu'il *existe* simultanément dans tous les espaces. L'espace et le temps sont *séquentanés.*

Pendant que vous franchissez les corridors du temps, l'espace-temps vous paraît vaste. Si le « Seul Moment Qui Soit » est appelé *continuum* spatio-temporel, c'est précisément parce que cette réalité spatio-temporelle *est continue.*

En tant que Pur Esprit, vous pouvez circuler dans cette réalité singulière (parfois appelée Singularité) par cycles sans fin, tout en continuant à faire l'expérience de votre soi. Vous *êtes* cette singularité, sa substance. L'Essence pure. L'Énergie. Vous êtes une Individualisation de cette énergie et de cette essence. Vous êtes une « Individualisation de la Singularité ».

La Singularité, c'est ce que certains d'entre vous appellent Dieu. L'Individualisation, c'est ce que certains d'entre vous appellent Vous.

Vous pouvez séparer votre être et traverser la Singularité dans bien des directions différentes. Vous appelez « vies » ces mouvements variables dans le continuum spatio-temporel. Ce sont les cycles de l'Être qui révèlent l'Être à l'Être, par le mouvement cyclique *de* l'Être, *par* l'Être.

Je suis désorienté. Personne ne m'a jamais expliqué tout ça ainsi.

Eh bien, c'était une question de temps.

Oh, c'est charmant. Tu es charmant.

Merci.

Alors, voyons si je peux ramener tout ça à mon être individuel et en tirer un point de vue. Nous, les humains, sommes l'« individualisation de la Singularité dont l'expérience de la vie est séquentielle et simultanée ».

C'est cela. Ton expression est fort juste.

Tu plaisantes ? As-tu bien entendu ? Je viens de *dire*…

Nous sommes l'individualisation de la Singularité dont l'expérience de la vie est séquentielle et simultanée.

Oui, et je le répète, ton expression est fort juste.

Merveilleux. Je suis au pays des merveilles. Je viens de tomber dans le terrier du lapin.

Votre intention est de pleinement vous connaître
par l'expérience, non de vous connaître partiellement.

18

Alors, permets-moi de te poser une question directe. Elle porte plus précisément sur la vie après la mort.

D'accord.

Si nous sommes l'essence éternelle circulant dans la singularité, que nous appelons l'espace et le temps, dans un cycle continu et *perpétuel* de l'Être à travers l'Être, comment faisons-nous l'expérience de la vie éternelle avec toi – *avec Dieu* – comme on nous l'a promis ?

Bonne question.

Et ta réponse ?

Ce cycle continu de l'être que tu décris *est* la vie éternelle avec moi, dont on vous a parlé. Vous êtes en train de faire l'expérience de la « vie éternelle avec Dieu », à l'instant même.

Dans ce cas, quel est le rôle de la mort dans tout cela ? Sommes-nous déjà au paradis ? Ce cycle continuel et perpétuel, est-ce le maximum qu'il est possible de vivre ? Vivrons-nous un jour l'union avec toi déjà décrite ? Et qu'en est-il de ce moment de pure extase dont les mystiques ont chanté les louanges, lorsque l'âme est à nouveau unie au Tout ?

Avant la fin de notre conversation, ce moment te sera décrit. Ta soif sera étanchée. Quant à tes autres questions, le mouvement de l'*individualité dans la singularité* ne finit jamais mais se poursuit par cycles, tel qu'on l'a décrit.

Des cycles qui se produisent séquentiellement ? Un cycle *n'est-il pas* séquentiel par définition ? Pourtant, ces cycles s'accomplissent aussi simultanément.

C'est juste. Tout se déroule en même temps, tout en « paraissant » arriver à la suite.

Vous vous servez de ce que vous appelez la mort pour marquer le commencement et la fin de ces séquences, et réalimenter votre Être entre celles-ci. La mort est un changement d'énergie qui engendre d'énormes fluctuations dans le taux et la fréquence vibratoire de votre être, dans votre aller-retour entre ce que vous appelleriez la vie physique et la vie spirituelle.

Toutefois, la mort n'est pas nécessaire pour circuler dans le continuum spatio-temporel et faire l'expérience de votre Être sur les plans distincts.

La mort n'est pas une nécessité ?

Pas si vous la définissez comme étant l'abandon du corps physique. Vous pouvez faire l'expérience la plus complète de votre être spirituel tout en demeurant dans votre corps physique. Il n'est pas nécessaire de quitter le physique pour faire cette expérience. Et vous pouvez aussi faire l'expérience la plus complète de votre être physique tout en voyageant dans le monde spirituel.

Je peux emmener mon corps avec moi dans le monde spirituel ?

En effet.

Alors, pourquoi ne pas le faire toujours ? Pourquoi mourir un jour ?

Passer l'éternité dans un seul corps physique ne servirait pas le but de l'éternité même.

Non ?

Non.

Pourquoi ?

Parce que le but de l'éternité est de vous fournir un champ contextuel d'atemporalité au sein duquel vous vous offrez une expérience sans fin et des variétés illimitées dans l'expression de Qui Vous êtes.

Vous ne planteriez pas une seule fleur dans votre jardin. Si belle soit-elle, si glorieux que soit son parfum, c'est par la variété de l'expression que la création que vous appelez « fleur » peut *pleinement s'épanouir.*

Votre intention est de *pleinement* vous connaître par l'expérience, non de vous connaître partiellement. Passer l'éternité sous une seule forme physique ne servirait pas ce but.

Mais ne vous inquiétez pas, le changement de forme n'a pas à générer une expérience de perte. Il vous est possible de retourner à tout moment à n'importe quelle forme physique, et ce, à votre gré.

Je peux revenir sous ma forme antérieure ?

Oui, et tu le fais souvent, pour vivre cette expression particulière de toi d'une façon nouvelle et plus grandiose.

Dans certaines de vos traditions religieuses, il est question de la seconde venue du Christ – bien qu'un grand nombre d'entre vous aient imaginé que cela puisse avoir lieu pour une seule personne. En fait, chacun d'entre vous peut faire l'expérience de soi sous la forme du Christ, et vous avez tous ce potentiel, à tout moment.

Vous pouvez accepter votre filiation à tout moment, et *le faire* au moment où vous réalisez Qui Vous Êtes Vraiment. Vous vous serez alors pleinement épanoui dans le jardin de la vie, le Jardin du Paradis décrit dans vos mythologies.

C'est ainsi que vous traversez les cycles de la vie.

Ces cycles se produisent simultanément pour les nombreuses individualisations qui composent la singularité, l'âme unique.

Vous pouvez traverser l'espace-temps à plusieurs endroits et, comme je l'ai déjà indiqué, il vous est également possible de passer par le *même* endroit – le même « tunnel temporel » – plus d'une fois.

Et tu m'as fait tourner la tête la dernière fois que tu as dit ça. À présent, elle se remet à tourner.

Bien. Je crois que les mots vont bientôt nous manquer. Voyons si une image mentale pourrait t'aider à conceptualiser ce dont nous parlons.

Je suis sur le point de créer une métaphore à laquelle tu pourras recourir toute ta vie. Toutefois, il est important de comprendre que ce n'est pas la vérité littérale, que les choses ne se passent pas ainsi, qu'il s'agit bel et bien d'une simple métaphore. Parfois, les métaphores peuvent s'avérer extrêmement utiles lorsqu'on ne peut expliquer aisément, ou d'une manière compréhensible, le « fonctionnement » des choses, ou s'il n'y *a pas de mots pour le décrire.*

À l'instar des paraboles, elles sont susceptibles de vous aider à comprendre l'incompréhensible. C'est pourquoi tous les grands enseignants les ont utilisées.

Nous appellerons celle-ci la *Merveilleuse métaphore.*

D'accord.

Alors…

Vous vous êtes imaginé qu'il fallait tant de choses pour être heureux, et même pour survivre, mais vous avez tout inventé.

19

Crée l'image mentale d'une belle pomme rouge, ronde et juteuse. Appelle cette pomme « le temps », et l'intérieur de cette pomme, « l'espace ».

J'ai de la difficulté à voir de l'« espace » à l'intérieur d'une pomme, car il y a là tellement de matière.

Si tu voyais toute la matière qui se trouve dans ce que vous appelez « l'espace » cosmique, ça ne te poserait ici aucun problème. Les molécules de cette pomme imaginaire sont proportionnellement au moins aussi écartées que la matière solide cosmique.

D'accord…

Maintenant, imagine que tu es un microbe infinitésimal, petit mais très vivant, qui circule dans un tunnel à l'intérieur de cette pomme.

Dans cette métaphore, les murs du « tunnel » représentent le couloir du temps. Ce couloir comporte des marques qui rendent chaque millimètre de mur différent de l'autre. Peux-tu te figurer ce « tunnel temporel » avec ses nombreuses marques ?

Oui.

Bien. Alors, remarque qu'à mesure que tu parcours ce tunnel, le temps ne passe pas, que c'est *toi* qui traverses le *temps.*

Oh, mon Dieu ! je viens de le voir. Tu as déjà expliqué ça, mais je viens tout juste de le *voir* ! Tu parles ! C'est *vrai* qu'une image vaut mille mots. Et quelle intéressante inversion, dans cette image. C'est là un renversement conceptuel total.

Garde-la à l'esprit. Continue de voir que le temps ne va nulle part. Le temps est « en place » *en ce moment même.* Il est statique, stable, stationnaire. Il est toujours là, à l'endroit précis où il se trouve. Chaque fois que *tu* es dans le temps, il est toujours au présent.

C'est toi qui y circules.

D'accord, je pige. Je retiens l'image. Je traverse le temps.

Alors, imagine que le microbe que nous appelons « toi » fait partie de la pomme.

Pardon ?

Imagine que tu es une part minuscule, un atome, si tu veux, de la pomme même. Ainsi, tu circules à travers *toi-même*, n'est-ce pas ?

Euh… oui, je suppose.

Tu es un atome de cette pomme, une part de toi qui circule en toi-même. On pourrait donc dire que c'est « la pomme dedans ».

Brillant ! Tu es infiniment brillant.

Eh bien, j'essaie d'emprunter une imagerie et des mots qui t'aideront à former une idée indélébile dans ton esprit.

C'est fait.

Bien.

À présent, tu es en train de circuler de l'extérieur à l'intérieur de la pomme – de l'extérieur à l'intérieur de l'Être. Peux-tu te figurer cela ?

Oui.

Voilà ton parcours de la Vie. Les marques du tunnel t'indiquent où tu te trouves. Ce sont en fait des images, et chacune marque un moment. Chaque moment ressemble à un flocon de neige. Il n'y en a pas deux pareils dans toute l'éternité.

Au passage, tu regardes les images. Tu te concentres sur elles, et c'est ainsi que tu circules dans le tunnel, en te focalisant sur chaque image, une à une. Tu finis par aboutir au Cœur de la pomme. Tout ce temps, c'était ta destination. Cette partie de ton périple est maintenant terminée.

J'ai le sentiment que c'est au moment de ma mort. Est-ce quand je meurs ?

C'est bien lorsque tu « meurs ». Tu as circulé dans le monde physique, et tu atteins cette fois le Cœur de cette sphère qui renferme tout le temps et l'espace. Te voilà au « point mort ».

Très habile une fois de plus. Et j'y reste à jamais, blotti dans la chaleur du Cœur...

Non. Tu y fais des expériences (dont certaines que je t'ai déjà décrites et d'autres que je te décrirai plus tard), puis tu en émerges et te diriges vers la partie extérieure opposée du continuum spatio-temporel – l'autre côté de la sphère.

Tu t'es rendu de « l'autre côté ».

De « l'autre côté. » Bien sûr. Intéressante métaphore. Et qu'y a-t-il de « l'autre côté » ?

Une réalité différente.

Différente à quel point ?

Entièrement différente. Comme si la pomme était devenue une orange. C'est ce que nous appellerons le monde spirituel. Et le comparer au monde physique serait...

Ne me le dis pas, je sais. Ce serait *comme comparer des pommes à des oranges*. Tu vois ? Je commence à saisir tes jeux de mots et tes images.

C'est bien. Joue avec les idées. *Joue* avec elles. Que cela ne devienne jamais du travail. Joue avec elles, et avec la vie.

Et jouez les uns avec les autres, pendant que vous y êtes. Apprenez à bien jouer. Je vous ai envoyés au Jardin des dieux et vous ai offert de jouer avec le monde entier. J'ai fourni des réserves suffisantes pour tout le monde. Personne ne devrait avoir faim, encore moins *mourir* de faim. Personne ne devrait avoir froid, faute de vêtements, ni être sans abri dans la tempête. Il y en a suffisamment pour tout le monde.

Rien d'autre n'est requis pour bien jouer, pour faire la glorieuse expérience de Qui Vous êtes. Vous vous êtes imaginé qu'il fallait tant de choses pour être heureux, et même pour survivre, *mais vous avez tout inventé.*

À mesure que vous vous approcherez de la mort, vous verrez à quel point tout cela est sans importance. *Tout cela.* Au moment de votre départ de la vie physique, vous saurez que vous vous êtes battus pour rien. Puis, votre longue lutte s'achèvera.

À tout moment, il vous est possible d'atteindre cette conscience et de mettre fin à votre lutte. Cette occasion et cette expérience ne sont pas gardées en réserve pour l'instant de votre mort. En observant attentivement, vous verrez que chaque jour de votre vie est criblé de « petites morts ». Et vous pouvez utiliser n'importe laquelle pour aboutir à cette prise de conscience.

La mort est un processus par lequel
vous rétablissez votre identité.

20

Bon, nous parlions de comparer des pommes et des oranges, lesquelles ne peuvent l'être, et c'est ainsi que je suis passé, dans cette métaphore, du monde physique au monde spirituel, circulant dans le Cœur de mon Être afin d'y parvenir. Lorsque j'entre dans cette réalité différente, quand j'arrive de « l'autre côté » du Cœur, qu'est-ce qui se passe, alors ?

> Ta façon de faire l'expérience de ce que tu apprendras dépendra de la façon dont tu quitteras le Cœur. Si tu règles tes problèmes et les laisses dans le Cœur, tu te sentiras « centré », car tu n'auras pas emporté tes problèmes essentiels avec toi.
>
> Si tu ne les règles pas, si tu ne veux tout simplement pas les abandonner, tu apporteras de « l'autre côté » tous les problèmes essentiels que tu n'as pas complètement réglés, et tu y seras de nouveau confronté en ayant une chance de les régler.
>
> Si tu as consciemment mis fin à ta propre vie avec l'intention d'échapper à ces problèmes essentiels, tu n'y échapperas pas. Tu choisiras plutôt de faire demi-tour

et de retourner au monde physique en empruntant le même tunnel temporel et en traversant de nouveau les mêmes expériences, depuis le début.

Qu'entends-tu par « problèmes essentiels » ?

Parmi ceux-là, il y a la peur de l'abandon ou de ne pas être digne ou assez bien, ou l'impression d'être insuffisant, ou l'idée de séparation, ou toute idée fausse que tu peux entretenir à propos de toi-même.

En définitive, tous les problèmes essentiels ont quelque chose à voir avec un seul point : ton identité. En outre, ils peuvent prendre plusieurs formes, mais celles-ci reviennent à la seule question qui soit : Qui suis-je ?

Tu circules dans le continuum spatio-temporel d'abord pour te connaître et en faire pleinement l'expérience, ensuite pour *te recréer de nouveau* sous la version la plus grandiose de la plus grande vision que tu as jamais eue de Qui Tu Es Vraiment.

Selon la nature de l'expérience que tu étais en train de t'accorder dans le monde physique, tu atteins le Cœur de ton Être et t'aventures de « l'autre côté » dans un état d'être ou l'autre.

Mon expérience au Cœur ne garantit pas que je me connaîtrai pleinement en réglant mes problèmes.

Ton expérience au Cœur *consistera* à te connaître pleinement. En effet, tu ne te connaîtras jamais *davantage*. Cependant, tu pourras choisir ou non de régler tous tes problèmes. Tout cela dépendra de la direction choisie à partir de là. De ce que tu voudras savoir. De l'expérience que tu voudras faire.

Je ne comprends pas.

Je te le décrirai beaucoup plus en détail lorsque nous parlerons de l'Expérience essentielle, de l'Émersion totale de l'Être dans l'Être. Pour l'instant, sache ceci : Tu *émergeras de l'Émersion totale*, puis viendra le plus grand moment de libre choix que tu puisses imaginer.

Je vais émerger et non rester là ? Je ne vais pas rester dans l'Émersion totale avec le Un ?

Non.

Vais-je alors rester de « l'autre bord » pour toute l'éternité ?

Non. Une fois de « l'autre bord » – que tu découvriras que la « pomme » est devenue une « orange » (autrement dit, que tu es passé à une réalité tout à fait nouvelle) –, tu verras que tu es là pour une certaine raison, dans un but, et que ton travail de « ce bord » est merveilleux, emballant, joyeux, mais que lorsqu'il sera terminé, il te faudra revenir sur tes pas.

C'est le Soi véritable, le Plein Soi, qu'on t'a présenté et rappelé dans le Cœur. De « l'autre bord », les conditions sont parfaites pour le travail qui consiste à se connaître complètement à l'extérieur du Cœur et, ce faisant, tu avances dans le couloir continu du temps, jusqu'à l'extrémité de « l'autre bord ».

Redis-moi ça, s'il te plaît. Quel sera le « travail » de mon âme de « l'autre bord » ?

Ce n'est pas un travail difficile ni ardu. En fait, c'est plutôt une grande joie, celle d'en venir à savoir que ce dont tu as fait l'expérience durant ton Émersion totale avec l'Essence est réel pour toi, que c'est Qui Tu Es. Que c'est le « paradis ». Plus tard, je te décrirai comment s'effectue ce travail.

Tout de suite après ton départ de la vie physique, quand tu es passé au troisième stade de la mort, l'espoir est devenu réalité. Chaque illusion de la vie physique s'est révélée n'être justement qu'une illusion. Tes yeux se sont ouverts, ta perspective s'est élargie et améliorée, et, ayant abandonné les pensées et croyances entretenues dans ton esprit au moyen des processus éprouvés au deuxième stade de la mort, tu as peu à peu formé de nouvelles croyances.

Alors, rappelle-toi la formule de toute Vie, car elle demeure vraie non seulement pour la vie dans le corps physique, mais pour l'au-delà :

L'espoir est la porte de la croyance, la croyance est la porte de la connaissance, la connaissance est la porte de la création, et la création est la porte de l'expérience.

L'expérience est la porte de l'expression, l'expression est la porte du devenir, le devenir est l'activité de toute Vie et la seule fonction de Dieu.

Je ne sais trop pourquoi, mais je suis étonné d'entendre dire qu'il y a une place pour l'espoir et la croyance dans l'au-delà.

L'espoir est une énergie. Ni plus ni moins. Toutes les pensées sont des énergies, et ce qu'on appelle couramment l'au-delà n'est qu'un champ d'énergie. C'est un champ cosmique de possibilités infinies. Il est immense, vaste, mais assez élémentaire et fondamental par sa chimie, ses éléments énergétiques, sa construction et sa fonction. En fait, son élégance se trouve dans sa simplicité absolue à la base.

L'au-delà n'est pas un temps ou un espace où les âmes existent tels des automates dépourvus de sentiments et d'émotions. Bien au contraire, c'est un lieu où les sentiments et les émotions sont intenses et créent un champ contextuel dans lequel les âmes se rappellent et en viennent à savoir une fois de plus Qui Elles Sont Vraiment.

La mort est un processus par lequel vous rétablissez cette identité. Vous le faites dans ce que vous avez appelé le Paradis. Ce n'est pas un lieu réel, mais un état d'être. *« L'autre bord » n'est pas un endroit du cosmos, mais une expression du cosmos.* C'est une façon d'être, le fait d'« être au paradis » grâce au processus de l'expression de soi, elle-même l'expression de la Divinité Même, dans, en tant que et à travers le Soi.

Comprends-tu, maintenant ?

De « l'autre bord », tu t'éloignes du Cœur de ton Être et passes au monde spirituel, afin de mieux savoir dans cette réalité ce que tu as rencontré au Cœur de ton Être, grâce au point de vue que procure la distance, puis de le créer *en* tout, *en tant que* toi.

Mon Dieu, qu'est-ce *donc* que je rencontre de si imposant au Cœur de mon Être ?

L'Être véritable, le Plein Être. La gloire et la merveille de Qui Tu Es et de Ce Qu'Est la Vie.

Bref, Dieu.

Eh bien, *ça ressemble à quoi ?*

Je te le décrirai plus tard, dans la mesure où il est toutefois possible de le décrire dans les limites de notre présente communication.

Pour l'instant, il sera fort bénéfique de poursuivre notre métaphore.

Bien.

Arrivé aux confins de « l'autre côté », après avoir développé ta connaissance le mieux possible sur le plan du Savoir, tu te retournes et reviens – métaphoriquement – de nouveau par le monde spirituel, cette fois en revenant au Cœur de ton Être enrichi de tout ce que tu sais.

Tu ramènes la connaissance au Cœur de ton Être pour t'engager dans le processus le plus sacré qui consiste à te recréer à neuf sous ta prochaine vision la plus grandiose, sur le plan du Cœur. Au moment de ton libre choix, tu détermines, compte tenu de tout ce que tu sais, l'expérience de Qui Tu Es que tu voudras faire ensuite, en l'exprimant physiquement.

Ayant une fois de plus franchi l'expérience de l'Émersion totale – du fait d'être Un avec Dieu –, tu es prêt à renaître.

Je vais laisser l'« orange » et retourner à la « pomme » ? Quitter le spirituel et retourner au physique ?

Oui.

Pourquoi le voudrais-je ?

Pour *faire l'expérience* de ce que tu es parvenu à *savoir. Savoir* une chose et en faire *l'expérience* est très différent.

Le processus que je décris ici est circulaire.

Tu entres au Cœur de ton Être à la suite de ce que vous appelez tous la « mort », afin de rétablir ton identité. Tu traverses le monde spirituel et, par ce processus, tu arrives à connaître à nouveau, pleinement, qui et ce que tu es. Tu retournes au Cœur de ton Être avant ce que tu appelles la « naissance », pour *recréer* à nouveau ton identité, dans la prochaine version la plus grandiose de la plus grande vision que tu aies jamais entretenue de Qui Tu Es. Autrement dit, tu élèves ton expérience et ton expression de l'être en la faisant passer au plan suivant. Cela s'appelle l'évolution. Tu vis dans le monde physique afin de pouvoir te connaître à partir de ta propre expérience. La rentrée dans la vie physique – une existence extrêmement « lourde », dense, comparée à ce que tu viens de connaître – entraîne la perte de la pleine identité que tu as établie. C'est intentionnel. Si tu la connaissais à fond, tu ne pourrais en faire l'expérience sous aucun de ses aspects – et c'est précisément ce que tu es venu faire dans le monde physique. Lorsque ce « travail » est accompli (il est censé être une expérience totalement joyeuse, tout comme ton expérience de l'au-delà), tu « meurs à nouveau » pour entrer une fois de plus au Cœur de ton Être et rétablir ton identité dans sa plénitude. Tu traverses le monde spirituel pour exprimer pleinement qui et ce que tu es par la connaissance. Tu retournes au Cœur de ton Être, avant ce que vous appelez tous la « naissance », afin de *recréer* à nouveau ton identité, sous sa prochaine version la plus grandiose. Tu donnes naissance à ton être et tu vis dans le monde physique afin de pouvoir te connaître à partir de ta propre expérience. Lorsque ce

« travail » est accompli, tu « meurs à nouveau » puis tu entres une fois de plus au Cœur de ton Être afin de rétablir la plénitude de ton identité. Tu traverses le monde spirituel, et ce processus t'amène à connaître à nouveau, à fond, qui et ce que tu es. Tu retournes au Cœur de ton Être avant ce que vous appelez tous la « naissance », pour *recréer* à nouveau ton identité, sous sa prochaine version la plus grandiose.

Le processus se déroule sans fin.

Éternellement.

L'Émersion totale avec l'essence au Cœur de votre Être produit l'atténuation énergétique (ce que vous appelleriez « ajustement vibratoire » ou « accélération-animation de l'esprit »), ce qui permet la réémergence subséquente dans le monde spirituel ou physique.

Le cycle de Vie continue éternellement, car Tout Ce Qui Est désire faire l'expérience de se connaître.

En fait, c'est...

LE NEUVIÈME RAPPEL
Tout Ce Qui Est désire se connaître selon sa propre expérience. Telle est la raison de toute la Vie.

Rappelle-toi : une âme parvient à la connaissance accomplie sur la voie du monde spirituel, et à une expérience accomplie sur la voie du monde physique. On se sert des deux voies, et c'est pourquoi il y a deux mondes. Rassemble ces voies unies au Cœur, et tu auras le parfait environnement au sein duquel créer le Sentiment accompli, qui produit la conscience absolue.

Rappelle-toi : Tu arrives par étapes au moment de conscience absolue – c'est-à-dire de *connaissance*, d'*expérience* et de *sentiment* accomplis de Qui Tu Es vraiment. Chaque passage d'une vie peut être considéré comme l'une de ces étapes.

Alors, je retourne au physique afin d'acquérir « un monde d'expérience » ?

Exactement. Tu l'exprimes très bien.

Avant d'effectuer ce voyage de retour à la physicalité, tu commences par fusionner avec l'Essence même du Soi au Cœur de ton Être. Tu fusionnes, puis tu émerges, pour aller plus loin, vers l'extrémité d'où tu viens.

Puis-je te poser une question ici ? Que se passe-t-il lorsque je termine toutes les étapes – que nous avons appelées des vies – et que j'arrive, enfin, à la Conscience absolue ? Est-ce que je peux alors demeurer au « ciel » ? Est-ce que je reste à l'intérieur du Cœur ? Est-ce que je fais l'expérience éternelle de l'Émersion totale ?

Tu ne ferais pas ce choix.

Pourquoi pas ?

Si tu te réalisais pleinement, ton plus grand désir serait d'en faire l'expérience dans ta réalité physique individuelle.

Et… ?

Tu retournerais au monde physique.

Là même d'où je viens.

Là même d'où tu viens.

Dans le même corps qui fait l'expérience de la même vie, ou dans un corps différent qui fait l'expérience d'une vie différente ?

C'est toi qui choisirais. Tu le déciderais en arrivant au plus important moment de libre arbitre que tu puisses imaginer.

Certaines âmes ayant atteint la maîtrise ont choisi de retourner en faire l'expérience dans le corps dans lequel elles ont effectué leurs derniers pas sur la voie. D'autres ont choisi de retourner à la physicalité dans un corps entièrement différent, en vivant une vie totalement différente.

D'une manière ou d'une autre, tu saurais pleinement, à présent, Qui Tu Es Vraiment. Tu vivrais dans la conscience absolue. Et ta conscience serait si absolue, ta connaissance et ton expérience, si complètes, que d'autres aussi sauraient et feraient l'expérience de Qui Tu Es et t'appelleraient rabbin, maître, enseignant.

Ils pourraient même jurer que je suis « Celui-là ».

Oui. Et ils pourraient te croire unique. Dès lors, tu aurais à les convaincre que c'est inexact, que *chacun d'eux* est comme toi et qu'ils peuvent tous connaître et vivre tout ce que tu sais et que tu vis.

Ce que tu sais et que tu vis serait ta plus grande joie, et tu chercherais à partager cette joie avec chacun. S'il le fallait, tu abandonnerais même sans problème ta vie physique pour montrer aux autres qui ils sont vraiment.

Cela pourrait donner l'impression que d'autres gens t'enlèvent ta vie, mais tu saurais exactement ce qu'il en est. Que personne ne « meurt » contre sa volonté, ni à un moment ou d'une façon qu'il n'a pas choisis. Ainsi, tu utiliserais ta mort comme un moment de création, suscitant chez bien d'autres une ouverture à une réalité beaucoup plus grande.

D'une manière ou d'une autre – que j'arrive à la conscience absolue ou que je poursuive mon périple ici –, il est vrai qu'en définitive je me trouverais aux confins de la « pomme », là où j'ai commencé, n'est-ce pas ?

Oui. Tu reviendrais à ton point de départ.

Vas-tu me dire ici que je vais alors me retourner et repasser de nouveau tout le cycle ? Et continuer à aller et à revenir, encore et encore ?

Tu le peux, si tu le décides.

Je *pourrais* donc vraiment vivre la *même vie*, encore et toujours ?

À ce sujet, nous avons encore énormément de choses à discuter...

De toute évidence...

Les apparences sont parfois trompeuses, car chaque instant de chaque vie recèle plus de possibilités que tu ne l'aurais imaginé.

21

Écoute, j'ai entendu dire que nous vivons tous des vies *différentes*, mais tu m'as répété plusieurs fois que nous vivons tous également la *même* vie à maintes reprises, comme dans une version réelle du *Jour de la marmotte*.

> Comme c'est une grosse bouchée à avaler, surtout en une seule séance, nous pourrions peut-être y aller plus lentement.
>
> Tu me poses des questions profondes et importantes sur la vie, la mort et le fait de mourir, et afin de pleinement comprendre ce que tu *appelles la mort* et *le fait de mourir*, il est nécessaire d'explorer certains des sujets fort ésotériques de ce qu'on pourrait appeler « la cosmologie de tout ». Allons-y donc un peu plus lentement.

D'accord. J'ai vraiment l'impression d'être essoufflé par tout ça. En fait, j'ai reçu plus d'information au cours des dix dernières minutes…

Je sais. Alors, revenons juste un peu sur nos pas et reprenons une partie de cette information.

J'ai dit que tu fais partie de Tout Ce Qui Est. Pour revenir à notre métaphore, tu es un atome de la pomme/orange et tu circules à travers elle.

Nous pourrions l'appeler la *pommorange* !

C'est bien. Cela rendra inoubliable cette image. Nous emploierons ce mot en raccourci que tu as inventé pour référer au continuum spatio-temporel.

D'accord.

Ainsi, tu peux circuler à répétition à travers la *pommorange*, en prenant le chemin que tu veux. Comme je l'ai mentionné, cela pourrait être celui que tu as déjà choisi, ou un autre, un autre « tunnel ».

Et il t'est également possible de choisir à même un certain nombre de *façons* différentes de traverser le couloir du temps en changeant tes mouvements d'un instant à l'autre, à ton gré.

Qu'entends-tu par là ?

Eh bien, dis-moi comment tu pourrais te voir en train de traverser le couloir du temps. Présumons que tu es suspendu en l'air dans ce couloir. Tu es, littéralement, « suspendu dans le temps ». Dans quelle direction te vois-tu en train d'aller ?

Vers l'avant. Je me vois avancer dans le tunnel. Est-ce bien ce que tu me demandes ?

Y a-t-il une autre manière pour toi de te déplacer ?

Eh bien, *à reculons*, je suppose. Veux-tu dire que nous pouvons reculer dans le temps ?

Ah, tu touches ici à quelque chose de très important, mais sans savoir encore à quel point. Cela fait partie de l'Interrogation sacrée dont j'ai déjà parlé.

Vas-tu enfin m'expliquer ce qu'est l'Interrogation sacrée ?

Pas tout de suite, mais bientôt. J'ai encore quelques briques à mettre en place. La réponse courte à ton autre question est : Oui, tu peux « reculer dans le temps », non seulement vers d'autres vies, mais *à l'intérieur* de toute vie en particulier.

Fascinant.

Mais peux-tu imaginer une autre direction vers laquelle te déplacer dans ce tunnel ?

Euh… non. Vers l'avant et vers l'arrière, c'est tout. Eh bien, peut-être d'un côté à l'autre.

C'est exact. Si tu étais suspendu dans le couloir du temps, tu pourrais également circuler de gauche à droite. Y a-t-il une autre façon ?

Vers le haut et le bas ?

C'est juste. Ainsi, tu vois trois façons de bouger – avant/arrière, gauche/droite, bas/haut. Peux-tu en concevoir une autre ?

… alors ?

Je réfléchis.
Non, j'imagine que non.

La plupart des gens en sont incapables.

Pourquoi ?

Parce que leur expérience se déroule dans un environnement tridimensionnel. Mais si je te disais qu'il y a une quatrième dimension spatiale à l'intérieur de ce tunnel, une quatrième direction dans laquelle tu peux te déplacer !

Je serais vraiment étonné. Je ne peux pas deviner.

Tu peux bouger *de façon circonférentielle*. De ta position suspendue à l'intérieur du couloir du temps, tu pourrais te déplacer dans le sens des aiguilles d'une montre, ou dans le sens inverse.

Je n'y ai pas pensé.

Le tunnel comprend trois distances : celle du commencement à la fin (avant/arrière), celle de côté (gauche/droite), et la distance verticale (haut/bas). Il en a aussi une quatrième, celle *autour* de son espace intérieur (circonférence). C'est la quatrième dimension dans le temps… et il y a donc plus de façons de « se déplacer dans le temps » que tu ne l'aurais imaginé auparavant.

Tu as raison. Je n'y ai tout simplement jamais songé.

En réalité, le continuum spatio-temporel comporte plus de quatre dimensions spatiales.

Plus de *quatre* ? Bon sang, combien ?

Le nombre n'a vraiment pas d'importance ici. Si tu veux en savoir davantage sur le plan technique, adresse-toi à un physicien quantique. Encore une fois, nous nous limitons à la science actuelle. Tout ce qui compte, aux fins de cette discussion, c'est de savoir et de comprendre que les apparences sont parfois trompeuses, que chaque instant de chaque vie recèle plus de possibilités que tu ne l'aurais imaginé.

Pourtant, ton parcours reste le même, au sens où ta destination ne change pas. Seule ta route peut avoir plus de perspectives de variation que tu ne l'aurais cru.

Compte tenu de toutes ces options, qu'est-ce qui déterminerait mon choix ?

Il est relié à ce dont tu veux faire l'expérience. Toutes les voies peuvent mener à la même destination, mais chaque « route » présente des expériences différentes. Puisque tu fais sans cesse, dans le continuum spatio-temporel, des trajets en nombre infini, en prenant la route que tu veux, il n'y a aucun « risque » de « perdre une chance » en suivant une route en particulier, et tes options sont grandes ouvertes.

Et ça continue sans fin ? Je n'arrive donc jamais à passer l'éternité dans la vie spirituelle ?

Tu ne restes éternellement nulle part.

Pas même au Centre, au Cœur de mon Être ? Je sais que je te l'ai déjà demandé, mais…

Poursuis…

Je ne reste nulle part pour l'éternité ?

Afin de comprendre cette phrase, en anglais, tu dois mettre un espace à l'intérieur du mot *« nowhere »*, qui veut dire « nulle part », comme je te l'ai déjà enseigné.

Ce mot, avec l'espace ajouté au milieu, révèle *« now here »*, ici et maintenant.

Tu demeures donc *« now here »* pour toute l'éternité.

« Ici et maintenant » est le seul espace-temps qui soit.

C'est vraiment hallucinant. Ainsi, le ciel, le « paradis », le nirvana, les bienheureuses retrouvailles avec Dieu, tout ça n'est *pas* au Cœur ?

Oui, ça l'est, mais c'est aussi *partout ailleurs*. La question n'est pas que ce soit « ici » et non « là », puisque c'est partout.

Cependant, il y a quelque chose d'unique à propos du Cœur que tu ne trouveras nulle part ailleurs dans le continuum spatio-temporel – et c'est pour cette raison que tu y vas.

De quoi s'agit-il ?

La *singularité*.

Au Cœur de ton Être, Tout Ce Qui Est et Ce Que Tu Es apparaît sous sa forme singulière. C'est ici que fusionnent le Savoir et le Vécu.

Cette fusion, vous pouvez la créer en tout temps et en tout lieu à l'intérieur du continuum. Toutefois, au Cœur de votre Être, rien d'autre ne peut la « concurrencer », rien d'autre ne peut en détourner votre attention. Il n'y a que cela.

Bon, *c'est le paradis. C'est là que je veux rester*.

Non. C'est ce que tu veux connaître et vivre, mais ce n'est pas là que tu veux rester.

Pourquoi *pas* ? Ça me semble bien !

Si tu connaissais et vivais *cela* et *rien d'autre*, tu finirais par te perdre dans le fusionnement. Tu ne saurais plus que tu *es en train de vivre* le fusionnement, car il n'y aurait aucun autre *savoir* ou *vécu* avec lequel comparer. Tu ne saurais même pas qui tu es. Tu perdrais toute capacité de te différencier, de t'individualiser.

Est-ce à dire que le « ciel » pourrait être « un trop-plein de bonnes choses » ?

J'affirme simplement que toutes les choses existent dans le continuum spatio-temporel, en un équilibre parfait. L'essence de Qui Tu Es sait précisément et exactement quand le processus de la vie même t'appelle à fusionner dans l'union et à en émerger, afin de connaître le bonheur de l'*union* dans l'*expérience* et la gloire de son Individualisation.

Le système fonctionne parfaitement. L'équilibre est précis. Cette conception a l'élégance d'un flocon de neige.

Tu retournes à l'union, et de l'union tu émerges, encore et encore, éternellement et à jamais, et même dans une éternité encore plus vaste.

Et c'est…

LE DIXIÈME RAPPEL
La vie est éternelle.

Eh bien, toutes les religions nous disent ça. Toutes les traditions religieuses de la Terre le proclament. Et là, ça recommence, ça revient.

Il est vrai que je vous ai envoyé ce message par l'entremise de bien des messagers, au cours de bien des siècles.

Rossiter W. Raymond était auteur, éditeur, orateur, théologien, enseignant, romancier, ingénieur-conseil des Mines et avocat en exercice qui vécut de 1840 à 1918. Sa citation la plus célèbre était :

La vie est éternelle ; et l'amour est immortel ; et la mort n'est qu'un horizon ; et un horizon n'est rien d'autre que la limite de notre vision.

Je suppose qu'il était l'un de tes messagers.

C'est vrai.

Et des artistes contemporains en sont aussi, j'imagine. Comme Carly Simon. Elle a utilisé la citation de Raymond dans une chanson écrite avec Teesa Gohl, il y a quelques années, pour envoyer un message à un public nouveau et plus vaste sur le fait de retourner à Dieu. Et Alanis Morissette. Dernièrement, elle a *beaucoup* parlé, par sa musique, de la vie et de la nature de l'existence. Et le cinéaste Stephen Simon, au moyen de ses films, puis de son Spiritual Cinema Circle. Et…

Mettons quelque chose au clair, à présent. Vous êtes *tous* mes messagers. *Chacun* de vous.

Vous êtes tous en train d'envoyer un message *à la* vie *à propos de* la vie, au moyen de votre propre vie, telle qu'elle est vécue.

Il ne s'agit pas de savoir si vous êtes un messager, mais quel message vous envoyez.

La vérité n'existe pas.

22

Le Dixième Rappel ne m'étonne pas le moins du monde et ne me coupe pas non plus le souffle par son originalité.

> Je suis certain que non. Par contre, il *devrait* te couper le souffle par son importance. Ce sera le plus important de toute cette conversation.
>
> Lorsque tu sais que la vie est éternelle, tu ne crains plus jamais la « mort », car tu en vois et comprends la nature, la merveille, la gloire, la perfection et le parfait cadeau qu'elle constitue.

Un jour, je pourrais écrire un autre livre : *La mort, ce parfait cadeau*.

> Ce serait un très bon livre. Un petit manuel. Un petit « mode d'emploi » pour les mourants et leurs proches. Ce serait même une contribution extraordinaire.
>
> Entre-temps, nous avons cette conversation à poursuivre, pour toi et pour ceux qui explorent ces sujets.
>
> Et l'important n'est pas de savoir si, à la fin de cette conversation, tu comprendras ce que tu as toujours

voulu comprendre, mais si tu croiras alors ce que tu en seras venu à connaître.

Pourquoi ne pourrais-je pas le croire ?

Parce que l'humanité a toujours eu la plus grande difficulté à croire les vérités les plus merveilleuses, et les vérités sur la « mort » sont les plus merveilleuses de toutes.

Ce sont des vérités merveilleuses, je dois l'avouer. Je veux tellement les croire, à la lettre. J'espère seulement qu'elles *sont* vraies.

Tu vois ! Te voilà déjà en train de douter. O homme de peu de foi... ne vois-tu pas que lorsque tu remets en question ces vérités, c'est toi-même que tu remets en cause ?

Si tu aimes les vérités que renferme ton âme, ne les abandonne pas parce que quelqu'un d'autre que ton âme n'est pas d'accord, les ridiculise ou les remet en question. Tu ne dis pas que ta vérité est *la* vérité. Tu affirmes tout bonnement que c'est *ta* vérité.

La vérité n'existe pas. Nous avons déjà réglé cela. Qu'il te suffise d'entrer en contact avec *ta* vérité.

Ce que j'en viens à comprendre tout au long de mes conversations avec toi, c'est ma vérité.

C'est suffisant. En fait, c'est plus qu'assez. C'est très fort. Sais-tu à quel point c'est fort de contacter ta propre vérité – *peu importe* sur quoi ?

D'autres entreront aussi en contact avec leur vérité à la suite de cette conversation. Car, « en vérité », cette conversation n'est pas seulement la tienne, mais aussi la leur. Elle est le fruit de chaque personne qui lit ces paroles. Le sais-tu ? Sais-tu qu'*en lisant ces mots*, tu crées la suite ?

Voilà un concept sidérant. J'ai de la difficulté à me l'imaginer, car la fin de ce livre existe déjà. Nous pourrions maintenant feuilleter cet ouvrage jusqu'à la fin et voir ce qu'il raconte. Néanmoins, si nous tous qui lisons présentement ce livre le créons au fur et à mesure, comment se fait-il que la fin existe déjà ?

Ce livre, qui était posé sur l'étagère de la bibliothèque richement garnie, existait déjà, mais il n'existait pas dans ta réalité avant que tu ne *l'y voies*. *Tout* ce que tu as créé existe déjà. *Tout*. Toutefois, le fait qu'il existe déjà ne veut pas dire que tu ne l'as pas créé. Cela signifie tout simplement que tu n'es pas *conscient* de l'avoir créé, car de ta position actuelle dans le continuum spatio-temporel, tu ne peux pas *le voir*.

Sais-tu à quel point tout ça est vraiment hallucinant ?

Je crois en avoir une assez bonne idée.

Je suis tellement content, maintenant. J'ai l'impression de recevoir de l'information confidentielle sur la cosmologie de l'univers. C'est le *mécanisme* de la vie et de la mort. Je suppose à présent que je peux y aller et mourir…

Tu vas choisir de « mourir » lorsque ta vie terrestre sera achevée. Et elle le sera quand tu auras vécu *tout* ce que tu es venu vivre ici.

Ou lorsque je m'apercevrai que je n'ai pas tout vécu, mais qu'il n'y a pas d'autre moyen de tout vivre sur la voie que j'ai empruntée.

Non. Absolument pas. Cela ne peut être le cas. Personne ne meurt après avoir échoué à vivre tout ce qu'il est venu vivre dans le monde physique.

Quoi ?

Je le répète, *personne ne meurt après avoir échoué à vivre tout ce qu'il est venu vivre dans le monde physique.*

Il est impossible de ne pas être accompli.

C'est ce que veut dire…

LE ONZIÈME RAPPEL

Le moment et les circonstances de la mort sont toujours parfaits.

Je le crois. Mais comment les parents d'un enfant qui a été violé, mutilé et tué peuvent-ils qualifier de « parfaites » les circonstances d'une telle mort ? Comment les gens qui ont vu leurs proches périr le 11 septembre peuvent-ils accepter qu'une telle mort soit « parfaite » ?

Tu en demandes beaucoup, dans ces cas-là. C'est exiger de la plupart des gens un effort d'imagination jusqu'à la limite absolue.

J'ai déjà dit que la vie était conçue avec l'élégance d'un flocon de neige. Cela semble presque trop parfait pour être croyable, trop beau pour être vrai. Mais j'ajoute ceci : Le réconfort des affligés se trouvera dans la connaissance certaine de la perfection certaine de Dieu.

Dieu est parfait, toujours et éternellement. Il ne vous reste qu'une seule chose à comprendre : son identité, sa nature.

Je te l'ai répété à maintes reprises au cours de nos conversations et je te le répète ici et maintenant, une fois de plus, et pour finir :

Dieu et la Vie ne font qu'un.

Par conséquent, lorsque je déclare que « Dieu est parfait », je déclare aussi que *la Vie est parfaite*. Et c'est vrai. Le « système » repose sur la perfection de son propre équilibre.

Tout arrive au moment parfait, d'une manière parfaite, mais il n'est pas toujours possible de le voir, de le percevoir, du point de vue extrêmement étroit de l'expérience humaine. C'est là une limite du monde physique qui peut toutefois être surmontée.

Bien des « prophètes » et des « sages » ont surmonté cette limite de la perception en choisissant un point de vue différent, en considérant la vie autrement. Hélas, leurs messages sont souvent ignorés, leurs révélations souvent dépréciées, eux-mêmes condamnés. Ainsi, les aveugles continuent de guider les aveugles, car vous n'écoutez pas ceux qui voient.

Par conséquent, que ceux qui ont des oreilles entendent, écoutent :

L'imperfection est impossible dans le royaume de Dieu.

Oui, mais ici, sur terre, qu'en est-il ?

Le royaume de Dieu est « ici sur terre ». Aucun lieu n'est écarté de ce royaume.

Pourtant, nous avons tous l'impression d'être « séparés », ici sur terre. Nous croyons que la vie terrestre est l'épreuve et la tribulation qui *nous permettront d'entrer* dans le royaume de Dieu. Et nous croyons aussi que la mort en est l'entrée.

Il n'y a pas moyen d'entrer dans le royaume de Dieu. Ce n'est pas un lieu où vous entrez ou d'où vous sortez. C'est un lieu où vous *êtes* toujours. C'est le seul endroit où vous pourrez jamais être.

Ça n'en a sûrement pas l'air, parfois.

C'est parce que vous ne vous rappelez pas qui vous êtes et que vous ne traitez pas les autres comme qui ils sont. Si vous le faisiez, vous connaîtriez le paradis sur terre. Vous seriez de Retour à Dieu *partout*. Et *toujours*.

Comment les gens pourront-ils piger *un jour ou l'autre* ?

Grâce à des conversations comme celle-ci, par exemple. Ne la garde pas pour toi. Assure-toi qu'elle tombera entre les mains du plus grand nombre. Partage-la avec le monde entier.

Mais d'abord, amène la signification de ce message au plus profond de ta propre existence. Vois Dieu en chacun et en chaque chose, et vois la perfection en tout.

Tu l'as déjà mentionné lorsque nous avons parlé des gens qui se sentent persécutés. Tu as alors suggéré de changer de point de vue et de tout considérer comme parfait même quand, en termes humains, ça ne l'est pas, à l'évidence.

Surtout, peut-être, lorsque ça ne l'est pas. Car une telle conscience t'apportera la paix au milieu des tourments, le repos dans l'abattement, le pardon à l'orée du ressentiment et de la colère, et un plus grand amour de la vie que jamais.

Cherche la perfection à chaque instant. *Cherche-la*. Avec diligence. Avec foi. *Sache* qu'elle est là et que tu la trouveras si tu cherches en profondeur.

Te rappelles-tu que j'ai dit, plus tôt dans cette conversation, que nous allions avoir une autre occasion

d'explorer cette idée de « perfection » et que j'allais *te* demander de *m'*en donner un exemple ? Eh bien, nous y voilà. Je vais à présent te demander de raconter l'histoire de Billy entendue dans l'un de tes ateliers.

Je le savais. Je savais, à ce moment-là, que tu allais soulever ça. C'est la première chose à laquelle j'ai pensé quand tu en as parlé.

Bien. Alors, raconte l'histoire.

Bien sûr.

Helen était l'une des 97 participants à l'une de mes retraites *Recreating Yourself*, tenues au cours de la semaine de Noël, chaque année depuis dix ans. Le dernier soir, avant notre rituel de résolutions du Nouvel An, Helen a levé la main et demandé le micro.

« Cette semaine, a-t-elle lancé, j'ai beaucoup entendu dire que Dieu est notre meilleur ami, que Dieu est merveille et amour, que chaque jour nous devrions tous avoir une conversation avec Dieu. Eh bien, si j'avais une conversation avec Dieu, je lui indiquerais que je suis foutrement en colère contre lui. »

« Ça va, ai-je répliqué, Dieu peut le prendre. Mais toi, est-ce que ça va ? »

« Non », a-t-elle dit d'une voix chevrotante.

« Eh bien, à propos de quoi es-tu donc si en colère contre Dieu ? »

Helen a respiré profondément puis a poursuivi. « Il y a presque vingt et un ans, j'ai adopté un bébé. Cela faisait cinq ans que nous essayions de concevoir, sans succès. Apparemment, nous ne serions jamais parents. Mon horloge biologique arrivait à terme. Alors, nous avons adopté Billy.

« Trois semaines plus tard, j'ai découvert que j'étais enceinte. J'ai eu l'enfant, un autre garçon, et je les ai élevés tous les deux comme les miens, même si nous avons dit à notre premier fils, quelques années plus tard, que nous l'avions adopté. Nous voulions être sincères envers lui. Nous lui avons fait comprendre que nous l'aimions autant que son frère, et nous savions que nos gestes le lui démontraient.

« Billy a eu huit ans. Un jour, il est revenu de l'école très en colère. Il s'était fait taquiner dans la cour de récréation, quelque chose comme ça. Vous connaissez les enfants. Ils sont parfois très cruels. Ils disaient des choses comme "Billy est tellement laid que même sa mère ne voulait pas de lui". De toute façon, il est revenu à la maison tellement blessé et tout simplement furieux ; il voulait savoir pourquoi sa mère l'avait donné. Il voulait aussi la voir tout de suite.

« Bien entendu, je me sentais très mal. D'abord, pour l'angoisse et la peine que Billy vivait, et aussi pour moi-même. J'étais remplie de tristesse parce que, bien sûr, j'avais le sentiment d'être la mère de Billy. Je suis restée là à me rappeler les nuits où j'avais changé ses couches et je l'avais nourri, même lorsqu'il était malade, et tout ce que font les mères, et mon cœur s'est brisé en voyant qu'il ne me voyait plus, ne me considérait plus comme sa mère.

« Mais j'ai compris – il le fallait – et je lui ai promis que lorsqu'il serait plus vieux, s'il en avait encore envie, il allait rencontrer sa mère. Que je ferais tout mon possible pour la trouver et la rencontrer.

« Cela a semblé faire l'affaire de Billy, mais il n'a jamais paru dépasser sa colère. Il l'a gardée pendant tout le reste de son enfance et jusqu'à son adolescence, qui ont été très difficiles pour nous. Nous avons traversé tout cela, mais ce n'était facile pour personne dans la famille, et certainement pas pour moi.

« Lorsque Billy a été plus vieux, nous avons encore parlé de voir sa mère et avons conclu un accord selon lequel, à ses dix-huit ans, je commencerais à la chercher si tel était encore son désir. Tout le reste de ses années d'adolescence, il m'a rappelé cette promesse.

« Finalement, le dix-huitième anniversaire de Billy est arrivé. Ce jour-là, il a été tué dans un accident de moto. »

Les participants de cet atelier en ont eu le souffle coupé. Abruptement, l'énergie d'Helen est passée à la colère.

« Alors, je veux que tu me dises, a-t-elle lancé, quelle sorte de Dieu aimant a bien pu permettre que ça soit ainsi, alors que Billy était sur le point de rencontrer sa mère et que nous étions sur le point de réconcilier la contrainte que son désir avait imposée à notre relation. Je veux que tu me dises pourquoi Dieu ferait ça ? »

La pièce s'est effondrée dans le silence et la stupeur.

J'étais figé. J'ai fixé Helen pendant un instant, puis j'ai fermé les yeux et regardé en moi. J'ai entendu mes pensées. « Alors, Dieu, c'est foutu. Je ne sais pas quoi lui répondre. Il faut que tu m'aides. »

Soudain, mes yeux se sont ouverts tout grands, mon esprit débordait, et j'ai prononcé les paroles que j'entendais dans ma tête avant même d'avoir la chance de les juger ou de les modifier.

« Si Billy est mort ce jour-là, c'est parce qu'il s'était fait promettre de rencontrer sa mère – et c'est ce qu'il a fait. Lorsqu'il a atteint cet âge, sa mère n'était plus sur terre. »

La pièce a eu à nouveau le souffle coupé. Quelqu'un a murmuré « oui ». Quelqu'un d'autre a pleuré.

J'ai continué.

« Il n'y a pas d'accident, et rien ne survient par coïncidence. On t'a donné un fils biologique, même si tu n'avais pas pu concevoir et qu'il semblait que tu ne pourrais jamais le faire, parce qu'il y avait un plan – un plan plus grand. On t'a donné ce cadeau spécial en échange de ta volonté d'accueillir Billy, de lui donner un foyer, de l'aimer et de l'élever comme si c'était ton enfant, de prendre soin de lui jusqu'à ce qu'il soit prêt à rencontrer sa mère et qu'elle soit prête à le rencontrer.

« Le jour de la mort de Billy a été le jour le plus heureux de sa vie. Et il te sera éternellement reconnaissant de l'avoir amené à ce moment. Cette gratitude entoure ton cœur et crée avec toi un lien éternel.

« Il y a de la perfection dans le plan de la Vie. En chaque circonstance et expérience humaine. Dans chaque situation. Nous avons la chance de le remarquer. C'est aussi notre libération. Notre salut. La fin de notre souffrance et de notre douleur. »

Le visage d'Helen changea immédiatement. Rempli de colère seulement quelques instants plus tôt, il était maintenant rayonnant. Tout son corps semblait vidé de toute tension. Pour la première fois de la semaine, elle semblait détendue. Et des larmes ont roulé sur ses joues, alors même qu'elle souriait avec un rayonnement qui remplissait la pièce.

J'ai raconté cette histoire pour que vous sachiez ce que Helen et tous les autres participants de cet atelier savent maintenant. Une « formule magique » nous a été donnée par les cieux. C'est une formule par laquelle se dissout toute tristesse, toute colère, toute négativité entourant l'expérience humaine. C'est une formule qui nous permet de nous recréer à neuf. C'est une formule facile à retenir et qui s'énonce en trois mots :

Voir la perfection.

Ah, mais est-ce que ça fonctionne ? Est-ce que ça fonctionne vraiment ? La veille du Jour de l'An, Helen m'a tendu un message qu'elle avait écrit en retournant à sa chambre après une promenade sous le ciel clair et frais du Colorado. Comme Robert Frost et Lisel Meuller, elle avait eu recours à la poésie pour exprimer la beauté de sa sagesse.

Je suis arrivée le cœur lourd,
craignant de pleurer.
Il y a presque trois ans que Billy est parti
et je n'ai pas pu lui dire adieu.
Je suis restée seule auprès de sa tombe
sans pouvoir même pleurer.

Nous avions une entente, mais je lui ai dit
qu'il m'avait quittée abruptement.
Il y a presque trois ans que Billy est parti, et
Dieu n'a pas trouvé approprié
de soulager cette blessure, de guérir ce cœur,
de me donner des larmes pour pleurer.

Puis, Dieu a parlé, il a souligné
que même s'il essayait,
mon cœur était fermé et ne pouvait entendre
son soupir doux et sans âge.
Et même si ce n'était que la voix de Neale
qui m'apportait le message de là-haut,
mon âme a entendu les paroles de Dieu ce soir,
et maintenant mes yeux peuvent pleurer.

J'ai fait une promenade sous les étoiles.
Il est enfin temps
de trouver la joie de libérer mon fils.
Il est temps de dire adieu.
Et lorsque je l'ai fait, une étoile filante…
… a dansé dans le ciel.

Aucune mort n'arrive en vain, et toute mort apporte un message à ceux qui quittent la Terre et à ceux qui restent.

23

C'est une histoire merveilleuse. Elle démontre parfaitement que chaque voyage dans le continuum spatio-temporel apporte à chaque âme une expérience particulière et que l'heure et les circonstances de toute « mort » sont toujours parfaites.

Il était certainement « parfait » que ce jeune homme quitte son corps à ce moment-là, car il voulait rencontrer et connaître sa mère biologique, et son vœu a été exaucé par sa mort.

Par contre, je ne vois pas de « perfection » dans les circonstances, ni comment ce jeune homme a connu l'« expérience particulière » qu'il est venu vivre ici.

Billy est venu connaître la frustration perpétuelle, puis mourir dans un accident de moto, seulement pour enfin rencontrer sa mère ? *Allons donc !*

Ne tiens pas pour acquis que tu pourras connaître ou déduire la voie de l'âme à partir des « faits ». Tu ne peux connaître les délicats entrelacs cocréés par tous les Êtres bénis engagés dans l'expérience de vie qui vient d'être racontée. Billy est venu ici pour être au service de *tous* les programmes.

Qu'entends-tu par là ?

Il y avait plusieurs âmes en interaction et en cocréation dans cette histoire, comme à chaque instant de vie, partout. Dans son cas, ces âmes étaient lui-même, le jeune homme en moto, sa mère biologique, sa mère adoptive, son père adoptif, et son frère – de même que l'âme de la personne qui conduisait le véhicule qui l'a heurté et tué.

Sans parler d'autres âmes, plus éloignées, comme le père biologique du jeune homme, les amis et parents de tous ces gens et – es-tu prêt ? – *toi et les participants de ton atelier.*

Chacun avait un programme en train d'être exécuté.

Alors, voici donc…

LE DOUZIÈME RAPPEL
La mort de chaque personne sert toujours le programme de toute autre personne qui en a conscience. C'est pourquoi elle en a conscience. Par conséquent, aucune mort (ni aucune vie) n'est jamais « gaspillée ». Personne ne meurt jamais « en vain ».

Cela place les tragédies personnelles, les désastres nationaux, les bilans de pertes massives et la mort de chaque individu dans un contexte entièrement différent. Soudainement, tout, de la mort au berceau d'un seul bébé, à l'annihilation de milliers de gens, peut être compris d'une façon entièrement nouvelle.

Oui.

Lorsque tu comprends les entrelacs infinis et miraculeux de la vie, chaque mort devient un événement d'une grande signification céleste.

Tous les morts du 11 septembre 2001, du tsunami de 2004, des ouragans de 2005, du génocide du Darfour et de l'Holocauste s'élèvent à une place d'honneur.

Les grands-mères étendues pendant des années sur leur lit de mort, les enfants qui se jettent joyeusement et sans méfiance dans la circulation, les patients atteints du sida, les pilotes d'essai, les gens qui meurent en paix comme ceux qui connaissent une mort violente, les héros et ceux qui passent inaperçus – *toutes les morts* prennent une signification extraordinaire, car chaque vie en touche des milliers d'autres et chaque mort les rachète.

Toute mort est rédemptrice, car elle ramène l'âme à sa vérité, à celle de la vie et de Dieu – et chaque personne touchée par une mort quelconque s'ouvre à cette vérité et peut aussi en faire l'expérience.

Je vous le dis, aucune mort n'arrive en vain, et toute mort apporte un message à ceux qui quittent la Terre et à ceux qui restent. À vous de chercher ce message et de le trouver, de l'entendre et d'en tenir compte.

Quel *est donc* le message de l'Holocauste ? Quel *est donc* le message du 11 septembre 2001 ? Quel *est donc* le message du tsunami, du nourrisson mort au berceau, du patient atteint du sida, du grand-parent affectueux qui part discrètement au beau milieu de la nuit ?

Quel est le message et le but de *toute mort et de toute vie ?*

Nous le diras-tu ici ?

Le message est celui que vous annoncez. Le but est celui que vous démontrez. Vous les annoncez et les démontrez par votre existence.

Vous êtes à la fois le message et le messager. Le créateur et la créature. Vous produisez le message en même temps que vous le livrez. En effet, le processus de livraison *est* celui de sa production. Tous les deux ne forment qu'une seule et même chose.

Pensez-y. Pensez-y bien.

Je peux vous dire ceci : *La vie même est une gloire et une merveille qui dépassent largement votre imagination.* Quant à vous, votre gloire et votre merveille dépassent largement votre connaissance.

Cette vie qui est la vôtre – que vous *êtes* – est infinie et éternelle. Elle ne finira *jamais.*

Toutes les âmes interagissent en cocréant à chaque instant. Toutes. Un entrelacement est présentement à l'œuvre. Un entrelacement qui engendre l'époustouflante tapisserie de la vie. Chaque fil suit sa voie, mais tenir pour acquis que chaque fil est « seul », ce serait se méprendre immensément sur le processus de création de la Grande Trame.

Mon Dieu…

Ton Dieu, en effet.

La vie n'est donc pas une expérience singulière.

En fait, elle *l'est.*

C'est l'expérience de la *singularité,* qui se connaît en tant que telle dans les expériences de ses individualisations. Il n'y a qu'un seul programme, et il est servi au moyen des expériences nettement différentes, mais remarquablement conjointes, de chacun d'entre nous.

Cet unique programme existe pour que la divinité s'exprime et se vive dans toute sa splendeur, afin de se recréer et de se définir à neuf à chacun des instants d'or du présent. *De quelle manière* elle s'exprime, elle fait l'expérience d'elle-même, elle se définit, tout cela dépend de vous. Cette décision vous appartient quotidiennement. C'est le choix que vous démontrez à chaque instant. Vous le faites individuellement et collectivement. Chaque geste en est un d'autodéfinition.

Vous vous rappellerez cette vérité, et bien d'autres, en fusionnant avec le Cœur de votre Être. C'est ici que vous serez rajeuni, réuni et réintégré, si jamais vous oubliez le programme originel, si vous perdez la mémoire et le sentiment de Qui Vous Êtes Vraiment. Et si vous ne l'avez pas été, mais que vous avez la pleine conscience et l'expérience totale de tout cela, c'est au Cœur de votre Être que vous serez régénéré.

La grande méprise de tous ceux qui ont oublié l'Ultime Vérité, la grande illusion de tous ceux qui vivent une amnésie temporaire, c'est de croire qu'ils doivent « aller » quelque part, se rendre quelque part, pour « aller au ciel », « s'unir à Dieu » et faire l'expérience de l'extase éternelle.

Pour connaître l'extase du Divin, il n'y a nulle part où aller, rien à faire ni à être, sinon exactement ce que vous êtes en train d'être.

Vous *êtes* l'extase du Divin, mais vous ne le savez tout simplement pas.

Alors, pourquoi se donner la peine d'effectuer tous ces trajets sans fin à travers la *pommorange* ? Pourquoi suis-je continuellement en train de circuler dans le continuum spatio-temporel ? Pourquoi ai-je entrepris cette recherche infinie de Dieu ?

> Votre périple n'est pas une *quête*, mais une *expérience* sans fin de Dieu.
>
> Dans cette perspective, la raison du périple continu devient apparente. Le périple est en soi un processus. C'est votre façon de connaître Dieu, de vous connaître chacun *en tant qu'être* divin. Ce périple est donc votre plus grande joie.

Je « voyage » donc à travers le temps et l'espace pour faire l'expérience de Dieu. Mais à quel moment vais-je vraiment le rencontrer ? Tu as déjà dit que Dieu sera ma première expérience après ma mort.

> Si tu le crois, ce sera le cas. Mais tu n'as pas à attendre jusque-là. En fait, *tout ce temps, tu auras rencontré Dieu. C'est ce que je t'ai toujours dit.*
>
> C'est l'erreur centrale de la plus grande part de la théologie humaine : vous croyez tous que vous rencontrerez Dieu un jour. Vous imaginez qu'un jour vous prendrez le chemin du Retour. Vous n'allez *pas* prendre le chemin du Retour.
>
> Vous *n'êtes jamais partis.*

L'univers entier est composé d'une seule et même chose qui agit de façons différentes... Tu fais l'expérience de Toi-même en tant qu'Individualité innombrable.

24

Tu as dit que tu allais revenir à maintes reprises sur des points majeurs, et tu l'as fait. Et tu nous exposes une spiritualité entièrement nouvelle, une autre façon de voir les choses.

Je croyais être à l'extérieur de la pomme, désireux d'y goûter. C'est ce que m'a enseigné la vieille spiritualité. Toi, tu m'apprends que je ne suis *pas* à l'extérieur de la pomme, mais que j'en fais *partie*, que j'y *circule* et que *la pomme entière* est Dieu. Dieu n'est pas seulement au cœur ou au centre de tout, Dieu *est* tout.

> C'est exact.
>
> À présent, tu es en train d'utiliser la métaphore pour la dépasser.
>
> Tu t'imaginais à l'extérieur de Dieu, mais tu ne l'es pas. C'est *impossible*. Dieu est Tout Ce Qu'il y a. Personne ne peut exister à l'extérieur de Tout Ce Qu'il y a.

Alors, je suis…

... c'est juste. Comme tu l'as souligné, tu es une partie de la *pommorange* qui circule à travers la *pommorange*. Tu es une partie de Dieu, en train de goûter Dieu.

Mais comment ? Comment mon mouvement sans fin et cyclique dans les couloirs du temps me donne-t-il un « goût de Dieu » ?

En t'accordant l'expérience perpétuelle du créateur. Dieu est le Créateur et, lorsque tu fais l'expérience du créateur, tu fais l'expérience du Divin.

Je t'ai dit que l'univers entier est composé d'une seule et même chose qui agit de façons différentes. À ce jour, vos scientifiques qualifient cette unique chose d'énergie fondamentale de la vie qui se manifeste sous la forme de minuscules « supercordes » vibrant à des vitesses différentes. Les variations de ces vibrations génèrent les variations de la matière physique qui compose toutes les choses de l'univers.

J'ai aussi déclaré que *vous* êtes tous composés de la même chose. Ainsi, dès que vous le savez et que vous savez en outre que la « matière » se présente de multiples façons, en fonction des différences de vibration de ces supercordes, il ne vous reste qu'à imaginer, afin de créer la réalité physique désirée, *comment faire vibrer les supercordes selon votre désir.*

La vitesse et le modèle de vibration des cordes créent des manifestations physiques particulières.

Qu'est-ce qui fait alors que leurs vibrations s'accélèrent ou diminuent ? Qu'est-ce qui fait monter ou descendre leur fréquence ?

Toi.

Moi ?

Oui. Vous tous. Par vos pensées, vos paroles et vos actions.

Tout cela envoie une « vibration » à partir du centre de votre être. Les pensées ne sont que des vibrations. Comme tu le sais, il est possible de les mesurer. Les paroles sont des vibrations de vos cordes vocales. Les actions sont les vibrations de tout votre corps physique.

Ces vibrations forment des schémas particuliers qui donnent des fréquences particulières, et ces fluctuations engendrent à leur tour des perturbations particulières dans le schéma énergétique qui constitue la Vie même. Ces perturbations ne sont que des mouvements schématiques et des changements dans les supercordes invisibles, et ce sont ces vibrations variables qui créent la matière physique variable.

C'est l'alchimie de la vie !

Oui. Vous pouvez modifier la « fréquence de la vie » à partir de ce que vous pensez, dites ou faites, induisant dès lors des changements du schéma énergétique qui est « vous » et de l'énergie que « vous » émettez et envoyez dans le monde.

Les changements du champ énergétique, en vous et autour de vous, entraînent de nouvelles fluctuations dans votre grand continuum spatio-temporel, ce qui provoque les nouveaux effets physiques de votre vie.

Quels genres de pensées, de paroles et d'actions donnent lieu aux fréquences les plus bénéfiques ? Je crois connaître la réponse, mais dis-la-moi tout de même.

Bien sûr que tu la connais. Des pensées, des paroles et des actions positives produisent les fréquences vibratoires des supercordes, ou schémas énergétiques les plus bénéfiques.

La méditation, ou la prière, est une forme élevée de changement énergétique. Visualiser ce que tu désires est une forme élevée de manipulation énergétique. Prendre la parole est une forme élevée d'ajustement énergétique. Ce genre d'activités modifie la vibration des supercordes qui te composent et composent tout ce qui t'entoure.

L'expérience du temps est différente, elle aussi, selon les changements vibratoires qui apparaissent à la suite des changements de ton état de conscience. Dans un état de conscience modifié, le temps peut te sembler immobile, ou radicalement accéléré.

Bien des gens ont été en méditation profonde durant, leur semblait-il, une éternité, découvrant ensuite qu'il s'était écoulé à peine quelques moments dans la réalité extérieure. Inversement, il n'est pas rare qu'une personne soit en prière ou en contemplation tranquille pour une période apparemment courte, et découvre, en regardant l'horloge, qu'il s'est écoulé une heure.

Après ces expériences, les gens affirment que le temps paraît contractile ou extensible. En réalité, vous circulez à vitesse variable dans le couloir du temps, qui ne se contracte pas du tout ni ne s'étire.

Voilà une leçon express de métaphysique. Nous pourrions appeler ça de la cosmologie métaphysique. De la cosmologie métaphysique *métaphorique*, en plus. On ne peut pas vraiment prétendre que c'est de la « science », car bien des gens démentiraient cela en se fondant sur des bases scientifiques. Et à raison, car selon les connaissances actuelles de la science, ça n'a en grande partie aucun sens.

Tu serais étonné de voir à quel point c'est sensé.

Cela étant dit, quelle part de cette courte leçon est nécessaire, d'après toi, pour comprendre la vie et la mort ? Écoute, nous avons exploré un si grand nombre de choses ici…

Il peut être très utile de savoir, sur un plan théorique, ce qu'il en est du *processus* de la vie et de la mort, de même que du comment et du pourquoi.

Bon, explorons alors davantage cette idée que de nombreuses « routes » traversent l'espace-temps.

Des routes en nombre infini…

Et je peux prendre celle que je veux.

En effet. Tu peux même, comme nous l'avons déjà remarqué, reprendre celles que tu as prises avant. D'ailleurs, tu le fais assez souvent.

Si je comprends bien, je peux vivre ou non les mêmes choses qu'avant, à mon gré, n'est-ce pas ?

Exact.

Mais comment fonctionne le processus ? Je choisis comment ?

Au moyen de ce que tu regardes, de l'objet de ton attention. Tu feras l'expérience de ce que tu regardes.

Je sais cela, tu me l'as déjà expliqué. Je crois commencer à comprendre, mais j'ai encore besoin d'un tout petit peu d'aide.

Te rappelles-tu quand je t'ai demandé d'imaginer des marques dans le tunnel, d'y voir les marques du couloir du temps ?

Oui. Et tu as précisé que c'étaient des images.

C'est juste. Tu as une très bonne mémoire. Eh bien, cette fois, en imagination, faisons-en une murale tout autour de toi. Une murale sans fin qui couvre les deux murs du tunnel, le plafond et le plancher. Peux-tu imaginer cela ?

Oui.

Disons maintenant que lors de ton premier passage dans le « tunnel temporel », ton attention est particulièrement attirée par une portion de cette murale. La murale comporte de nombreux éléments, tout autour de toi, mais tu t'es rapproché de l'un d'eux, que tu regardes et sur lequel tu te concentres. Puis, tu continues d'avancer, mais tu te souviens qu'à cet endroit du tunnel, tu as fait l'expérience d'une partie du tableau. Tu l'appelles ton « passé ». Suis-tu mon récit, cette métaphore ?

Je crois que oui. Poursuis.

Au cours de ton parcours suivant dans ce tunnel « temporel », sur un trajet déjà suivi, tu peux te rapprocher d'un lieu différent de la murale, pour le regarder. Ta vision est entièrement nouvelle. Tu te concentres sur une autre partie de l'image. Et tu peux le faire au même « moment », en te déplaçant dans le couloir du temps vers la gauche et la droite, le haut et le bas, l'avant et l'arrière, ou *circonférenciellement*.

Rappelle-toi qu'il y a des images tout autour de toi, à chaque « instant » du « temps ». Si, dans ce couloir, tu ne te déplaces que vers l'avant et l'arrière, le haut et le bas, la gauche et la droite, tu limites tes choix des autres images dont tu peux aussi te rapprocher et que tu peux regarder. Mais si tu te déplaces circonférenciellement, tu peux explorer toutes les images existantes en un instant, en circulant dans l'« anneau temporel » qui représente cette nanoseconde particulière. C'est comme explorer chaque contour d'un flocon de neige. Rappelle-toi : Chaque instant est comme un flocon de neige ; il n'y en a pas deux semblables dans toute l'éternité.

Et si je change un seul aspect de tous ces anneaux, je change toutes les « images » qui suivent.

Précisément. Ainsi, tu peux emprunter la même voie, mais voir des choses différentes.

Bon sang, je suis le Seigneur des Anneaux !

Tu l'es, en effet.

L'anneau, ou le cercle, a toujours été le symbole sacré de l'éternité, la complétude, l'amour infini, et du voyage sans fin.

Mais si j'effectue ce voyage sans fin, comme la murale est partout autour de moi… je ne reconnaîtrai rien du tout, non ?

Lorsque tu voyages en spirale dans le couloir du temps, très souvent tes yeux découvrent une portion de la « murale » que tu as déjà vue et tu te dis alors : « Je suis déjà venu ici ! Tout est exactement tel que c'était ! »

Une impression de déjà-vu !

Précisément !

Alors, parfois, en circulant dans un « tunnel temporel », tu auras l'impression de recevoir un « message » ou des « instructions ». Ce pourrait être un avertissement... « Ne va pas dans cette direction. Ne focalise pas sur cette partie de la murale. » Ou une invitation... « Regarde *cette* partie de la murale. Vois cette image, par ici. »

Oui ! J'ai déjà fait cette expérience ! Qui s'adresse à moi ainsi ? Toi ?

Toi seul. C'est *toi* qui te le dis. C'est l'individualisation de la singularité qui t'envoie ces « instructions » sous la forme d'« allusions », de « pressentiments », d'« intuition féminine », ou d'une « trouvaille médiumnique ».

Je me parle à moi-même.

C'est cela.

Mon « moi futur » parle à mon « moi présent ».

Tu peux l'énoncer ainsi. Et si tu écoutes attentivement ton Moi, tu peux faire l'expérience de n'importe quel point du « temps », ou de tout ton voyage dans le tunnel, d'une façon entièrement nouvelle.

Voyons si j'ai bien saisi... Je suis continuellement en déplacement dans le temps et l'espace, et je prends des routes tout à fait nouvelles.

Ce que tu appellerais « vivre des vies différentes ».

Ou je prends la même route qu'avant.

> Ce que tu appellerais « vivre la même vie à nouveau », durant laquelle tu peux faire l'expérience du déjà-vu – du sentiment d'avoir « déjà été là ».

Mais si tout ça se déroule au même *moment* ?

> C'est le cas. Rappelle-toi qu'il n'y a qu'une seule *pommorange*. Le continuum spatio-temporel est la singularité. Il n'y a rien d'autre.

Je dois donc exister *à l'intérieur de la singularité* à différents endroits, simultanément. Nous avons déjà touché ce point en explorant l'idée des réalités parallèles. Tu veux dire que je peux être à deux endroits en même temps ?

> Tu peux être à *plusieurs* endroits à la fois, pas à deux seulement. Et tu y es.

Je suis l'individualisation de la singularité qui fait l'expérience de la vie séquentiellement et simultanément !

> Voilà, tu comprends tout.
>
> Le « toi » qui est *toi* – le Tout qui est Individualité – s'est exprimé d'innombrables manières.

J'ai toujours su que j'avais des personnalités multiples !

> En termes métaphysiques, tu fais l'expérience de Toi-même en tant qu'Individualité innombrable.

Mon Dieu, il n'est pas étonnant qu'il faille revenir sur cette matière, puisqu'elle comporte des couches innombrables. J'ai l'impression d'être l'innombrable individualisation de la singularité qui fait l'expérience de la vie séquentiellement et simultanément.

Tu vois à quel point il est difficile de verbaliser tout cela ? Il faut inventer des mots et des expressions qui n'existent pas, seulement pour s'en rapprocher.

Mais je sais ce que tu veux dire ! J'ai vécu bien des vies, et *celle-ci* bien des fois.

Exact. Sauf que tu comprendrais cela encore mieux, tu l'énoncerais plus précisément, sans utiliser le passé.

Je suis en train de vivre plusieurs vies, et *celle-ci* plusieurs fois.

Maintenant, tu l'as tout à fait.
Ou presque.

Presque ?

Il reste un petit détail…

Quel est-il ?

C'est toi qui as peint la murale.

Quoi ?

Et tu peux modifier le tableau à tout moment.

Quoi ?

Tu peux y faire des ajouts, en effacer une portion ou l'autre, recolorer ou changer la couleur d'une portion, et ce, chaque fois que tu passes à n'importe quel point dans le « temps ». Tu peux modifier le tableau comme tu veux, quand bon te semble.

Oh, mon Dieu ! les supercordes sont mes pinceaux !

Excellent ! Bonne analogie.

Rien n'a donc *jamais* à être comme avant !

Exact.

Autrement dit, les possibilités sont *infinies.*

Oui.

Alors… ça peut continuer *à jamais*.

C'est bien le cas, ma Merveille. C'est bien le cas.

La mort est le passage entre le monde physique et le monde spirituel, en un aller-retour.

25

Je suis donc en train de « peindre ma murale » dans le couloir du temps, en changeant la vibration de l'énergie vitale qui tourbillonne en moi et autour de moi.

Oui.

Par tes pensées.

Tu es en train de « peindre » en te devançant par tes pensées.

Et par tes paroles.

Par tout ce que tu dis, tu peins ton image de toi et de la vie.

Et par tes actions.

Par tout ce que tu fais, tu exprimes quelque chose de toi. Tu es en train de disposer dans la murale les images de chaque possibilité. Tout ce que tu as jamais cru possible – chaque espoir, chaque rêve, chaque inquiétude, chaque cauchemar –, tout cela se retrouve dans ta murale.

Tu as combiné ta métaphore à la mécanique quantique, selon laquelle toutes les possibilités existent.

Tout à fait.

Et je fais l'expérience des possibilités que je regarde.

C'est cela. C'est la métaphore *et* la mécanique quantique réunies. Rappelle-toi : en physique quantique, tout objet d'observation est affecté par l'observateur. Selon la métaphore, tu fais l'expérience de la partie de la murale à laquelle tu accordes de l'attention.

La physique et la métaphysique disent la même chose, mais en utilisant un langage différent !

Tu es en train de réunir les pièces du casse-tête. Tu comprends de mieux en mieux, d'un instant à l'autre.

L'essentiel, ici, c'est que tu as de nombreuses pensées, mais que tu n'as pas à toutes leur accorder ton attention. En fait, même si tu le voulais, tu ne pourrais pas. Tu perdrais la tête.

Mais *certains* voient d'un seul coup une plus grande partie de la murale que la plupart d'entre nous. Dans leur cas, on établit souvent un diagnostic de « trouble déficitaire de l'attention ».

En réalité, il ne s'agit pas d'un *déficit*, mais d'un *surplus* d'attention. Ces gens ont un plus grand champ d'attention que la plupart. Ils voient un spectre plus large de l'Ultime Réalité. Ils « absorbent » bien davantage. Ayant compris cela, vous commencez à traiter autrement ces enfants et ces adultes en qualifiant beaucoup d'entre eux de « surdoués », de « médiums » ou d'« indigos ».

Ouah ! tu es vraiment en train de *tout* expliquer ici.

Non, pas tout. Il faudrait beaucoup plus de conversations, et une éternité, pour « tout » expliquer. Mais il est bon d'avoir cette conversation, si limitée soit-elle. Car il suffit que tu *commences* à comprendre le fonctionnement de la vie, et le sens de la mort, pour enfin te sentir de Retour à Dieu.

Tu souhaitais cette expérience depuis si longtemps ! Le moment est enfin venu. Tu dois désormais franchir le prochain niveau, élargir ta compréhension. Voilà pourquoi ton âme t'a amené ici. C'est la raison pour laquelle tu es en train de créer cette expérience, d'élaborer ce dialogue.

Je suis en train de m'enseigner ici le fonctionnement de la vie.

Oui. Et tu te l'enseignes depuis très longtemps. À présent, tu ne fais qu'accélérer. Tu es en train d'acquérir la base théorique de la vie, et ce, avec un peu de métaphore, de science, de métaphysique, et beaucoup de spiritualité.

Je comprends. Je vois. Maintenant, je veux savoir quoi faire, comment travailler avec les images que je suis en train de peindre sur la *Murale des possibilités*, le long du couloir du temps.

Lorsque tu vois l'image mentale de quelque chose que tu ne choisis pas d'inclure dans ta réalité, ne la regarde pas de plus près. Imagine autre chose.

Cela s'applique à tout dans la vie, n'est-ce pas ?

Oui. Et à la « mort » aussi.

C'est incroyable ! Il est déjà incroyable de penser que nous sommes en train de créer notre propre réalité de vie. Il est absolument hallucinant de songer que nous sommes également en train de créer notre propre réalité après la « mort ».

Ce n'est pas si incroyable lorsque tu vois que la mort n'existe *pas*.

Cette fois, je comprends beaucoup plus en profondeur le Septième Rappel, « La mort n'existe pas ». Ce que tu entends par là, c'est exactement ce que tu as dit plus tôt : La mort n'existe pas *telle que nous l'avons imaginée*.

Poursuis donc.

Je comprends mieux, maintenant, lorsque tu affirmes qu'*il y a* cette expérience que nous appelons la « mort », mais que ce n'est pas la *fin* de nos vies ni, en fait, la fin de quoi que ce soit. La « mort » est vraiment au centre de tout. C'est « le cœur de la pomme ».

Oui. C'est l'expérience centrale de ta vie. C'est ce qui t'amène au Cœur de ton Être, là où se trouvent les semences de la nouvelle vie.

Vous traversez la « mort » afin d'arriver de l'« autre côté ». Celle-ci est le passage entre le monde physique et le monde spirituel, en un *aller-retour*.

Je crois que c'est la plus grande révélation de la métaphore : Même lorsqu'une âme vit dans le domaine spirituel, vient un jour, un moment, où elle « meurt ».

Vient un moment où l'âme « renaît », où elle redevient physique.

Et c'est lorsqu'elle traverse le Cœur et émerge de nouveau dans le monde physique.

Oui.

Tu vois parfaitement bien, grâce à cette métaphore de la *pommorange*.

Mais cela signifierait que, pour l'âme…

C'est précisément ce que cela voudrait dire. Tu viens de tomber sur…

LE TREIZIÈME RAPPEL

La naissance et la mort sont une seule et même chose.

L'expérience de la mort et celle de la naissance sont identiques ?

Au centre du Cœur de ton Être, oui. Pour ton âme, oui. Ces deux expériences ne sont que des atténuations énergétiques qui agissent à la manière de transformateurs électriques, facilitant les transitions d'un monde à l'autre.

Vous pourriez très bien éliminer de toutes vos langues les mots « mort » et « naissance », et y substituer aisément le mot « création » dans les deux cas.

La naissance et la mort sont des moments de création. Ce sont les *moments premiers*.

Ainsi, au lieu de dire qu'un tel est « né » aujourd'hui, nous pourrions dire qu'il a été « créé ». Et au lieu de dire qu'un tel est « mort » aujourd'hui, nous pourrions dire qu'il a été « créé à neuf ».

Oui, ce serait merveilleux ! Ce serait beaucoup plus juste !

Comme très peu de gens comprennent la « mort », beaucoup l'ont décrite comme étant l'expérience la plus triste. Rappelle-toi : Tu peux peindre la murale comme tu l'entends... et l'image que tu créeras est celle dont tu feras l'expérience.

Mais c'est *terrible* ! Ce n'est pas ma *faute* si des gens en qui j'avais confiance m'ont raconté des choses horribles !

Tu as laissé d'autres gens peindre tes images pour toi ?

On l'a tous fait. La plupart des gens ont appris le jugement et la damnation par les représentants de leur religion : des prêtres, des pasteurs, des rabbins, des mollahs et d'autres encore en qui ils avaient une confiance totale et qui étaient censés connaître la vérité et la transmettre.

Oui. C'est d'ailleurs ce qui accorde une importance aussi cruciale à la religion et à l'enseignement qu'elle livre à ses adeptes.

Mais s'il n'y a ni « enfer », ni « jugement », ni « damnation » dans l'Ultime Réalité, pourquoi une personne devrait-elle en faire l'expérience ?

Comme nous l'avons déclaré à plusieurs reprises, vous n'*avez pas* à en faire l'expérience. Vous *choisissez* d'en faire l'expérience. Vous n'avez pas à suivre les diktats d'un système de croyances ni à accepter et adopter les enseignements d'un autre. Vous pouvez décider consciemment de chercher votre propre vérité, *de la créer.*

Tu répètes sans cesse que je *crée ma propre vérité.*

Tu le fais chaque jour, à partir de ce que tu crois.

Mais si, comme tu me l'as expliqué, on crée constamment sur trois plans différents (le subconscient, le conscient et le superconscient), pourquoi donc le superconscient, notre part la plus élevée, ne choisirait-il pas autre chose que la damnation ? Pourquoi ne créerait-il pas autre chose ?

Tu as écouté chacune de mes paroles, n'est-ce pas ?

Nous parlons de la vie et de la mort de la façon la plus détaillée et la plus significative qui soit. Bien sûr, que je l'ai fait.

Bien. J'ai aussi écouté chacune des paroles que *tu* as prononcées.

Qu'est-ce que c'est supposé vouloir dire ?

Tu verras.

Tu ne pourras changer ton expérience – en cette vie ou dans la prochaine – avant de savoir comment tu l'as créée.

26

Vas-y, pose-moi ta question.

Eh bien, tout ça devient très théorique et je ne sais vraiment pas – j'ai déjà dit ça – si c'est valable...

Encore une fois, je t'assure qu'il est très précieux de pouvoir considérer l'ensemble de la vie sous ce jour élargi. Cela t'aide à cristalliser ta pensée sur ce qui se passe ici, à en approfondir ta compréhension. Cela te prépare à la fois à la vie *et* à la « mort ».

Si, comme tu l'as souligné, le superconscient est la part de nous qui détient le programme général de l'âme et nous amène constamment à notre prochaine expérience de croissance la plus appropriée, pourquoi donc nous attirerait-il l'expérience du jugement, de la damnation et de l'enfer dans l'au-delà ? Pourquoi permettrait-il à notre esprit conscient d'accepter et d'adopter une telle idée ?

Te rappelles-tu, dans tes propres mots, ce que tu as écrit dans ta lettre à Jackie ?

Je crois bien…

Dans cette lettre, tu disais : « Parfois, l'âme choisit, sur un plan subconscient ou superconscient, des choses qu'elle ne choisirait jamais sur le plan conscient. »

Tu as ajouté qu'elle fait cela « afin d'accomplir son programme général ».

Tu es donc en train de me dire que le programme général de mon âme se résume à faire l'expérience du jugement, de la damnation et de l'enfer ?

Ça pourrait *très bien* être le cas. Et rappelle-toi, ton expérience de l'enfer n'implique rien de ce que vous appelez la « souffrance ».

Cependant, s'il y a *vraiment* un « superconscient », je ne peux croire qu'il choisisse délibérément de me faire vivre l'expérience de l'enfer, avec ou sans souffrance. De plus, tu as pris la peine de m'expliquer qu'au moment de la mort nous faisons l'expérience que nous aurons, d'après ce que nous *croyons*, et que notre expérience de l'au-delà résulte par conséquent d'un *choix conscient*. Et maintenant, tu affirmes que c'est le résultat de mon choix *superconscient* ! *S'agit-il finalement d'un choix conscient, ou superconscient ?*

Des deux.

Des deux ?

Considère la possibilité que le fait de créer tout ce que tu choisis de créer *sur le plan conscient* puisse être le choix de ton superconscient.

Pourquoi le ferait-il ?

Peut-être pour te permettre d'arriver à l'accomplissement dans le vécu et le senti de ce que tu connais de toi-même.

À savoir… ?

Que tu es le Créateur de ta propre réalité.

La part superconsciente de moi va permettre à ma part consciente de me connaître ainsi, en tant que créateur, *même si ce qui est créé est mauvais pour moi ?*

Il n'y a rien de « bon » ni de « mauvais ». Ces notions n'existent pas dans l'Ultime Réalité. Ce sont des jugements de l'esprit.

Peu m'importe où s'effectue le jugement. Si je suis en « enfer » et que mon esprit dit « c'est l'enfer », ça me suffit. Peu importe pour moi que ce soit « complètement dans mon esprit » ! Tout ce qui m'importe, c'est *mon expérience. La raison* pour laquelle je la vis n'est pas très importante pour moi.

Mais ça devrait l'être.

Pourquoi ?

Parce que tu ne peux la changer que lorsque tu en connais la cause. Tu ne pourras changer ton expérience – en cette vie *ou* dans la prochaine – avant de savoir comment tu l'as créée.

Si tu *sais* que tu as consciemment créé, mentalement, l'« enfer » dont tu es en train de faire l'expérience, tu disposes alors de la formule par laquelle il te sera immédiatement possible de mettre fin à cette expérience.

Quelle est-elle ?

Tu dois perdre la tête.

C'est ce qui va m'arriver à la fin de cette conversation !

Tiens bon, mon ami. Tu te débrouilles très bien.

Les gens qui font l'expérience du ciel au lieu de l'enfer se font *tous* dire qu'ils ont « perdu la tête ». Ils sont confrontés aux mêmes conditions que tous les autres, mais en font l'expérience d'une façon différente.

Comme Don Quichotte.

Comme Don Quichotte. Nous l'avons dit, certaines personnes ont une expérience de la vie qui tient de l'enfer, tandis que d'autres font l'expérience d'un paradis sur terre.

Eh bien, ça dépend de ce qui se passe dans leur vie, non ?

Et pourquoi, à ton avis, cela « se passe-t-il » ainsi ?

À cause de leur manière de penser.

Exact. Disons-le autrement, afin que tu ne l'oublies pas :

Ce qui se passe
dans la vie des gens,
c'est ce qui se passe
dans leur vie
à cause de ce qui se passe
dans leur tête.

Ce qui se passe, c'est ce que nous *croyons* qu'il se passe, et ce qui *va* se passer, c'est ce que nous *pensons* qu'il va se passer.

Dans une large mesure, c'est vrai.

C'est là qu'interviennent les trois *outils de création* (la pensée, la parole et l'action) et les trois *niveaux d'expérience* (le subconscient, le conscient et le supraconscient).

Bien. Et la pensée est un outil très puissant, car on l'utilise sur les trois plans.

Et les paroles ? Les paroles ne servent-elles pas sur le plan superconscient ? N'est-ce pas ainsi que le superconscient communique avec nous ?

Non. Les paroles sont des créations de l'esprit. Lorsque tu passeras du conscient à la superconscience, tu découvriras qu'il n'existe pas de mots pour le décrire.

Si tu passes à ce plan de conscience en méditation, durant une danse sacrée ou un rituel, ou par quelque autre moyen, tu n'y trouveras que des sentiments (ou des vibrations).

Lorsque la plupart des gens sentent quelque chose, ils explorent immédiatement ce sentiment à partir du conscient et tentent de « le mettre en mots ». Ça peut être utile ou non.

Le maître ne le fait pas impulsivement. Il se contente d'éprouver le sentiment, de le laisser être, d'en faire pleinement l'expérience. Puis, il détermine s'il y a un avantage à tenter de le verbaliser.

Les sentiments représentent votre première forme de pensée, votre pensée pure. Un sentiment est une pensée sans paroles. Il transmet beaucoup sans rien « dire ». Les sentiments sont le langage de l'âme.

Les paroles constituent votre deuxième forme de pensée, une tentative de votre part de conceptualiser vos sentiments en les traduisant en expressions audibles. Les mots sont le langage de l'esprit. Lorsque les maîtres ont un sentiment, souvent, ils n'hésitent pas. Cela évite toutes sortes de complications dans la vie. Cela rend la voie moins ardue.

Les actions tiennent lieu de troisième forme de pensée, souvent après coup. Elles sont une tentative de votre part de rendre physique ce que vous avez conceptualisé. Les actions sont le langage du corps.

Quand vous transposez des sentiments en paroles et des paroles en actions, vous avez peut-être beaucoup perdu dans cette transposition. Le maître le sait, et c'est pourquoi il est très prudent. Ce n'est qu'après mûre réflexion qu'il passe d'un niveau d'expérience à un autre – lorsqu'il le fait.

La plupart des humains se préoccupent de choses dépourvues d'importance réelle.

27

En parlant d'outils de création, tu as vraiment insisté pour nous faire savoir que la mort est un moment de création.

Car c'en est un, et très peu de gens la considèrent ainsi.

Si un plus grand nombre le faisait, il y aurait peut-être beaucoup moins de tristesse à son propos.

Il n'y en aurait aucune. Pas pour la personne qui s'en va. Ce serait une célébration.

La mort est un moment où les gens acquièrent une grande puissance, car leur nature est magnifiée par le processus même de la mort.

Et quel est ce processus, une fois de plus ?

La « mort » est l'énergie qui vous propulse jusqu'au Cœur de votre Être, jusque dans votre prochaine réalité.

Nous reviendrons sur cette question, déjà explorée, de l'« alignement énergétique ».

La « naissance » et la « mort » sont des moments de Création pure, car elles alignent ou « raffinent » l'énergie qu'est la vie même, augmentant sa fréquence vibratoire et se manifestant sous forme de matière dans le monde physique, ou diminuant la vibration et se manifestant sous forme d'énergie invisible dans le royaume spirituel.

C'est ainsi que sont nés des univers entiers. C'est ainsi que tous, vous êtes nés.

Et – voici maintenant le secret – votre énergie à la naissance est une « entrée en matière ». En d'autres mots, elle se *change en matière*, se manifestant alors dans le monde physique.

Le contraire exact se produit à l'instant de la mort. Ainsi, vous créez avec la mort, au moyen de ce que vous apportez du monde physique *dans* la mort, et vous créez avec la naissance, au moyen de ce que vous apportez du monde spirituel *dans* la naissance.

Encore une fois, on ne m'a jamais expliqué ça ainsi. Et cela éclaircit tellement de choses.

C'est l'essentiel. Ce que vous apportez dans l'expérience de votre mort le sera consciemment ou inconsciemment, soit dans la pleine conscience ou dans l'inconscience totale de ce que vous faites.

Voilà pourquoi cette conversation est si importante.

Elle a pour but de *te rendre pleinement conscient de ce que tu es en train de faire*. Tu as amené ton Être à cette conversation afin de pouvoir lui rappeler ceci :

Tu es en train de créer ta réalité par la vibration, ou l'énergie, que tu émets.

TU DIRAS QUE TU AS DÉJÀ ENTENDU TOUT CELA, *MAIS TU NE LE METS PAS EN ACTION.*

C'EST POURQUOI TU CONTINUES DE TE LE RÉPÉTER ENCORE ET ENCORE.

À quoi «ressemblerait» le fait de le «mettre en action» ?

Si je le comprenais vraiment et que je n'avais pas besoin que cette conversation revienne sans cesse sur ce que je «crois» déjà connaître, à quoi cela ressemblerait-il ?

Premièrement, tu n'entretiendrais plus jamais de pensées négatives.

Deuxièmement, si une pensée négative se glissait *vraiment*, tu l'extirperais immédiatement de ton esprit. Tu penserais à autre chose, délibérément. Tu *changerais* tout simplement *d'idée.*

Troisièmement, tu commencerais non seulement à comprendre Qui Tu Es Vraiment, mais à l'honorer et à le démontrer. Autrement dit, tu mesurerais ta propre évolution à l'aune de ce que tu Vis plutôt qu'à celle de ce que tu Sais.

Quatrièmement, tu t'aimerais pleinement tel que tu es.

Cinquièmement, tu aimerais pleinement tous les autres, tels qu'ils sont.

Sixièmement, tu aimerais pleinement la vie, telle qu'elle est.

Septièmement, tu pardonnerais tout à chacun.

Huitièmement, tu ne ferais plus jamais délibérément de tort à un autre humain – ni émotionnellement ni physiquement. Tu te permettrais encore moins de le faire au nom de Dieu.

Neuvièmement, tu ne pleurerais plus jamais la mort d'un autre, pas même un instant. Tu pourrais pleurer ta perte, mais pas sa mort.

Dixièmement, tu ne craindrais ni ne pleurerais ta propre mort, pas même un instant.

Onzièmement, tu aurais conscience que tout est vibration. *Tout.* Ainsi, tu accorderais beaucoup plus d'attention à la vibration de tout ce que tu manges, de tout ce que tu portes, de tout ce que tu regardes, lis ou écoutes et, surtout, de tout ce que tu penses, dis et fais.

Douzièmement, tu ferais tout le nécessaire pour ajuster la vibration de ta propre énergie et de celle que tu crées autour de toi, si tu découvrais qu'elle n'est pas en résonance avec ta connaissance la plus élevée de Qui Tu Es et la plus grande expérience que tu puisses en imaginer.

Excuse-moi, mais comment tout ça est-il possible ? Par exemple, comment puis-je « connaître » la « vibration » d'un vêtement ou d'un repas inscrit sur un menu sans parler de ce que je pense, dis ou fais ?

C'est assez simple, vraiment. Sois à l'écoute de ce que tu ressens.

J'entends déjà quelqu'un dire : « Bon sang, quel jargon nouvel âge ! *Écouter ses sentiments !* »

Ceux qui considèrent cela comme du jargon le vivront ainsi. Ceux qui considèrent cela comme de la sagesse ouvriront la porte d'un monde tout à fait nouveau.

Peux-tu suggérer des manières d'y arriver ?

Ce n'est qu'une question de focalisation. La plupart du temps, presque tous les humains se préoccupent de choses dépourvues d'importance réelle. Mais s'ils prenaient chaque jour quelques instants pour focaliser sur l'essentiel, ils pourraient changer leur vie entière.

Ton corps est un magnifique instrument composé de récepteurs énergétiques hautement sensibles. Crois-le ou non, tu peux passer la main à quinze centimètres au-dessus de la nourriture en suivant la file devant un buffet et, sans y toucher, sentir s'il t'est bénéfique d'en manger maintenant. Tu peux faire la même chose devant un placard, en choisissant des vêtements pour la journée, ou dans une boutique, avant de les acheter.

Quand tu es avec une autre personne, si tu cesses d'écouter tes pensées et que tu te mets à l'écoute de ce que tu ressens, la qualité de ta communication avec cette personne montera en flèche – tout comme la qualité de votre relation.

Lorsque tu es confus et perplexe et que tu cherches des réponses de l'univers, si tu veux bien éteindre la partie de toi-même qui tient désespérément à comprendre les choses, et allumer celle qui sait qu'elle a accès à chaque réponse – si tu veux bien cesser de vouloir décider quoi *faire* et commencer à choisir ce que tu veux *être* –, tu verras se dissoudre les dilemmes et apparaître les solutions par magie, droit devant toi.

Pour ce qui est de mesurer les vibrations des pensées ou des paroles, *très peu* de gens, vraiment, ne peuvent dire s'ils se sentent légers ou lourds lorsqu'ils émettent telle pensée ou telle parole. La plupart peuvent évaluer cela assez rapidement.

Oui, mais – et c'est là que le bât blesse –, *très peu le font.* Du moins d'après mon observation. Dieu sait que je ne le fais pas assez moi-même.

Alors, tu peux vouloir commencer.

Car tu as raison, très peu de gens utilisent leurs capacités intuitives et médiumniques pour aller au fond d'eux-mêmes et entrer en contact avec leurs sentiments avant de penser, de dire ou de faire quelque chose. Très peu le font même par la suite. Si vous le faisiez, seule la légèreté vous satisferait. Vous ne vous mêleriez de rien de ce qui a des vibrations lourdes. Vous chercheriez à alléger la vibration de tout ce que vous observez, créez, vivez et exprimez. Vous appelleriez cela « éveil » et, en très peu de temps, vous verriez des résultats étonnants.

L'alchimie de l'univers est vraiment extraordinaire. Vos dictionnaires définissent l'« alchimie » comme une « transmutation inexplicable ou mystérieuse ». Ce n'est que le processus par lequel on manipule l'énergie et la matière en vue de créer des manifestations précises et particulières dans la réalité individuelle et collective.

Voici d'ailleurs…

LE QUATORZIÈME RAPPEL

Vous êtes continuellement dans l'acte de création, dans la vie et dans la mort.

Je vous ai expliqué bien des fois comment se produit la création. Ce qu'il vous serait bénéfique de comprendre, c'est qu'elle a lieu continuellement, *sans jamais s'arrêter.* Chaque pensée, chaque parole, chaque action est créatrice. Chaque vibration dégagée du Cœur de votre Être vous recrée à neuf, de même que votre entière réalité. Vous voilà ainsi changé à tout instant. Votre avenir se forme par degrés minuscules, non d'un seul coup ou par une seule décision majeure. C'est *à ces degrés* que vous devez accorder de l'attention. Par la suite, les « grands moments » et les « décisions monumentales » viendront tout seuls.

La mort et la naissance sont les plus grands actes de création, car ce sont les moments du cycle de la Vie éternelle où se transmute l'Énergie essentielle, afin de permettre des manifestations précises dans le domaine spirituel (à la mort) ou physique (à la naissance).

Cette discussion est vraiment en train de devenir étonnante. On est d'abord entré dans la théorie de la perception et la physique quantique, puis dans la théorie des supercordes et la théorie M, et la cosmologie métaphorique-métaphysique, et maintenant on est dans l'alchimie ! *Ouf.*

Mais tu as indiqué qu'avant la fin de cette conversation tu allais m'entretenir beaucoup plus en détail du moment de fusion, ou de réunion, avec l'Essence. Puis- je te poser tout de suite des questions là-dessus ?

Bien sûr que oui, mais je dois le répéter : les mots simples vont nous manquer lorsque nous tenterons de décrire l'indescriptible. Il serait peut-être utile de créer une autre image *à l'intérieur* de l'image déjà présente dans ton esprit.

Encore les images.

Oui, et comme une image vaut mille mots...

Nous avons déjà postulé qu'au centre de la *pommorange* se trouve le Cœur, n'est-ce pas ?

Oui.

Bien. Cette fois, vois si tu peux imaginer ce Cœur comme une pièce ou une salle quelconque. Donne-lui une autre forme et une couleur, si cela peut t'aider.

D'accord. J'en ai fait un contenant cylindrique luisant, métallique, d'un bronze doré.

Maintenant, imagine une petite enseigne sur la porte qui mène *à l'intérieur* de cette chambre. Le mot « MORT » y est inscrit. Puis imagine qu'une autre porte mène à cette pièce à partir du côté opposé. Celle-ci porte l'indication « NAISSANCE ».

Tu vois ?

Oui.

À l'intérieur de la porte marquée « MORT » – le côté que tu verrais derrière toi après avoir franchi la porte – on peut lire « MONDE PHYSIQUE ».

C'est de là que je viens, justement.

Exactement. Et du côté intérieur de la porte, de l'autre côté de la pièce, se trouve un petit panneau qui dit « MONDE SPIRITUEL ».

Ça va ? Tu vois ?

Je vois.

Répète-le-moi.

Tu ne me crois pas ?

Je veux seulement m'en assurer.

D'accord… nous sommes en train d'imaginer que la chambre au cœur de la *pommorange* a deux portes, une de chaque côté. À l'extérieur, les portes sont marquées *Mort* et *Naissance*. L'intérieur de ces mêmes portes est marqué *Monde physique* et *Monde spirituel*. Les deux portes mènent à la même chambre, à la même expérience, mais elles donnent sur des expériences entièrement différentes.

Tu l'as, exactement.

Tu réalises donc, lorsque tu es dans la chambre, que tu peux aller vers l'une ou l'autre porte et qu'en l'ouvrant tu trouveras la vie sous une forme ou une autre. Il y a deux façons de sortir du Cœur. Une porte mène à la vie physique, l'autre à la vie spirituelle.

J'ai compris. Je vois.

D'accord. Un dernier détail, et la métaphore sera complète.

Je te suis. Vas-y.

Rappelle-toi qu'auparavant, dans notre analogie, tu circulais le long d'un tunnel appelé couloir du temps.

Oui.

Là, une murale t'entoure sur les murs, le plancher et le plafond. Tu te souviens ? Elle s'étend tout le long du couloir.

Je me rappelle, en effet. Je peins à mesure que je me déplace.

Bien. Tu arrives cette fois à la fin du couloir, devant une porte marquée « MORT ». Reprenons la métaphore à cet endroit.

D'accord. Et ensuite ? J'entre dans la chambre ?

Pas directement, car la porte donne sur un petit passage qui mène à celle-ci. De plus, la porte reste ouverte derrière toi au moment où tu entres dans ce passage.

Tu peux sentir que quelque chose t'« arrive » en y pénétrant. Cela ressemble à un vrai *« passage »*, dans le sens où tu as l'impression *d'effectuer* un passage, non seulement *d'être dans* un passage. De plus, tu t'y déplaceras en traversant les trois stades de la mort – et il te semblera alors que quelque chose *s'en va*.

Ce qui s'en va, en fait, c'est ton sentiment de toi-même en tant que corps physique, comme si tu es encore quelqu'un mais que ton « sentiment de toi-même » est dépouillé du sentiment d'avoir un corps.

Ce qui se produit ici, dans et durant ce passage, c'est que tu es purifié de toute limite, expérience ou sensation physique. C'est le premier stade de la « mort », lorsque tu t'aperçois que tu n'es pas ton corps – tout en étant encore très en vie.

La porte marquée MORT est encore ouverte derrière toi, ce qui te permet de regarder le monde physique. À présent, tu passes au deuxième stade de la mort et tu fais l'expérience de la conscience ou de la confusion, ou de ce qui correspond à tes attentes. À ce deuxième stade, tu peux aller et venir par la porte ouverte vers le monde physique. Tu n'y feras pas l'expérience de toi-même au sens physique, mais tu auras le fort sentiment d'être là tout de même. D'autres, qui vivent encore dans leur corps, peuvent également t'y sentir.

Si tu crois que rien n'existe ou ne survient après la « mort », tu passeras, au deuxième stade de la mort, dans le « néant », où tu ne feras l'expérience de rien du tout. J'ai déjà décrit cela.

Tu peux demeurer à ce deuxième stade de la mort aussi longtemps qu'il te plaira.

Pourquoi souhaiterais-je y rester ? Ne voudrais-je pas continuer ? Sait-on même qu'on peut se rendre à un troisième stade ?

Chaque expérience après la mort est unique en son genre. Que tu fasses l'expérience de l'« enfer », du « ciel » ou du « néant » – tout cela à partir de ta propre création –, ou d'une réalité tout à fait autre, ces expériences seront uniques en soi. Tu en retireras les rappels qu'il y a à en tirer, puis tu poursuivras ton chemin.

Durant ce deuxième stade, retournons-nous jamais en esprit vers les êtres chers qui vivent encore dans leur corps ?

L'âme peut en effet choisir de retourner en esprit vers les êtres chers qui demeurent dans la physicalité. Souvent, elle visite ses proches avant même de quitter le corps.

C'est d'ailleurs ce qu'ont fait Maggie Berry et bien d'autres. Mon père aussi l'a fait. Il m'est apparu en rêve d'une façon qui m'annonçait son départ. Le lendemain matin, on me téléphonait pour m'apprendre qu'il était mort la veille.

Maggie Berry était la fondatrice visionnaire de *Core Matters*, une organisation de leadership organisationnel de Denver. Tom LaRotonda, son ami intime et partenaire dans Core Matters au moment de sa mort, m'a raconté cette histoire étonnante en juin 2005, un an après la mort de sa chère amie, qu'il savait à l'époque en phase terminale de maladie :

« Le matin du 23 juin 2004, j'étais dans le bureau que nous partagions, Maggie et moi. J'avais annulé tous mes rendez-vous

et j'étais assis, complètement hébété, ne sachant pas quoi faire. Je n'étais ni triste ni en colère… cela semblait seulement surréaliste.

« Maggie était à l'hospice et je voulais vraiment être avec elle, mais je comprenais et honorais pleinement sa demande de ne pas recevoir de visiteurs. J'ai placé les pieds sur mon bureau, puis j'ai fermé les yeux et commencé à méditer. Soudain, j'ai entendu la voix de Maggie dire clairement "Salut, partenaire" – une expression que nous utilisions tout le temps l'un avec l'autre – et une vision est apparue dans mon esprit… Maggie était là, debout devant moi, souriante.

« J'étais rempli de joie de la voir. Elle semblait radieuse et en parfaite santé, même si je savais qu'elle avait perdu tous ses cheveux et que son corps avait été ravagé par le cancer. Elle est venue vers moi et nous nous sommes étreints, puis elle a pris mes deux mains dans les siennes et m'a dit : "Tom, il est temps que je parte. J'ai fait mes adieux à tout le monde sauf à toi. Je voulais te garder en dernier."

« Nous avons ensuite marché en nous tenant par la main alors qu'elle me remerciait de tout ce que j'avais fait pour elle et m'exprimait tout son amour … Et je lui ai exprimé le mien.

« Tout à coup, elle s'est arrêtée et a relâché ma main, alors même que j'essayais de la retenir. Puis elle m'a dit : "Le moment est venu… je dois partir. Je t'aime, partenaire !", et elle s'est éloignée en courant. Lorsque j'ai ouvert les yeux, j'ai remarqué l'heure à l'écran de mon ordinateur portable. Il était 11 h 44.

« Comme je n'étais pas certain de ce qui venait d'arriver, je suis sorti prendre une bouffée d'air frais. Jusque-là, j'avais toujours mon cellulaire sur moi, car j'attendais des nouvelles de Butch (le mari de Maggie), mais à ce moment-là j'avais oublié de le prendre. Après environ cinq minutes, je suis revenu et j'ai remarqué un message de Butch ; l'appel s'était enregistré sur mon téléphone à 11 h 45.

« J'ai appelé Butch, qui m'a dit avoir le sentiment très net que je devais me rendre à l'hospice. Je lui ai répondu que j'y allais immédiatement, et il m'a prié de me hâter, car Maggie pouvait bien ne pas rester beaucoup plus longtemps.

« À mon arrivée, Butch m'a accueilli et m'a amené dans la chambre. Maggie était encore vivante, mais confuse. Elle a vécu environ une heure de plus avant de lâcher son dernier souffle. Ce fut le moment le plus sacré de ma vie. Après sa mort, j'ai dit à sa famille que je retournais au bureau pour annoncer la nouvelle au personnel.

« Je suis retourné à mon bureau, j'ai fait les appels nécessaires, puis j'ai rédigé et envoyé un courriel aux autres membres de la merveilleuse communauté qu'elle avait fondée et qu'ensemble nous avions construite. Après, je me suis rendu en voiture jusqu'à mon parc préféré de Denver, le parc municipal. Là, je suis allé à l'un des deux lacs qui s'y trouvent et je suis resté assis… abasourdi et cherchant mes mots… et j'ai pleuré. Maggie avait un message qu'elle envoyait toujours aux gens, en toute situation : Vivez dans la joie. La vie est faite pour être joyeuse. *À présent, je faisais de mon mieux pour m'imprégner de ce message. Je me suis un peu calmé et, une heure plus tard environ, j'ai décidé de retourner au bureau afin de voir si j'avais des messages.*

« Alors que je m'en retournais, le trafic était extrêmement congestionné et je suis devenu de plus en plus irrité. Déjà, je régressais vers la peur et la colère après avoir pourtant vécu l'un des moments les plus spirituels de ma vie.

« À un feu rouge, fulminant, j'ai levé les yeux et, droit devant moi, il y avait l'un de ces gigantesques véhicules sports utilitaires. En baissant les yeux, j'ai remarqué la plaque. C'était l'une de ces plaques personnalisées, et les lettres inscrites m'ont sauté aux yeux… Elles formaient le mot JOYOUS.

« J'ai ri tout haut.

« Maggie m'envoyait un message clair. Elle me disait qu'elle était libre et heureuse, et me rappelait qu'il n'y a qu'une seule façon de vivre : en étant joyeux.

« Aujourd'hui, une reproduction de cette plaque d'immatriculation est accrochée au-dessus de ma porte. Elle me rappelle, ainsi qu'à tous ceux qui la voient, que la vie de Maggie et le message qu'elle nous a laissé, c'était cela : la joie d'une vie inspirée. »

Lorsque Tom m'a raconté cette histoire, j'étais vraiment décontenancé. J'avais déjà entendu des choses semblables, mais je n'avais jamais vraiment rencontré une personne ayant vécu une telle expérience. Alors, ces choses arrivent vraiment.

Oh oui. Elles sont très réelles. Parfois avant la mort, et souvent au deuxième stade de la mort, votre âme « rendra visite » à des proches.

Lorsque tu seras prêt, tu passeras au troisième stade. À présent, la porte se ferme derrière toi, et tu ne vois que le passage devant. Ce passage a une distance beaucoup plus courte que celle que tu viens de franchir. Il t'a fallu des années pour traverser le premier couloir, mais tu te vois maintenant courir à travers celui-ci, volant vers l'avant à une vitesse incroyable.

Un minuscule point de lumière apparaît au bout de ce passage, qui semble rétrécir. Cette lumière, chaude et rayonnante, semble merveilleusement sécuritaire et invitante.

Y a-t-il des images sur les parois de ce passage ?

Non. Ce passage dans la chambre qui est le Cœur de ton Être est plus sombre, mais pas menaçant. Il est plutôt doux, chaud et brillant. L'éclat provient de l'extrémité du passage. Ce point de lumière est d'abord minuscule, mais à mesure que tu files dans le passage, il devient de plus en plus grand dans ton champ de vision, jusqu'à ce que la Lumière soit…

…Tout Ce Qui Est.

Dans la mort, toutes vos identités individuelles tombent, ce qui, enfin, met fin à la séparation entre vous et vous.

28

Le Moment du Fusionnement est sur le point d'arriver. La force et la merveille de cet instant sont indescriptibles. L'information et la sagesse qui en découlent sont insaisissables sur le plan conscient. Ce n'est que sur le plan superconscient qu'elles peuvent être envisagées et, surtout, absorbées.

Juste avant le fusionnement, l'âme flotte devant la Lumière. Elle se prélasse dans la lueur de l'Essence. Tous les sentiments de peur, d'appréhension ou de malaise de quelque ordre que ce soit se sont dissipés lors de la course à travers le passage. À présent, l'Essence irradie de l'amour pur, et l'âme devant elle éprouve un sentiment enveloppant, celui d'être... *enrobée.*

Imaginez une crêpe couverte de sirop chaud, ou une crème glacée recouverte de chocolat fondu. Une impression semblable, une douce chaleur, recouvre entièrement l'âme tout juste arrivée.

Cette chaleur s'accompagne d'un sentiment pour lequel il n'existe aucun mot dans le monde de la sensation physique. C'est le sentiment d'être vu, absolument et complètement. Désormais, rien ne peut être caché, rien ne peut être négligé ou manqué, rien ne peut échapper à l'attention. Tout le « bien » et tout le « mal » que l'âme a pu penser d'elle-même s'étend cette fois devant elle et, étonnamment, tout cela – le « mal » et le « bien » – est lentement absorbé par la Lumière (« assumé » serait le sentiment) au moyen d'une sorte d'osmose énergétique qui fait fondre le moindre sentiment de honte ou d'orgueil, laissant à l'âme un vide magnifique, sans qu'elle retienne quoi que ce soit, sans qu'elle fasse d'elle-même l'expérience de rien d'autre que l'*ouverture*.

À présent, par cette ouverture où coexistaient la honte et l'orgueil se déverse un nouveau sentiment. D'abord, on aurait dit que l'extérieur de l'âme était couvert, mais maintenant, c'est comme si l'intérieur de l'âme était rempli. Encore une fois, les mots ne suffisent pas à définir adéquatement ou à décrire précisément ce sentiment – en partie parce qu'il est tellement immense ! On pourrait le décrire comme un sentiment unique, énorme, aggloméré, qui en englobe mille et qui, à présent, remplit l'âme. On pourrait le décrire comme une vague tentative d'être chaudement accueilli, profondément réconforté, affectueusement porté, profondément apprécié, véritablement estimé, doucement nourri, profondément compris, complètement pardonné, totalement absous, longtemps attendu, heureusement bienvenu, totalement honoré, joyeusement célébré, absolument protégé, instantanément parfait, et inconditionnellement adoré – tout à la fois.

Abandonnant, sans la moindre hésitation ou regret, tout sentiment d'identité individuelle, l'âme entre dans la Lumière. Là, elle est submergée par quelque chose de si merveilleux qu'elle perd tout désir de jamais connaître quoi que ce soit d'autre, fusionnant dans l'époustouflante gloire d'une infinie magnificence, d'une beauté sans pareille, et d'une insurpassable complétude d'être.

À présent, vous voilà fusionné à cette lumière et vous vous sentez dissous. Cette « fusion » complète le changement de votre identité. Vous ne vous identifiez plus d'aucune manière, ni sur aucun plan, à l'aspect séparé de l'être que vous nommiez « vous » dans votre vie physique.

Cette caractéristique de l'au-delà commence véritablement à s'affirmer au premier stade de la mort, lequel vous a permis d'en faire l'expérience, quelle que soit l'expérience que vous choisissez immédiatement après la mort (y compris votre propre enfer), sans douleur ni souffrance. Cela vous sera de nouveau important dans un instant, lorsque vous entrerez au Cœur de votre Être.

Lorsque vous êtes accueilli par la Lumière, vous fusionnez avec votre âme. Vous en venez à savoir enfin que vous n'êtes pas un corps ni un esprit, pas même seulement une âme, mais tous les trois. C'est l'essence de tout le processus de mort.

Rappelle-toi : *Le processus de mort concerne le rétablissement de ton identité.*

La première étape du processus de mort vous libère de votre corps et de toute pensée rémanente qui vous identifie au corps et à son apparence.

La deuxième étape vous libère de votre mental et de toute pensée rémanente qui vous identifie au mental et à son contenu.

La troisième étape vous libère de votre âme et de toute pensée rémanente qui vous identifie à votre âme et à son individualité.

Ici, dans l'Émersion totale du Soi, vous entrez dans un espace où le Savoir et le Vécu ne font qu'un, où vous Savez et Vivez que vous n'êtes pas votre corps, ni votre esprit, ni votre âme, que vous êtes quelque chose de beaucoup plus grand, soit la somme des énergies qui produisent les trois.

Dans la mort, toutes vos identités individuelles tombent, ce qui, enfin, *met fin à la séparation* entre vous et vous.

Tu sais quoi ? Je croyais que tu allais dire que je fais l'expérience de Dieu venu m'accueillir.

C'est exactement ce dont nous parlons maintenant.

Mais tu viens de dire…

Tu sembles encore penser en termes de séparation entre toi et Dieu, et je te répète – de nouveau – qu'il n'y en a pas.

Même si tu ne le crois pas maintenant, dans ta vie physique, au Moment du Fusionnement tu n'en douteras absolument pas.

Mon Dieu, ça semble merveilleux ! Je meurs d'impatience !

Ce n'est pas nécessaire.

Dès que vous céderez à l'amour et que vous le laisserez vous mener exactement là où votre âme veut aller, vous n'aurez aucune difficulté.

29

Voilà encore un des nombreux points que j'ai répétés ici. Je vois bien ce que tu veux que je comprenne : que je n'ai pas à attendre jusqu'à ma mort le moment de fusion dans la réalisation de soi, le moment d'expérience de mon Union avec le Tout.

Non. Tu peux faire l'expérience de cette fusion et de cette prise de conscience au cours de ta vie physique, comme bien des gens.

Tu as déjà mentionné la méditation, la prière profonde, certaines disciplines (tels le yoga, le taï chi), la danse et le rituel comme moyens d'augmenter l'harmonie, la paix et l'état de résonance ou d'union avec le Divin. Peux-tu indiquer d'autres « trucs » ?

Entrer dans un espace d'émerveillement devant toute la vie et vouloir seulement faire l'expérience de sa plénitude, d'un désir pur et sincère, voilà tout ce qu'il faut pour s'ouvrir à la possibilité de tels moments de transcendance. Pour bien des gens, cette fusion dans l'Union s'opère assez spontanément lorsqu'ils sont plongés dans une activité très ordinaire comme faire la vaisselle, passer l'aspirateur sur le tapis, laver la voiture, habiller bébé, s'occuper d'une tâche au travail, conduire, se doucher.

Soudainement, abruptement, sans cause ni avertissement, la personne vit un sentiment de « non-séparation », une expérience d'*unité avec tout* habituellement ressentie pendant une fraction de seconde, puis les choses reviennent à la « normale », mais cette expérience, la personne ne l'oublie pas.

Que faire lorsque cette expérience survient ?

Eh bien, quoi que vous fassiez, ne l'ignorez pas. Bien des gens négligent ou ignorent sa signification. Si vous avez présentement, ou avez eu, une telle expérience, vous pouvez y revenir en souvenir et retrouver une grande part du sentiment vécu à ce moment.

Il vous est possible de l'utiliser comme point de départ, comme un tremplin vers de plus longues expériences.

Des personnes sont capables d'entrer à volonté dans cette expérience d'Union et d'y rester pendant des périodes prolongées. Certaines y demeurent même pour le reste de leur vie. Ce n'est qu'une question de focalisation, ou de centration de la présence entière.

Une question de « centration de la présence entière » ?

Eh bien, nous allons encore rencontrer des problèmes linguistiques. Il est très difficile de décrire certaines expériences dans le cadre limité des mots. C'est pourquoi je vous ai tous encouragés à former des images, autant que possible. Même si les images de votre esprit sont des métaphores, elles sont souvent plus à même de vous apporter le sentiment de « connaissance ».

Par « centration de la présence entière », j'entends ces moments où chacun est pleinement *présent quand* cela se produit dans sa vie, des moments où pas une seule partie de son corps, de son esprit ou de son âme n'est « ailleurs ». La plupart des gens y parviennent rarement, mais les personnes qui ont une réelle volonté d'y arriver peuvent le faire régulièrement.

Avec détermination, vous pouvez détacher votre esprit de tout le reste et le diriger immédiatement vers cet instant. Certains d'entre vous appellent cette expérience la « centration », ou la « présence » entière.

Ram Dass a écrit un livre à ce sujet, intitulé *Be Here Now*. Il y a aussi l'ouvrage plus récent d'Eckhart Tolle, *Le Pouvoir du moment présent*. [Ed. Ariane]

On peut notamment atteindre cet état d'être en se regardant dans un miroir. C'est un outil incroyablement fort, et plus simple qu'il n'y paraît.

Il ne faut surtout pas détourner les yeux si ce regard profond vous rend mal à l'aise. Si vous êtes capable de soutenir votre regard pendant plus de dix secondes, vous commencerez à ressentir une telle compassion et un tel amour pour vous-même que vous ne saurez presque pas quoi en faire. Il vous sera peut-être même très difficile d'absorber ces sentiments si vous n'avez pas l'habitude de vous aimer – ce qui est le cas de la plupart des gens, hélas. Contentez-vous de rester présent à ces sentiments et de les accueillir.

Continuez de regarder de plus en plus profondément dans vos yeux. Si vous utilisez un miroir à main, vous pouvez vous asseoir et poursuivre. Puis, soudain, après avoir regardé profondément dans vos propres yeux aussi longtemps que vous le pouvez, fermez simplement et rapidement les yeux, et restez présent au sentiment qui s'ensuit. Très souvent, vous vous sentirez fusionné à l'Essence. Cela pourrait ne durer qu'un moment – ou le reste de la journée.

Si vous avez un compagnon de vie ou un ami proche, tentez une variante de ce processus en regardant profondément dans les yeux de l'autre. Encore une fois, ne détournez pas les yeux, même si ce regard profond devient gênant. Cela passera bientôt, et vous fondrez dans une douceur et un éclat intérieur en vous sentant fusionner avec le Soi de l'autre.

Ce que vous voyez lorsque vous regardez profondément dans vos propres yeux ou ceux d'une autre personne, c'est l'âme. Les yeux sont les fenêtres de l'âme.

Comme je l'ai dit plus tôt – rappelez-vous –, si vous regardez dans les yeux de quelqu'un d'autre, ou dans vos propres yeux, en vous attendant à y voir Dieu, vous le verrez. Si vous ne vous y attendez pas, vous ne le verrez pas. D'une manière ou d'une autre, cependant, vous deviendrez *véritablement* présent. Et devenir pleinement présent à l'ici-maintenant est un moyen très efficace d'éliminer les distractions et les excursions de l'esprit vagabond et de vous ramener à une expérience beaucoup plus élevée de la vie que vous vivez.

Vous ne pouvez regarder dans les yeux d'une autre créature vivante sans devenir pleinement présent. Cela inclut votre chien, votre chat, et même un animal sauvage. Arrêtez-vous net et fixez les yeux d'un animal sauvage – un lion, un tigre ou un ours – et voyez si vous ne vous sentez pas pleinement présent.

Lorsque vous devenez ainsi pleinement présent à un autre être vivant, vous pouvez très bien commencer à l'aimer. Les gens tombent amoureux de leurs animaux de compagnie, et ce sentiment est très réel.

Il est particulièrement difficile de regarder un autre humain dans les yeux pour une période de temps quelconque sans se mettre à en tomber amoureux. C'est pourquoi les gens détournent si rapidement les yeux. Ils n'osent pas se regarder dans les yeux très longtemps, car l'amour qui s'ensuivrait les renverserait. Mais s'ils sont ainsi renversés, c'est qu'ils ne savent que faire de cet amour.

Dès que vous céderez à l'amour et que vous le laisserez vous mener exactement là où votre âme veut aller, vous n'aurez aucune difficulté. Toute lutte cessera alors, et vous connaîtrez l'Union.

C'est ce qui se passe au Moment du Fusionnement, au moment de l'Émersion totale avec l'essence. C'est une façon de commencer – ou de terminer – une journée dans la guérison.

Ou de terminer une *vie*, semble-t-il.

Tu affirmes, n'est-ce pas, que certaines personnes peuvent faire l'expérience de cette fusion, de fondre dans l'union, au cours de leur vie physique, mais que *tous les gens* en font l'expérience au moment de leur mort ? Est-ce que j'ai bien compris?

Tout à fait. Personne n'est exclu, personne n'est disqualifié ni abandonné.

Et ceux qui n'y croient pas ?

Croire ne crée pas votre expérience après le deuxième stade de la mort.

Qu'est-ce qui le fait ?

Le désir.

Ouah ! sensationnel !

Les trois stades de la mort sont conçus pour vous faire traverser, aussi doucement et rapidement que vous le souhaitez, le processus de réidentification.

Au deuxième stade de la mort, vous vous identifiez encore à votre mental, et votre expérience est donc dictée par ce qui se trouve *dans* votre mental. Vos croyances créent votre expérience.

Lorsque vous abandonnez cette identité, votre expérience est créée non pas par ce que vous croyez, mais par ce que vous désirez. C'est le début de votre expérience du « paradis ».

Même vivant, vous pouvez faire l'expérience de ces trois stades de la mort que j'ai désormais décrits plusieurs fois.

Minute ! Tu as dit que je pouvais faire l'expérience du Moment du Fusionnement alors que j'étais en vie, mais je ne t'ai pas entendu dire *ça*.

Nous parlons de la même chose, soit de la mort de l'idée de séparation. C'est ce qui se produit au moment de votre vie physique, et cela peut être le cas à tout moment.

Les trois stades de la mort sont tout simplement les Trois Étapes de la Réidentification, qui consistent à :

1. abandonner l'identification au corps,
2. abandonner l'identification à l'esprit,
3. abandonner l'identification à l'âme.

Mais si nous ne nous identifions à aucun de ces aspects de nous-mêmes, à quoi *donc* allons-nous alors nous identifier ?

À rien.

À rien ? Nous ne nous identifions à *rien du tout* ?

À rien *de particulier*.

Dès que vous croyez être quelque chose, ou *ne pas l'être*, vous commencez déjà à vous imaginer limité. Mais l'Essence n'est aucunement limitée. Au Moment du Fusionnement, vous vous identifiez au Tout, ce qui signifie à rien de particulier, à rien du tout.

Bouddha a parfaitement compris cela ; il y est arrivé. Bien des maîtres y sont aussi parvenus, mais ce n'est pas le cas de la plupart des gens au cours de leur vie. Cependant, toutes les âmes y arrivent à leur mort. C'est à cela que sert la mort.

Ce n'est donc pas quelque chose qui *pourrait* arriver, mais quelque chose qui *arrive* certainement, à tous ceux qui quittent leur corps.

Oui. Et au troisième stade de la mort, vous rencontrez la merveilleuse perfection de qui vous êtes, telle qu'elle est vue par les yeux de Dieu.

Ça paraît si merveilleux. Tout simplement… merveilleux.

Et vous n'avez encore rien vu. Cette fusion avec l'Essence n'est pas la fin. En fait, c'est tout le contraire. C'est le commencement.

Dans l'au-delà, il n'y a aucune souffrance, d'aucune sorte.

30

Vous pouvez demeurer fusionné à l'Essence aussi longtemps que vous le voulez, mais comme nous l'avons expliqué, vous ne souhaiterez pas y rester à jamais, car vous perdrez la capacité de connaître l'extase de l'expérience.

L'immense changement énergétique que vous connaîtrez durant l'émersion totale vous fera retourner à l'essence, renouvelé et recréé sous la forme de l'identité que vous vous rappelez, et posé au Cœur de votre Être.

Plutôt de la chambre, au cœur de la *pommorange*, d'après notre métaphore.

Oui.

Imagine une grande pièce où les portions de la murale que tu regardais en sortant du couloir du temps sont fixées sur les murs. La murale ne s'y trouve donc pas en totalité, car seules les sections sur lesquelles tu t'es focalisé en avançant dans le couloir apparaissent.

Ces images sont maintenant accrochées aux murs comme dans une exposition d'œuvres d'art, et tu parcours lentement cette « galerie » en examinant les peintures une à une.

À mesure que tu les explores en profondeur, tu fais l'expérience de tout ce qui se passe en elles. Non seulement en *toi*, mais *en chacun des autres personnages du tableau*.

Ces images représentent chacun des moments de ta vie, et maintenant, en les examinant, tu as pour la première fois une *image complète* de tout ce qui se passe à chaque instant.

Souvent, ce n'est pas ce que tu avais imaginé, et c'est toujours davantage.

Eh bien, nous y revoici. Est-ce une coïncidence si, au moment de cette conversation, j'ai rencontré une femme qui m'a raconté une histoire faisant écho à ta « métaphore » ? C'était dans le cadre d'une retraite spirituelle que j'animais à Bristol, en Angleterre.

Je croyais à peine son histoire, à la suite de ce que *tu* venais de me dire ! C'était comme si quelqu'un – un ange, par exemple – m'envoyait une confirmation physique, « dans la réalité », de ce que j'étais en train de recevoir dans ce dialogue plutôt excentrique que nous entretenons ici.

J'ai été si renversé par les propos de cette femme, et par la coïncidence entourant tout ça, que je lui ai demandé de tout écrire et de m'envoyer son texte. Voici donc le récit fascinant de l'expérience du seuil de la mort que m'a envoyé Elizabeth Everitt, de Grande-Bretagne.

Cher Neale,

Au cours du week-end à Bristol, je t'ai promis de t'écrire pour te raconter mon histoire. La voici. Es-tu bien assis ?

J'avais alors 25 ans et, pour la première fois de ma vie jusque-là tumultueuse, je me sentais véritablement heureuse et contente. J'avais rencontré l'homme de mes rêves (après avoir embrassé beaucoup trop de crapauds) et j'étais enceinte de notre fille, que nous désirions profondément – j'en étais à sept mois et demi de grossesse –, quand j'ai développé une sorte de grippe et qu'on m'a admise à l'hôpital.

Je me suis rapidement aperçue que j'avais la varicelle et j'étais horrifiée car, ironie du sort, je travaillais à cet hôpital en tant que sage-femme et j'avais vu les trois derniers cas semblables aboutir aux soins intensifs. Je savais quel traitement il me fallait, et que j'en avais immédiatement besoin.

En dépit de mon extrême pauvreté, j'essayais de prendre en charge mes soins et je harcelais des collègues réticents à me prendre au sérieux, mais dans une comédie noire d'erreurs, par paresse et incrédulité, ils m'ont mal diagnostiquée, puis négligée et bourrée de médicaments, laissant la varicelle se répandre avec violence et infecter mes poumons.

Toujours vigilants et observateurs, mes collègues crurent utile de vérifier mon taux d'oxygène après que j'eus viré au bleu, et retinrent leur souffle, sous le choc, lorsque l'oxymètre indiqua 64 %. Ce fut alors la débandade, car personne ne pouvait comprendre pourquoi je n'étais pas déjà morte.

Je fus précipitée d'un bout à l'autre de l'hôpital, jusqu'à la salle d'opération, pendant qu'un collègue anesthésiste murmurait gravement à mon oreille : « Tes gaz sanguins sont désastreux. Nous devrons mettre ton bébé au monde pour sauver ta vie. Je suis désolé, comprends-tu ce que je te dis ? » Apparemment, je n'ai rien répondu, mais je me rappelle clairement avoir hurlé (intérieurement, de toute évidence) : « Bien sûr, merde, que je sais de quoi tu parles. Je vous l'ai dit il y a une semaine, bande de crétins incompétents ! »

Au moins dix collègues ont fondu sur moi en quelques secondes. Ils ont tiré, poussé, coupé et tranché, préparant frénéti-

quement une césarienne d'urgence. Je n'avais jamais ressenti une terreur aussi abjecte ni eu une telle conviction que c'était fini. Mon instinct de conservation était si élevé que je me contrefichais qu'ils ne puissent pas trouver le pouls de mon bébé. « Et moi ! Je suis en train de mourir. Pour l'amour du ciel, aidez-moi ! » ai-je hurlé encore et encore – toujours en esprit, apparemment.

Manifestement agité, l'anesthésiste s'est penché et a murmuré avec compassion : « Pour l'amour du ciel, calme-toi, ce sera fini dans une minute. » Et encore une fois, j'ai pleuré de désolation complète. « Et tu peux cesser de crier. Tes membranes muqueuses sont déjà assez enflammées sans que tu nous donnes encore plus de difficulté à t'intuber ! » a-t-il ajouté. Puis il a administré l'anesthésiant et, tenant pour acquis que celui-ci faisait déjà effet, il a alors annoncé à tout le monde que, malgré les apparences, il ne semblait y avoir aucune urgence, puisque le chirurgien était « encore en train de manger son sandwich »...

Brisée, terrifiée, désespérée et esseulée, j'ai été happée par l'anesthésiant, convaincue que j'allais mourir et que tout le monde s'en fichait.

J'ai repris conscience (même si, à l'évidence, ce ne fut pas le cas) peu après l'opération, pour me trouver « installée » aux soins intensifs. Beaucoup de « travailleurs » inquiets s'occupaient de moi, mais ils étaient tous flous – sauf une femme, qui se tenait nettement debout à ma gauche et qui était habillée d'un uniforme blanc empesé et légèrement démodé. Elle a souri et m'a parlé d'une voix douce et rassurante : « Allons, allons, laisse ces gens s'occuper de ça. Ça va aller. Ils savent ce qu'ils font. Tu es en sécurité avec moi. Dors, maintenant. »

Soulagée d'avoir traversé l'opération, et rassurée par son calme implacable, je me suis permise de me « rendormir ». Presque immédiatement, je me suis sentie aspirée dans une sorte de tourbillon. Qu'est-ce que c'était, bon sang ? Alors que je tournoyais, j'ai reçu les coups de dizaines de soudains éclairs d'expérience. Chaque éclair interrompait momentanément le voyage pendant ce qui me semblait à la fois une seconde et une vie. Dans un éclat, j'étais poignardée ; dans un autre, j'écrasais un chien ; dans un autre encore, je fuyais dans une sorte de marécage rempli de gaz moutarde qui brûlait mes poumons, prenant conscience, en une fraction de seconde, que chaque molécule de mon corps physique était arrachée par une explosion.

Ces éclats n'étaient pas seulement présentés comme des images, mais revécus. Je pouvais tout goûter, entendre, sentir et voir. Je n'avais aucun souvenir conscient de tout cela et, pourtant, je savais avec certitude que chacun de ces événements m'était arrivé, d'une certaine façon, à un certain moment...

(Minute. Je dois interrompre. Ne m'as-tu pas déjà parlé, dans cette conversation, de quelque chose de semblable ? Quand je t'ai demandé ce qui arrive lorsqu'une personne meurt, ne m'as-tu pas expliqué ce genre de chose ?

Oui. J'ai précisé qu'à ta mort, si tu crois en la réincarnation, tu peux faire l'expérience d'instants de tes vies passées dont tu n'as aucun souvenir conscient antérieur.

C'est ce que je pensais. Alors, c'est en plein dans le mille, comme on dit.

Sauf que dans l'au-delà, il n'y a aucune souffrance, d'aucune sorte.

Hum...

Elizabeth a vécu une partie de cette expérience de « ce côté-ci » de la mort, et une autre partie de l'autre côté. Elle était vraiment entre deux mondes. Si elle avait été *pleinement* dans l'au-delà durant cette première partie de son expérience, elle n'aurait ressenti ni douleur, ni peur, ni souffrance d'aucune sorte.

D'accord. Poursuivons donc ce récit.)

... les montagnes russes ont continué, puis se sont arrêtées aussi brusquement qu'elles avaient commencé. Toute sensation a disparu, il n'y avait plus rien, littéralement. Que la noirceur. Au départ, j'étais soulagée. « Merci, merci, merci », ai-je crié. Puis la peur s'est retirée et je me suis mise à sonder les alentours. Le noir. Rien. J'ai attendu. Rien. J'ai sifflé, traîné les pieds et murmuré dans mon esprit. Rien. La panique s'est infiltrée en moi petit à petit et j'ai commencé à m'interroger. « Oh, mon Dieu ! Suis-je morte ? Est-ce la fin ? Vraiment, après tout cela, il n'y a qu'une éternité de néant, à part moi ? »

La panique augmentait. Encore rien. La panique et la colère, de plus en plus : « Quoi ! pas de lumière brillante, pas de guide en vue de faciliter ma transition ? Où est papa ? Le moins qu'il puisse faire, c'est d'apparaître ! Oh, allons. Non. À l'aide ! S'il vous plaît. Qu'est-ce que j'ai fait, bon Dieu ? Suis-je morte ? Où est tout le monde ? Oh, Dieu ! non, s'il te plaît. Je veux voir mon bébé. Où est mon bébé ? Ma fille est-elle morte ? S'il te plaît. Je t'en supplie. Je ne veux pas mourir. »

Rien. Finalement, j'étais tranquille, dans un état de calme engourdi.

« Qu'est-ce qui te laisse croire que tu es morte ? »

J'ai dressé mes oreilles inconscientes. J'ai émergé de mon inconscience. Minute, je reconnaissais la voix de l'infirmière à mon chevet ! « Merci, où étais-tu ? Où suis-je, bon sang ? Comment sortir d'ici ? »

« Qu'est-ce qui te laisse croire que tu es morte ? »

« Oui, oui. D'accord. Je pige. Je ne suis pas morte puisque je t'entends. Quoi, suis-je en train de faire une sorte de réaction bizarre aux anesthésiques ? »

Soupir dramatique... « QU'EST-CE QUI TE LAISSE CROIRE QUE TU ES MORTE ? »

« D'aaaaaaccord. C'est bizarre. Qui es-tu et pourquoi n'arrêtes-tu pas de me poser cette question ? »

« Parce que tu me l'as demandé. Alors, qu'est-ce qui te laisse... »

À ce moment s'est amorcée une épuisante discussion qui a semblé durer des jours. Alors que je fulminais contre l'injustice et la cruauté de ma situation, elle répliquait à chacun de mes arguments. Elle contestait mon droit de vivre, remettant en question tout ce qui pouvait me placer au-dessus des autres. J'étais blême de rage, car il m'était impossible de communiquer avec cette maniaque bouchée.

C'est alors qu'a commencé le folioscope [de l'anglais flicker-book ou flip-book]. Vous savez, ce genre de carnet où on dessine des séquences de petits bonshommes qu'on feuillette ensuite rapidement en vue de les animer ! Quand tout ça a commencé, j'ai reconnu les personnages du film. On jouait ma vie. « Ah, ha ! ai-je ricané. Cette vieille blague usée. Je dois être morte, si je revois le film de ma vie. » Aucune réaction, sinon le profond soupir et vlan !

J'ai été atteinte au plus profond de mon âme en ressentant tout l'effet de chaque image. Elles glissaient en un instant, mais je jure avoir ressenti la pleine force de chaque instant, non seulement comme si je le revivais, mais comme si toutes les autres âmes touchées le revivaient également à travers moi.

Ce n'était pas le catalogue des moments de ma vie que j'aurais compilés si j'y avais accordé la moindre réflexion consciente. Il y avait là très peu d'événements importants et faciles à retenir.

Ce n'était pas la version maquillée de mon autobiographie. Pendant un bon moment, les images défilaient par ordre chronologique à partir de ma naissance, mais à certains moments, les événements étaient reliés d'une certaine façon, puis les images avançaient et reculaient par embardées dans le temps, me permettant ainsi de bien comprendre les conséquences des pensées ou des actions en question.

Ces réminiscences couvraient tout le spectre des émotions, et je les reconnais à présent comme étant des moments où j'ai eu l'occasion de montrer, ou de me faire montrer, des aspects de la divinité. Je me suis aperçue que, le plus souvent, ce n'étaient pas les moments fortement dramatiques de ma vie qui avaient le plus de répercussions. C'était l'effet des effets apparemment anodins qui créait des vaguelettes dans le temps. De la blessure et de la détresse d'une vacherie envoyée en passant, au sentiment de joie et d'accomplissement sans bornes devant le fait de monter pour la première fois à vélo sans stabilisateurs.

Je me rappelle l'émotion et la vérité de chaque image comme si elle était imprimée en moi, mais je dois fournir un effort pour me rappeler avec clarté les détails des événements qui y sont rattachés. D'après les souvenirs que j'en ai gardés, je ne me suis jamais sentie jugée et je ne me suis pas jugée non plus. J'ai tout simplement compris que j'avais vu mon être véritable.

Une fois le folioscope terminé, j'étais littéralement épuisée. Je m'accrochais encore à l'idée de remporter la discussion, de prouver mon droit à la vie, mais j'avais perdu presque toute mon énergie. Pour combattre, seul me restait un désir désespéré de tenir mon enfant et d'être avec mes proches.

Même cet ardent désir s'était quelque peu dissipé par suite de l'examen de vie. J'essayais d'argumenter, mais mon cœur n'y était pas. Chaque affirmation ou question était compensée par une réponse parfaite. J'ai fini par gémir : « Tu sais quoi ? C'est toi qui gagne. Je ne peux plus me battre. Je n'ai plus rien à donner. J'abandonne. »

Tout juste avant de finir de parler, j'ai ressenti un soulagement immédiat. La guérison que j'avais amèrement crue infructueuse a inondé mon existence et m'a littéralement enveloppée en une sorte de confortable soutien inconditionnel. C'était nourrissant, rassurant et vivifiant. J'avais l'impression que toutes ces âmes merveilleuses étaient là pour moi, tenant mon existence dans leurs bras afin de la garder en sécurité.

Puis, soudainement, j'ai été propulsée de ce merveilleux espace vers une expérience phénoménale. Je ne sais absolument pas comment, mais je me suis sentie voler au-dessus d'un paysage de montagnes enneigées, de vastes lacs, de forêts et de prairies. J'ai survolé une tribu amérindienne différente de toutes les images ou les descriptions que j'en connaissais. J'ai observé une mère qui regardait ses enfants avec une fierté si sereine qu'elle inspirait un respect mêlé de crainte, puis j'ai continué à voler plus loin, jusqu'au sommet d'une imposante montagne.

À ce sommet, je suis arrivée face à face avec ce que j'ai présumé être un guide. C'était un chef amérindien. Pendant que je regardais son visage ridé et buriné, toute fascinée que j'étais alors par ses yeux, mon désespoir s'est dissous. J'ai senti dans chaque fibre de mon être qu'il m'aidait à me rendre compte d'une vérité absolument profonde. Néanmoins, tout ce que je peux me rappeler consciemment, ce sont ces paroles : « Tu dois être patiente, mais tu seras trois. »

En un instant, j'ai dormi et je me suis réveillée, apparemment instantanément, aux soins intensifs, puis les difficultés ont commencé !

On m'a appris que j'étais inconsciente depuis neuf jours, dans un coma à la fois semi-naturel et semi-médicamenteux. Des infirmières m'ont dit qu'à deux reprises j'avais subi un arrêt res-

piratoire durant cette période et que j'avais alors eu besoin de tout le soutien d'un respirateur.

Mais le plus intéressant pour moi fut cette période d'environ six heures durant laquelle mon cœur était coincé dans un rythme inattendu et dysfonctionnel appelé fibrillation atriale. Mon cœur battait alors si fort, qu'il flippait littéralement, tout comme mon folioscope. Cet état n'a pourtant ni affaibli ni amélioré mon état physique, et aucun médicament n'en est venu à bout.

Puis, à la grande surprise des médecins, la fibrillation s'est soudainement et inexplicablement résolue d'elle-même. À ce moment, l'un d'eux, une femme, s'est tout à coup rappelé un fait relié à un cas précédent dont elle s'était occupée, et a commencé un traitement qui m'a indéniablement sauvé la vie. Je crois que lorsque j'ai « lâché prise », la guérison m'a inondée, mon corps s'est permis de réagir et une information essentielle a été « donnée » au personnel médical. Mon esprit, mon corps et mon âme se sont réalignés, tout comme le chef amérindien l'avait promis : « Tu dois être patiente, mais vous serez trois. »

Ma fille, Lilie, est très active et en santé ; c'est ni plus ni moins qu'une force de la nature. Un jour, en regardant une émission de télé, j'ai vu le paysage exact que j'avais survolé. Je me suis donc renseignée pour connaître ce lieu de tournage, et elle et moi irons visiter l'endroit en août. J'ai découvert bien des faits sur la région qui me laissent croire qu'il y a là des gens et des ressources qui m'aideront à poursuivre mon processus de guérison.

Les moments de ta vie, tu les as utilisés un à un pour créer ton expérience du Soi.

31

N'est-ce pas fascinant ? Dans quelle mesure l'expérience d'Elizabeth se rapproche-t-elle de ce qui se produit vraiment après la mort ?

C'est *vraiment* ce qui lui est arrivé, alors qu'elle pénétrait de plus en plus dans le passage entre la vie physique et le monde spirituel. Comme je l'ai mentionné au début de notre conversation, l'expérience est différente pour chacun, à bien des égards – il se passe des choses dans chaque cas, dont le « bilan de vie ».

Mais ce bilan de vie peut, semble-t-il, être pénible. Certains des moments de ma propre vie pourraient être désagréables à cause de quelque chose que j'ai personnellement vécu ou que – je le vois maintenant – j'ai fait vivre à quelqu'un d'autre.

Il n'y a absolument ni douleur ni gêne.

Oh, c'est vrai. J'oubliais.

Rappelle-toi que tu as laissé tomber ton sentiment d'identification personnelle à ton esprit et aux pensées que tu as entretenues sur toi-même au deuxième stade de la mort. Au troisième stade, tu as fusionné avec l'Union.

Et dans cet Instant de Fusionnement, je me suis éloigné de mon dernier sentiment d'identification personnelle à l'aspect individuel de l'être que j'ai appelé « moi ». Je me suis éloigné de « moi », en voyant « moi » clairement, mais sans m'identifier sur le plan émotionnel à l'être que je voyais.

Bien. Tu saisis.

Alors, pour revenir à notre métaphore, tu es au troisième stade de la mort, tu as traversé le Moment de Fusionnement et, en faisant maintenant l'expérience complète du Cœur de ton Être, tu vois tout ce qui se trouve dans la « galerie d'art », toutes les expériences de ta vie, et tu peux les regarder objectivement, comme si tu feuilletais un livre d'images, tu regardais un film ou tu étudiais la grande œuvre d'art qu'est chaque expérience. Tu en étudies chaque moment, jusqu'à ce que tu aies l'impression de le comprendre. Puis tu passes à l'image suivante, à l'instant suivant, à la « peinture » suivante.

Voilà comment tu fais le tour de la galerie entière, t'assurant d'avoir vu toute la collection. Chaque instant est important pour toi, car tu t'aperçois, en examinant un à un les moments de ta vie, que tu les as utilisés pour créer ton expérience du Soi – et que tu vas bientôt déterminer sous quelle forme te recréer à neuf.

Bon, minute. Je suis confus à propos d'une chose. Je sais que tout ça est une métaphore, et pas vraiment la façon dont les choses se passent…

Décrire ces choses sans recourir à la métaphore t'empêcherait presque de comprendre.

Je vois. Mais même en sachant qu'il s'agit d'une métaphore, je dois un peu « nuancer ». Il y a une chose qui n'est pas claire. Je croyais « retrouver » mon identité en émergeant de l'Essence, après ma « rencontre avec Dieu ». Autrement, comment saurais-je « qui je suis » ?

Parce que tu le sais.

Alors, comment puis-je subir cet « examen de vie » – revoir toutes ces images, tous ces moments que je viens de vivre – sans rien ressentir ? J'ai fait des choses plutôt moches, je m'excuse de le dire. Et quelques bons coups, aussi. Si j'ai retrouvé l'identité que j'ai abandonnée aux premiers stades de la mort, comment se fait-il que je n'aie aucun sentiment de tristesse, de bonheur ou de souffrance à cet égard ?

À la fin de ta « rencontre avec Dieu », tu retrouves ta conscience de l'identité limitée de ta dernière vie, c'est vrai, mais tu ne *retournes pas à cette identité*. Tu te connais plutôt sous une forme beaucoup plus grande, beaucoup moins limitée.

Laisse-moi voir si je peux en tirer une analogie, histoire de vérifier si je comprends vraiment.

Vas-y.

J'ai passé des années à faire du théâtre communautaire et professionnel, dans six États. Voici comment m'apparaît ce que tu me dis là…

C'est comme si je sortais de scène après avoir joué un rôle dans lequel j'avais des capacités ou des talents très limités, puis que j'enlevais mon costume, je passais des vêtements de ville et je sortais du théâtre pour retourner à la ville en tant qu'être tout à fait fort et brillant.

À l'extérieur du théâtre, on remarque une marquise illuminée et des photos de moi tirées d'un grand nombre de scènes clés du spectacle. Je m'y vois grimaçant, souriant, pleurant ou criant dans une colère terrible, mais je n'ai aucune réaction intérieure ou émotionnelle devant tout cela. Je sais que ce n'est pas moi, que je suis là, debout, en train de regarder ces photos. Pourtant, lorsque j'étais à l'intérieur, sur scène, non seulement le public trouvait très réelles la souffrance, la douleur et la joie que je montrais… mais *elles me semblaient même réelles à moi*. C'est dire à quel point je suis un bon acteur !

Toutefois, à présent, alors que je regarde ces photos, je vois comment j'aurais pu jouer encore mieux certaines scènes – ou en changer complètement d'autres. Je décide donc de le faire à la prochaine représentation. Puis, je poursuis mon chemin. Premier arrêt : la bibliothèque. Je veux en connaître davantage sur ce personnage que je joue !

Bravo ! C'est là une très bonne analogie ! C'est très proche de ce que tu vis en circulant dans le Cœur de ton Être, examinant la « galerie d'art » des moments de ta vie. Et lorsque tu quittes le Cœur de ton Être, tu vas *vraiment*, en un sens, à la « bibliothèque » pour en « connaître davantage sur ton personnage ».

Mais je t'en prie, redis-moi encore pourquoi je m'y intéresse. Pourquoi même quitter le Cœur ? Une part de moi continue de s'interroger, même après toute cette explication. Pourquoi donc quitter l'Essence ? Pourquoi ne pas demeurer immergé à jamais ? Ne serait-ce pas alors le « paradis » ?

C'est la nature de la Vie que de s'exprimer. C'est ce qu'elle fait. Elle ne peut pas *ne pas* le faire, sinon elle n'existerait pas. Alors, dans la première phrase ci-dessus, remplace le mot « Vie » par « Dieu », « Ce Qui Est », « l'Essence », « l'Énergie », selon ton choix. Peu importe les termes employés, tu parles toujours de la Vie.

Dans le processus d'expression de soi, la Vie s'« exprime » assez *littéralement*. Autrement dit, elle *S'expulse* d'Elle-même, donnant naissance à Elle-même en tant qu'aspect *d*'Elle-même, afin de pouvoir Se Connaître dans Sa Propre Expérience.

C'est un gros morceau à avaler.

Prends-le lentement. Va doucement. Examine une pensée à la fois, un concept après un autre.

1. Dans le processus d'expression de soi, la Vie s'« exprime » assez *littéralement*.
2. « Exprimer » signifie « expulser ». La Vie *S'expulse* d'Elle-même.
3. En un sens, elle donne naissance *à* Elle-même en tant qu'aspect *d*'Elle-même.
4. Elle le fait afin de pouvoir Se Connaître dans Sa Propre Expérience.

C'est, en vérité, le sens du mot renaître.

C'est exactement ce que cela veut dire.

Et je « renais » et m'éloigne du Cœur afin de mieux – selon tes paroles – « en venir à Connaître » ce que j'ai rencontré de « réel » au Cœur, grâce au point de vue que procure la distance.

Eh bien, tu as parfaitement saisi. C'est l'essence du processus de la mort – et de la naissance. Tu es constamment en train de t'approcher et de t'éloigner du Cœur de ton Être, afin de pouvoir connaître et faire l'expérience de la nature véritable de Qui Tu Es. Tu utilises la distance pour connaître et vivre la Totalité sous la forme d'expressions discrètes ou singulières d'elle-même. Car lorsque la Totalité *est* la Totalité, elle ne vit que la Totalité, et non ses parties constituantes.

Et si je ne peux être mieux que je l'étais ? Et si j'ai connu la maîtrise totale dans cette existence que je viens de vivre ? Le cycle se termine-t-il alors ?

Non. Tu redéfinis la « maîtrise », tout simplement.

Je vais hausser la barre.

Oui.

Pour que le jeu continue. Pour que le processus aille de l'avant.

Oui. C'est le désir et la nature de la Vie que de produire plus de Vie, et à foison.

Tout grandit, et l'évolution est sans fin.

Souviens-t'en toujours, car c'est...

LE QUINZIÈME RAPPEL
L'évolution est sans fin.

Je t'ai déjà décrit le cycle de la vie éternelle. Puisque tu cherches à te recréer à neuf, tout comme la Vie entière, tu passeras au monde spirituel, dans lequel tu viendras à connaître et à comprendre davantage Qui Tu Es et qui tu choisis d'être, puis tu retourneras au Cœur de ton Être et dans le monde physique, parcourant différemment le même couloir du temps, ou un couloir tout à fait différent, afin de Connaître dans l'Expérience qui tu as choisi d'être.

Mais comment en viendrai-je à connaître qui je veux être ? Je ne comprends pas. Quand choisirai-je de le faire ?

Tu le choisiras en répondant à l'Interrogation sacrée.

Ah, *enfin*.

Pour presque chaque personne qui meurt,
cette mort n'est pas la première.

32

J'attends depuis si longtemps. Alors, dis-moi, avant que je ne m'impatiente, ce qu'est l'Interrogation sacrée.

À la fin de ta vie, au troisième stade de la mort, on te posera une question extraordinaire. Ce sera la plus importante qu'on te posera jamais, et ta réponse sera la déclaration la plus importante que tu aies jamais faite et le plus grand moment de libre choix que tu puisses jamais imaginer.

Elle est en fait si importante que tous les anges du ciel s'arrêteront pour écouter ta réponse. Que tous tes proches seront rassemblés autour de toi pour entendre. Que Dieu lui-même sera présent au moment où la question sera posée. En effet, c'est lui/elle qui la posera.

Quelle est cette question ?

« Veux-tu rester ? »

Pardon ? On va me demander si je veux « rester » ? Rester où ? Qu'entends-tu par là ? *Rester mort* ?

Oui. En termes humains, dans votre langage, ce sera la question.

Tu veux dire que j'aurai un choix à cet égard ?

Tu as un choix à l'égard de tout.

C'est le point que je souligne depuis le début de notre conversation. Nous voici à la fin d'un dialogue de dix ans, et tu poses encore la question.

Eh bien, je sais que j'ai un choix à propos de tout dans ma vie, mais je ne savais pas que cela s'appliquait aussi à la mort. En somme, si je ne veux pas rester mort, je n'ai pas à le demeurer.

C'est précisément ce que je suis en train de t'expliquer.

Ce n'est pas possible... Ça va à l'encontre de tout ce que j'ai entendu. Je ne comprends pas. On nous donne le choix, au moment de notre mort, de « continuer ou retourner » ?

Exact. C'est le choix qu'on t'offre. Et voici donc...

LE SEIZIÈME RAPPEL
La mort est réversible.

J'ai l'impression d'être dans des montagnes russes, de n'avoir qu'à m'accrocher. Qu'essaies-tu de me dire ici ?

Tous ceux qui « meurent » peuvent déterminer comment ils veulent continuer à vivre – et où.

Quelle manière intéressante de l'exprimer.

C'est la *seule*. Rappelle-toi le Septième Rappel : « La Mort n'existe pas. »

Lorsqu'une personne « meurt », comme vous dites, on lui donne toujours le choix : « Veux-tu poursuivre la vie que tu viens de quitter, ou faire l'expérience d'une réalité dans laquelle tu passes au monde spirituel ? »

Tous ceux qui meurent ont donc une chance de « revenir à la vie » ?

Oui. L'âme peut, dans son expérience, « défaire » la « mort » qu'elle vient de connaître.

Comment peut-elle faire *ça* ?

Il lui suffit de communiquer à Dieu, en disant, en pensant, en sentant : « Je ne veux pas mourir maintenant. Je veux retourner. »

Chaque âme se fait poser la question : « Es-tu prête, désires-tu continuer ? » C'est la question la plus douce. On la pose à toutes les âmes qui « traversent » à partir du monde physique.

Si elle pense, sent et répond « oui », l'âme poursuit son périple vers le monde spirituel. Si elle demande à « retourner », on la « renvoie » instantanément dans le monde physique... *et elle arrive une nanoseconde avant sa « mort ».*

C'est *vraiment* hallucinant, sinon même un peu troublant. Et si c'est vrai, pourquoi celui qui a beaucoup d'amour pour sa famille ne voudrait-il pas revenir ? Écoute, je suis sûr que le « paradis » est merveilleux – et tu ne me l'as pas encore décrit, tu ne m'as pas encore dit ce qui se passe de « l'autre côté » –, mais il sera toujours là à nous attendre. N'est-il pas un peu égoïste de rester là quand on sait qu'on peut revenir, que nos proches souffrent tant de notre mort ?

Je ne sais pas si je peux le croire. Ça me laisse le sentiment… je ne sais trop… d'être vide.

Préférerais-tu que nous ne parlions plus de cela ?

Eh bien, *c'est dit*, maintenant. Il y a un éléphant au milieu du salon. T'attends-tu à ce que je puisse l'ignorer ?

Je n'avais pas l'intention de te mettre mal à l'aise.

Je suis sûr que non, mais… alors, dis-moi, qu'est-ce que c'est ?

C'est tout simplement comme je l'ai expliqué : après la mort, chaque âme a l'occasion de rester dans l'au-delà ou de retourner à la vie physique d'où elle vient.

J'ai compris, mais donne-moi plus de détails. Quand cela a-t-il lieu ?

Après ta fusion dans la Lumière. Après le Moment de Fusionnement.

Eh bien, ce n'est pas très juste. Qui donc peut concurrencer *ça* ? Pourquoi voudrait-on retourner à la vie physique après avoir fusionné avec le Tout ? Vraiment !

En réalité, un très grand nombre d'âmes le font.

Quoi ? Pourquoi ? Tu veux dire que bien des âmes préfèrent retourner sur terre au lieu de rester au ciel ? Ça ne donne pas une très bonne impression du paradis.

Je veux dire que le ciel est exactement comme vous vous l'imaginez – un endroit où vous pouvez obtenir tout ce que vous voulez.

Après avoir fusionné avec l'Essence, l'âme comprend bien des choses. Que le jugement et la condamnation n'existent pas. Que rien de négatif ne peut arriver dans l'au-delà. Elle comprend aussi l'Identité et la Nature de l'âme, le but de la Vie et le Processus de la Vie. Elle comprend pleinement et complètement la nature de l'Ultime Réalité. Et que l'au-delà sera toujours là, à l'attendre encore et encore, durant toute l'éternité.

Ou comme on l'a dit dans le titre d'un film, *Le ciel peut attendre*.

Exactement. Après avoir fusionné avec l'Essence, l'âme comprend, essentiellement, tout ce que je viens de formuler. Mais c'est alors de façon expérientielle, non intellectuelle. En outre, bien des âmes choisissent *vraiment* de retourner à la vie physique. En fait, *la plupart* le demandent au moins une fois.

La plupart ?

Pour presque chaque personne qui meurt, cette mort n'est pas la première. Si elle choisit, cette fois, de « rester morte », c'est qu'elle a vraiment l'impression d'avoir achevé ce qu'elle est venue faire sur terre. Par conséquent, ne lui en voulez pas de poursuivre sa route, ne soyez pas en colère parce qu'elle n'est pas revenue vers vous. Elle est déjà revenue bien des fois pour vous tenir compagnie. Bien des fois.

Je suis perdu, là. Cette conversation m'a mené à bien des endroits et j'ai essayé, à bout de souffle, de garder le rythme. Je me suis débrouillé assez bien, je crois, mais je suis maintenant perdu. Ce dont on parle ici me dépasse tellement que je ne crois pas pouvoir un jour le comprendre.

Essaie.

Je ne sais trop par où commencer.

Pose-moi une question.

D'accord. Tu affirmes que mes proches me sont revenus bien des fois. Qu'entends-tu par là ?

Précisément cela, à savoir que tes proches sont morts, puis te sont revenus plus d'une fois, parce qu'ils voulaient achever des choses avec toi et par rapport à tout ce qu'ils ont choisi d'accomplir dans leur vie.

Ma mère est morte, et elle est partie sans jamais revenir.

Mon père est mort, et ç'a été fini.

Mon frère s'est affalé sur le volant de sa voiture *pendant qu'il conduisait*, bon sang, et ma belle-sœur a dû se pencher pour diriger l'auto vers l'accotement tout en cherchant à mettre le pied sur la pédale de frein. En plus, comme elle a gardé des séquelles d'un accident cérébral, la moitié de son corps ne fonctionnait pas bien !

J'ai horreur de devenir *terre-à-terre* quand il s'agit de ça, mais si une âme peut revenir après sa mort, si elle a ce choix, alors le moins que mon frère aurait pu faire était de revenir dans son corps assez longtemps pour garer la voiture sur l'accotement avant que quelqu'un *d'autre* ne meure.

Tu t'échauffes beaucoup ici, non ?

Je suppose. Tu es là à me dire que tous ceux qui sont morts peuvent revenir à la vie s'ils le veulent. Que ma mère, mon père, et mon frère aîné que j'adorais sont allés de « l'autre côté », qu'ils ont eu une chance de nous revenir et ont tous *refusé* ! Et je ne suis pas censé « m'échauffer » ? Écoute, tu parles d'un problème d'abandon…

C'est sûrement le problème d'abandon de tous les temps. La *mère de tous les problèmes d'abandon.*

Je vois. Alors, c'est toi que ça concerne, pas eux.

Quoi ?

Quelqu'un que tu aimes meurt, et c'est de toi que tu te soucies, non de cette personne.

Oh, allons, ce n'est pas juste ! Ce que tu viens d'affirmer n'est pas très orthodoxe, à savoir que les gens les plus proches de moi ont eu une chance de revenir à leurs proches en deuil et qu'ils ont tous « refusé ».

Mais j'ai dit aussi qu'ils ont tous « accepté » plus d'une fois. Lorsqu'ils s'en vont et qu'ils *restent*, c'est qu'ils ont alors vraiment « fini », tout complété. Leur départ final était leur dernier congé. Toutes les autres fois, ils sont revenus.

Quelles autres fois ? Je ne me rappelle pas que quelqu'un soit « revenu ». Aucune des personnes mentionnées n'a été réanimée en salle d'opération, n'a connu de soudaine rémission d'une maladie, ni rien de tel. Quand chacune est « partie », elle est partie. Boum ! Terminé. Point final.

Ta mère est « partie » quatre fois.

Quoi ?

Ce que *tu* appelles la mort de ta mère, c'était pour *elle* sa *dernière* mort. Tu ne comptes pas les quelques morts qu'elle a eues avant.

Ma mère a eu plusieurs morts *avant ça* ? Et elle *est revenue* ?

Permets-moi de te poser une question. Sais-tu si ta mère l'a déjà « échappé belle » ?

« Échappé belle » ?

S'il y a eu des fois où elle a failli mourir, où il s'en est fallu de peu.

Tu veux dire où elle aurait « frôlé la mort » ?

Oui. Sais-tu si elle a jamais vécu des expériences semblables ?

Non, je ne sais pas. Si c'est arrivé, elle ne m'en a jamais parlé. Pourquoi ?

Eh bien, laisse-moi t'apprendre qu'elle en a vécu quatre. De ces quatre, deux sont survenues après ta naissance.

Tu plaisantes ? C'est vrai ?

C'est très vrai. Et sache que ce n'étaient pas des fois où elle est « presque » morte, mais où elle *est morte*... Et dans trois de ces cas, elle a ensuite choisi de revenir.

C'est difficile à croire. Qu'es-tu en train de me dire là ? Pourquoi serait-elle revenue ?

Elle n'avait pas terminé. Elle ne sentait pas qu'elle avait fini. Sais-tu qu'elle a failli mourir au moment de ta naissance ?

Non. Personne ne m'a jamais raconté ça !

C'est pourtant vrai. Dans ta réalité présente, elle a failli mourir des suites de ta naissance. Dans une autre réalité, elle est morte. Puis elle a décidé de revenir. Elle a décidé de t'élever au lieu de te laisser à la merci du monde. Alors, elle est revenue. Dans ta réalité, on a dit qu'elle a « failli mourir ».

Il y a eu d'autres fois où elle est morte, où elle est

allée dans l'au-delà, s'est rappelé ce qu'elle avait besoin de se rappeler, et a choisi de revenir.

Puis, lorsque le plus jeune de ses enfants, toi en l'occurrence, a atteint l'âge adulte et fut en voie de créer sa propre vie, elle est morte « pour de bon ». Même alors, elle était jeune – n'ayant seulement qu'un an ou deux de plus que toi maintenant. Mais elle avait véritablement fini, tout complété. Elle n'avait plus de raison de revenir. Il était temps pour elle de se reposer et de goûter à sa récompense – qui était, en une phrase, l'occasion de passer au prochain plan de sa propre évolution. Elle avait désormais terminé. Depuis, elle est ce que tu appellerais un ange. Elle aide les autres, comme elle l'a toujours fait.

Je ne suis pas même un peu surpris. Et mon papa ? Où est-il ?

Je ne crois pas qu'il soit sage ni bénéfique de révéler le périple et le statut de chacune des âmes qui ont peuplé ta vie. L'âme et l'essence de ce que tu as appelé ton père ont trouvé le bonheur total et la paix intégrale après la mort de ce dernier, tu peux au moins être assuré de cela.

Toutes les âmes le font. Sans exception.

Un instant ! Je repense à une chose que tu as dite à propos de ma maman. Retournera-t-elle un jour à la forme physique ? Tu as précisé, je crois, que le processus qui consiste à passer du monde spirituel au monde physique en un aller-retour était éternel et perpétuel.

C'est bien le cas. Cependant, je n'ai pas dit que ta mère n'est pas retournée à la physicalité. J'ai dit qu'elle était un ange.

Les anges sont *physiques* ?

Les anges sont tout ce qu'ils veulent. S'ils tiennent à devenir physiques, ils le peuvent. S'ils veulent être de purs esprits, c'est aussi possible. Les anges voyagent entre deux mondes.

Il y a des anges tout autour de toi. Certains sous forme physique, d'autres sous forme spirituelle.

L'un d'eux pourrait-il être ma maman ?

Qu'en dis-tu ?

Je crois que oui. Je l'ai souvent sentie près de moi. Je croyais l'imaginer. Ça ne me semblait pas réel.

Repenses-y.

Et mon papa ?

Il t'a aidé à écrire ce livre. Crois-tu que ce soit pure coïncidence si tu es venu à cette conscience *le jour de son anniversaire* ?

Oh, mon Dieu ! c'est *vraiment* son anniversaire ! J'ai pensé à lui toute la journée et je suis en train d'écrire ceci le 29 juin – sa date d'anniversaire… Serait-ce une coïncidence ?

Ton papa te répond que « c'est facile comme tout ».

Bon, bon, assez ! Ça me fait peur, car *c'est exactement les paroles qu'il dirait.* Alors, nous devrions passer à autre chose. Dis-moi, comment devient-on un ange ? Comment reçoit-on une telle promotion ?

On ne reçoit pas de « promotion ». La question n'est pas de progresser dans une hiérarchie quelconque. Ces âmes ne sont pas « meilleures » que d'autres.

Mais elles pourraient être plus avancées sur la voie…

Qui est « plus avancé » dans un cercle ?

Mais n'as-tu pas dit…

Écoute-moi. Tu es en train de traverser un cycle sans fin. Il n'a ni commencement ni fin. Tu n'es ni « meilleur » ni « pire » que toute autre âme du cycle. Tout ce cycle est sacré, et tu es tout simplement là où tu es.

L'une des difficultés créées par les humains sur terre, c'est qu'un si grand nombre entretienne cette idée de « mieux ». Il vaut « mieux » être musulman ; il vaut « mieux » être mormon ; il vaut « mieux » être juif, ou bahaï, ou chrétien. Il vaut « mieux » être un homme ou une femme, un conservateur ou un libéral, un Français ou un Italien, un Noir, un Asiatique ou un Blanc, ou même d'être membre d'un certain organisme humanitaire ou un autre… peu importe.

Vous vous êtes dit que l'un d'entre vous valait mieux qu'un autre, et ce n'est tout simplement pas le cas.

J'ai donc une question tout à fait légitime. Si ce n'est pas une question de « promotion » ou d'« avancement », *comment* devient-on alors un ange ?

Vous choisissez de l'être.

On choisit d'en être un ?

Vous choisissez tout. Il n'est rien que vous ne choisissez pas.

Les anges peuvent-ils choisir de ne plus être des anges ?

Bien sûr ! Et certains l'ont fait. Tu peux être un ange pour un temps, puis ne plus en être un. Et tu peux de nouveau décider d'en être un. Tu peux tourner à l'intérieur de cycles, en boucles, tu peux circuler en spirales, tu peux bouger en lignes droites, tu peux « rester au ciel » pendant des siècles, tu peux revenir droit sur terre à la seconde suivante – tu peux faire tout ce que tu désires.

As-tu la moindre idée de Qui Tu Es ?

Tu essaies de me le dire ici, et je sens ma résistance.

Tu es Dieu.

Je suis toi, en train de faire en sorte
que tu te souviennes de moi.

33

Robert Heinlein a écrit cette phrase dans un livre il y a quarante-cinq ans.

Un autre de mes messagers.

Ainsi, je suis également « revenu à la vie » ?

Eh bien, laisse-moi te poser la question suivante : « As-tu déjà eu l'impression parfois d'avoir "cassé ta pipe" ? »

Bien sûr. Je crois savoir de quoi tu parles, et je sais que ça m'est arrivé.

Bien entendu. Voudrais-tu que je te décrive ces petites morts, les tiennes ?

Non, non, je sais lesquelles tu veux dire…

Il y en a une que tu ne connais sans doute pas, que tu ne te rappelles peut-être pas. C'était peu après ta naissance. Tu étais prématuré. Tu pesais à peine deux kilos. On ne s'attendait pas à ce que tu survives.

Mais je l'ai fait.

La deuxième fois, oui.

Pardon ?

La deuxième fois, tu as survécu. La première, non.

Bon sang. C'est reparti, mes amis. C'est reparti.

Après être mort une première fois, tu as indiqué que tu n'avais pas terminé ce que tu étais venu vivre dans la physicalité.

Et qu'est-ce que c'était ?

Donner aux autres. Tu voulais faire l'expérience de donner aux autres et d'aimer. Tu as fait de ton mieux, en mourant, mais à la fin, tu avais l'impression que ce n'était pas suffisant. Tu voulais vivre davantage.

Minute. Je suis « mort » à la naissance pour donner aux autres ?

Tu as exécuté la totalité des programmes de ta mère et de ton père. À ce moment, tu as donné la seule chose que tu avais à donner, la vie même, dans ce but.

Quels étaient leurs programmes ?

Ils te les révéleront eux-mêmes au moment venu. Et cela viendra.

Je peux cependant te révéler ton propre programme, n'importe quand. Dans cette vie, il consiste à faire l'expérience de l'amour désintéressé. Complètement. Tu l'as fait aux premiers instants de ta vie. Tu as *donné* ta vie pour un autre. Mais comme je l'ai précisé, ton expérience du don ne te semblait pas satisfaisante. Tu voulais offrir davantage. Tu voulais continuer à donner. Alors, tu es passé à une autre réalité.

Pardon ?

Nous avons déjà abordé la possibilité de réalités parallèles. Te souviens-tu ? Lorsque tu « meurs » et que tu « reviens », tu fais tout simplement passer ta conscience dans une autre réalité où tu revis le moment de ta « mort » mais, cette fois, sans mourir. Dans certains cas, on dirait que tu l'as « échappé belle ». Dans d'autres, cela prendrait la forme d'une guérison étonnante ou d'une rémission soudaine. Ce serait comme être inséré dans la chronologie des moments ou des semaines qui ont précédé ta « mort », puis changer l'aiguillage de façon à détourner le train, en l'envoyant sur une autre voie.

C'est ce que tu as fait les autres fois, aussi. Celles que tu connais, dont tu te souviens. À chacune de ces fois – rappelle-toi –, tu te croyais fichu.

En effet.

Et tu avais raison. Tu étais *vraiment* fichu. Écoute, tu es *parti.* Tu avais quitté.

J'étais mort ?

Chaque fois.

C'est hallucinant. *J'étais mort* ?

Tout ce qu'il y a de plus mort.

Et pourtant, me voici ici, maintenant.

Crois-tu vraiment que les chats sont les seuls à avoir neuf vies ?

Oui, toutes ces autres fois, tu étais ce que tu *appelles* « mort ». Tu as traversé tous les stades. Étant donné qu'à ce moment de ta vie tu as entendu parler de « l'enfer », tu t'es donc mis à créer ton propre « enfer » et à vivre cette expérience. Puis tu t'es rappelé que « l'enfer » n'existe pas et tu as créé autre chose, quelque chose de beaucoup plus agréable, mais tu n'étais pas satisfait. Et tu m'as rencontré, au moment de l'Émersion totale. Puis tu as fait ton Examen de Vie, j'ai procédé à l'Interrogation sacrée, et tu as décidé de revenir, car tu n'avais pas l'impression d'avoir « terminé », disais-tu.

Maintenant, je comprends *beaucoup* mieux le message reçu de quelqu'un il y a quelques mois. Merveilleux. Désormais, celui-ci est beaucoup plus clair. Tout à fait, même.

Le voici.

Cher Neale,

J'aimerais te raconter une courte histoire ayant trait à ce qui m'est arrivé juste avant Noël. Tu en feras ce que tu voudras.

Pour les besoins de mon travail, j'avais dû me séparer à regret de mon mari six semaines avant Noël. Au milieu de cette période, je disposais toutefois d'une semaine de vacances, mais il me fallait parcourir cinq heures de route de Grand Junction à Loveland, au Colorado, pour être à la maison. Je suis partie le 22 décembre à 23 h, espérant éviter le mauvais temps prévu pour le lendemain. La nuit était claire jusqu'à mon entrée dans le tunnel Eisenhower, à Loveland Pass.

En sortant du tunnel, je me suis retrouvée dans un blizzard et, plus tard, dans une véritable tempête. La conduite me donnait des sueurs froides et j'ai demandé à Dieu de me garder en sécu-

rité. Une fois à Denver, ça allait mieux. En direction nord sur l'autoroute 25, la route était plutôt sèche, avec seulement quelques rafales de neige. Je roulais à environ 80 km/h en ligne droite, lorsque j'ai soudain glissé sur une plaque de glace et que ma voiture a pivoté de côté. Il était quatre heures du matin.

J'ai heurté de front le parapet de gauche et senti une douleur intense dans la partie inférieure de mon visage. Je ne savais pas à quel point j'étais blessée, et je me suis mise à paniquer en voyant au loin les phares d'un camion. Le moteur de ma voiture était mort et j'étais arrêtée au milieu de l'autoroute. Je savais que je serais heurtée avant même que le chauffeur puisse me voir et s'arrêter sur cette route glacée. Je n'avais pas les idées assez claires pour sortir de l'auto, ne pensant qu'à allumer mes clignotants. J'ai tâtonné, sans jamais trouver le bouton.

Puis un miracle s'est produit. Ma voiture s'est mise à glisser vers l'arrière, sans raison. Elle a glissé sur l'accotement de droite et a touché le parapet de droite, où elle s'est arrêtée, juste au moment où le camion filait.

Le reste de l'histoire n'a pas d'importance ici. Bref, j'ai redémarré puis j'ai parcouru les derniers 25 km pour arriver chez moi. Plus tard, j'ai vu mon dentiste, qui n'a décelé aucune fracture, et mes dents, qui se sont relâchées, vont probablement se resserrer d'ici un mois ou deux. Je n'ai pas subi grand tort et je m'estime vraiment privilégiée d'avoir vécu cette expérience.

Certaines personnes considèrent que j'ai été malchanceuse. Certaines autres croient que j'ai tout simplement eu de la chance. Quant à moi, je sais, et quelques autres savent aussi.

Avec amour, Inga Kraus

Alors, les fois où on l'a « échappé belle » sont vraiment des « reprises » avec un nouveau dénouement. Quelle idée ! Une *deuxième chance*. Une chance de terminer, d'achever, de faire ce qu'on est venu faire.

Oui.

Et je suis « mort » déjà trois fois ?

Quatre. N'oublie pas ta mort à l'accouchement.

Et même adulte, je suis revenu ? Après avoir autant vécu ?

Tu as dit que tu voulais en faire beaucoup, que tu désirais vivre encore bien des choses. Tu as dit vouloir mieux faire auprès de tes enfants. Et vouloir faire l'expérience d'aimer les femmes qui t'aimaient, au lieu de les maltraiter. Surtout, tu as dit vouloir changer l'idée que le monde se fait de Dieu et de la vie.

Qu'est-ce que cette dernière partie a à voir avec le fait de se rappeler comment aimer ?

Tu t'étais aperçu que lorsque le monde entier se rappellerait l'identité et la nature de Dieu, et le fonctionnement réel de la vie, les gens n'auraient aucune difficulté à se rappeler eux-mêmes comment aimer, et tout le monde aimerait tout le monde, sans condition.

Après t'être souvenu de ce qu'il y avait de « l'autre côté », après avoir passé du temps dans l'au-delà, après avoir pris conscience du fait que l'« enfer » était le fruit de ton imagination (comme *tout* le reste), et, surtout, après m'avoir rencontré, tu as exprimé le désir d'aider le monde à comprendre certaines choses, mais après avoir toi-même compris certaines choses sur le plan expérientiel.

À quoi réfères-tu ici ?

Tu es devenu un sans-abri à 49 ans, au mitan de ta vie. Tu t'es créé d'autres partenaires de vie – et tu les as quittées, tout comme les premières. Par ces stratagèmes, tu en as appris davantage sur la trahison, sur ta propre capacité à trahir les autres, sur ce que cela fait d'être trahi par les autres. Tu as appris un peu à propos de l'amour. Tu as beaucoup appris sur l'abandon. L'abandon par la Vie même. Tu as vécu dans les rues, couchant dehors, sous la tente, pendant presque un an.

Tu as appris ce que c'était que d'être fauché. Si fauché qu'à tes yeux un dollar représentait une forte somme et deux dollars, une fortune. Un jour, tu as donné de l'argent que tu ne croyais pas pouvoir offrir. Ton cœur s'est ému pour quelqu'un et tu lui as donné tes quelques sous. Ce jour-là, tu as appris la vraie générosité. Tu as également appris qu'il y avait encore de l'argent – et ce fut un grand rappel. Tu as redécouvert les réserves infinies de l'univers. Très bientôt, tu es devenu riche. Plus riche que dans tes rêves les plus fous.

Et tu as commencé à changer l'idée que le monde se faisait de Dieu. Et de la vie. Et les uns des autres. À présent, tu entretiens de meilleures relations avec tes enfants. À présent, tu es en train d'apprendre – à la dure, en blessant encore les autres, mais en apprenant tout de même — une nouvelle façon d'aimer. À présent, tu écris des livres qui se vendent par millions. À présent, tu voyages dans le monde et tu t'adresses à des milliers de gens. À présent, tu es à la radio et à la télévision, et même dans les films.

Tu crois que tout cela est le fruit du hasard ?

Tu crois que tout cela est le fruit du hasard ?

Je... Je...

Je te dis que *tu as choisi tout cela.*

Et, bien sûr, tu n'as rien appris. Le mot « apprendre » n'est qu'une figure de style. Je l'emploie parce que vous l'employez. Je parle comme vous parlez. J'utilise votre langue vernaculaire. Nous savons tous les deux que tu n'as rien « appris ». Tu n'as fait que te rappeler. Tu *t'es rappelé* l'abandon, tu *t'es rappelé* la générosité, tu essaies très fort de *te rappeler* l'amour. Tu as ramené à ton esprit conscient tout ce que tu peux te rappeler sur *ce que tu as toujours su* concernant Dieu, la Vie et les autres.

D'où vient tout cela, d'après toi ?

D'où vient quoi, d'après moi ?

Tout ce que tu écris ici même dans ces pages.

Je croyais que ça venait de toi… de Dieu.

Oui, cela vient de moi. *Oui*, cela vient de Dieu. Mais crois-tu que je sois une entité séparée de toi en train de t'apprendre quelque chose de neuf ?

Écoute-moi. Je suis *toi, en train de faire en sorte que tu te souviennes de moi.* Tes conversations avec Dieu ont créé un espace, ouvert une porte. Elles t'ont permis de te rappeler ce que tu as toujours su.

À présent, la question finale n'est pas de savoir si tu continueras de te rappeler, mais si tu continueras d'agir comme si tu ne te rappelais pas.

Aïe !

C'est bien *ça*, la question, n'est-ce pas ?

Pour véritablement comprendre l'Ultime Réalité,
tu dois perdre la tête.

34

Je ne peux pas croire que nous soyons en train de parler de ça ici. Et je n'en reviens pas non plus de constater à quel point ça devient public. Dois-je mettre tout ça dans le livre ?

Tu as dit – ce n'est pas moi, mais *toi* qui l'as dit – que tu t'engageais à rendre une transcription complète et fidèle de notre conversation, sans rien escamoter. C'est moi qui ai dit que tu pourrais être tenté de faire des coupures. Et c'est toi qui as lancé : « Pas question, ça n'arrivera pas. » Alors, maintenant, tu te rappelles autre chose. Tu te rappelles qu'il faut aussi tenir parole, faire ce que tu dis. Faire en sorte qu'on puisse compter sur toi. Est-ce Qui Tu Es ? À toi de choisir.

C'est toujours à toi de choisir.

Ouf. Tu me donnes du fil à retordre.

Écoute, tu peux t'arrêter ici. Finir ce livre, qui fut intéressant. Ne va pas plus loin. Tu en as assez dit. Sans doute plus qu'assez. Pour certains, peut-être même trop. Ferme donc l'ordinateur et laisse aller.

Non. Nous sommes à un point tournant. Pas seulement pour moi, mais pour tous les lecteurs. Même pour ceux qui ne le savent pas, c'en est un. Je le sens.

Alors, où veux-tu aller ?

Je veux d'abord explorer ce dernier échange un peu plus en profondeur. Ensuite, je crois que nous pourrons conclure notre conversation.

J'ai autre chose à te dire. Il s'agit d'une révélation majeure. *Ensuite*, nous pourrons conclure.

Entendu. Alors, laisse-moi voir si je comprends notre dernier échange. Selon toi, chaque âme, après sa mort, a l'occasion de renverser le processus même de la mort. C'est là une idée renversante, et je pige. C'est le genre de chose que tu ferais. C'est parfaitement sensé, étant donné ton amour pour nous.

Je suis content que tu puisses le voir. Garder confiance en l'amour de Dieu te servira tous les jours de ta vie, et aussi, le jour de ta mort. Je vous aime vraiment. Je vous aime tous, profondément.

Dis-moi seulement comment tout ça arrive. Et si nous « revenons » vraiment, de quelle manière tout ça survient-il ? Tout le monde ne meurt pas d'une façon commode, au point de pouvoir être facilement « ramené à la vie ». Certaines personnes meurent sur le champ de bataille, ou dans des accidents, et on les retrouve en morceaux. Pardonne la crudité de mon langage, mais c'est le cas. Tout le monde ne meurt pas confortablement installé dans son lit pour ensuite tout simplement « se réveiller » devant le médecin qui s'exclame : « C'est un miracle ! »

Revenons un tout petit peu en arrière.

Après ta « mort », tu traverses les deux premiers stades de la mort, tout comme je l'ai décrit. Tu t'aperçois d'abord que tu n'es pas ton corps. Puis tu fais l'expérience de tout ce à quoi tu t'attends, selon tes croyances. Tu peux faire cette expérience aussi longtemps que tu le veux, comme il te plaira. Et tu passes au troisième stade de la mort – le dernier –, où tu fais l'expérience de l'Émersion totale avec l'Essence, tu émerges de cette expérience pour réexaminer la vie physique que tu viens de conclure et, finalement, tu décides « de continuer ou de revenir », comme tu l'as dit.

Je prends cette décision à partir de ce que j'ai vu dans mon bilan de vie.

Oui, essentiellement, et s'il y a quelque chose que tu veux encore Savoir et Vivre en tant qu'âme portant l'identité particulière que tu as considéré comme étant « toi ». Autrement dit, selon que tu as le sentiment d'avoir « terminé » ou non.

Mais je pensais… tu sais, je t'ai *vraiment* écouté très attentivement jusqu'ici et je me suis rappelé que tu avais déjà précisé qu'en mourant, personne n'avait jamais le sentiment d'être inachevé. Tu as bel et bien dit, très directement, que *personne ne meurt avant d'avoir vécu tout ce qu'il est venu vivre dans le monde physique*. Il n'y a rien d'« inachevé ». Et tu as ajouté que c'était là ce qu'on entendait par le *Onzième Rappel* : Le moment et les circonstances de la mort sont toujours parfaits.

Tout ce qui a été dit est vrai.

Mais maintenant, tu affirmes qu'après la mort une personne peut avoir le sentiment d'être « inachevée » par rapport à telle ou telle chose et qu'elle peut donc en quelque sorte « retourner à la vie » et revivre l'instant de sa mort d'une nouvelle façon qui…

Qui… ?

Qui élimine le fait qu'elle soit morte.

Exactement. Ce qui signifie qu'elle *n'est pas* morte, que « l'heure et les circonstances de la mort sont toujours parfaites ». *Que personne ne meurt avant d'avoir vécu ce qu'il est venu vivre dans le monde physique.*

Oui, mais elle est *vraiment* morte et elle a découvert qu'elle avait *vraiment* laissé quelque chose d'inachevé, et elle revient. Ça prouve donc qu'on *peut* mourir sans avoir terminé.

Je vois ton raisonnement. Laisse-moi alors te fournir une autre information.

Le processus que tu appelles la « mort » n'est pas complet avant que l'âme « passe » de « l'autre côté ».

C'est de « l'autre côté » de la *pommorange*, dans le monde spirituel, que l'âme effectue le joyeux travail d'établir son identité et de se recréer à neuf.

Ainsi, personne ne « meurt » à sa vieille identité avant d'avoir « traversé » ce seuil. En d'autres mots, *ta mort n'est pas finale tant que tu ne la déclares pas finale.*

Si, au moment de l'Interrogation sacrée, tu indiques que tu n'as pas l'impression d'avoir terminé et que tu désires retourner à la vie physique dont tu viens d'émerger, tu peux le faire, et tu le feras instantanément.

Oui, mais tu as spécifié qu'il était possible de le faire en « passant à une autre réalité ». Que l'âme sautait alors dans une réalité parallèle. Dans ce cas, l'âme qui est dans *cette* réalité est *vraiment* morte sans avoir terminé.

Tu te tues à me le répéter, le sais-tu ?

Tournure de phrase intéressante !

Prends garde de trop penser. Rappelle-toi : Pour véritablement comprendre l'Ultime Réalité, tu dois perdre la tête.

Mais ne nous éloignons pas de ta question.

Tu m'as déjà demandé si l'âme pouvait se trouver à deux endroits à la fois.

En effet, et tu as répondu qu'elle pouvait être à bien plus que deux endroits à la fois.

Tu t'en souviens. Maintenant, suis-moi bien.

Si l'âme a l'impression de ne pas avoir terminé et qu'elle saute dans une réalité parallèle dans laquelle elle ne meurt pas, cette âme ne meurt pas en ayant le sentiment de ne pas avoir terminé. Entendu ?

Entendu. Mais l'âme qui reste dans *l'autre* réalité…

Minute, j'y viens.

L'âme qui « reste derrière », pour ainsi dire, dans la première réalité, *n'oublie pas ce qui est arrivé*. Elle *sait* qu'une partie d'elle-même a eu la permission de sauter dans une réalité parallèle et de compléter ce qu'elle veut. Elle sait aussi que *le temps n'existe pas*. Dès lors, elle sait que l'autre part d'elle-même a *déjà complété* ce qu'elle est « revenue » compléter. Ainsi, l'âme dans le Seul Moment Qui Soit, le moment présent, passe au monde spirituel en ayant un sentiment de complétude absolue.

Ouf. Tu peux toujours te tirer d'affaire avec des mots.

On peut dire cela. Mais on n'avance pas à grand-chose avec ces subtilités métaphysiques. Je crois que tu as avantage à te concentrer sur les grands principes et les principaux messages de ce dialogue.

Bien des gens se prennent au piège des subtilités. Ils veulent que tout s'explique, dans le moindre détail. Tu peux retourner une broderie pour regarder les entrelacements de fils qui l'ont produite, en retraçant méticuleusement chaque fil de couleur jusqu'à ce que tu te sois figuré tous les moindres détails, sans jamais apprécier l'image d'ensemble qu'ils forment.

Vois les choses autrement. Change de point de vue. N'essaie pas de trouver toutes les réponses. Donne-toi une chance de voir l'ensemble. Tu vas adorer.

Vous n'avez pas à être « ordonné » pour devenir un ministre dans le monde. Dieu vous a ordonné en vertu du fait que vous êtes en vie.

35

Ce que je comprends, c'est que chaque âme a « terminé » lorsqu'elle arrive de « l'autre côté ». À mon avis, c'est la dernière pièce du casse-tête. Qu'est-ce qui se produit, alors ? Quel est notre travail ? Et comment le faisons-nous ?

Lorsque l'âme dit avoir terminé, lorsqu'elle répond à l'Interrogation sacrée en disant « continuons », elle passe immédiatement au monde spirituel, où elle commence à Savoir quelle a été son expérience de fusion avec la Lumière.

Autrement dit, elle a peu à peu conscience de sa divinité. Cela devient clair très rapidement, car dans le monde spirituel, l'âme crée immédiatement tout ce qu'elle désire. Il n'y a aucun « délai » entre la conceptualisation d'une idée et le fait de Savoir qu'elle est soi. Car dans le monde spirituel, l'âme crée simultanément aux trois niveaux de Création. Dans le monde physique, c'est rarement le cas.

Quand je « meurs », je commence soudainement à créer sur les plans subconscient, conscient et superconscient, tout à la fois ?

Tu le fais en entrant dans le monde spirituel ou, pour reprendre notre métaphore, lorsque tu pénètres dans le Cœur de la *pommorange* et que tu passes de « l'autre côté ».

Les trois plans de conscience deviennent Un en fusionnant avec la lumière, cette conscience unique avec laquelle vous quittez la « pièce » – le Cœur de votre Être – et entrez dans le monde spirituel.

De même, tous les aspects de l'être – le corps, l'esprit et l'âme – sont devenus Un, au même titre que les trois outils de création – la pensée, la parole et l'action.

Finalement, les trois expériences de ce que vous appelez le « temps » – le passé, le présent et le futur – sont aussi devenues Un.

Tout s'intègre.

En effet, la « mort » est une réintégration. Loin d'être une *dé*sintégration, elle est une *ré*intégration. Chaque réalité trine devient singulière. Ce que certains ont décrit comme étant la Sainte Trinité devient Un.

Puisque vous créez maintenant avec *tous les outils de création à chaque plan de conscience en même temps, vos créations sont instantanées.*

Je crée sur le plan supraconscient dans le monde spirituel !

Oui, et tout ce que tu désires se manifeste aussitôt dans ta connaissance.

Les maîtres créent également sur ce plan dans le monde physique. Leurs résultats instantanés sont d'ailleurs qualifiés de « miracles ».

De l'autre côté, je suis donc véritablement au « ciel », où je peux manifester tout ce que je désire.

Oui. Et ce que tu désires, c'est parvenir à Connaître complètement Qui Tu Es, puis te recréer à neuf sous ta prochaine version la plus grandiose. Voilà ce que désire toute vie. Cela s'appelle la croissance, ou l'évolution.

Tu voudras tout connaître sur le fait d'être vivant, d'être toi, d'être divin. Ainsi, ce temps passé au « paradis », ou dans le monde spirituel, est pure joie. La vie dans le monde physique peut aussi être pure joie, mais la plupart des âmes ne le savent pas. Elles ont oublié qui elles sont vraiment.

Il est difficile de décrire plus en détail l'activité de ton âme dans le monde spirituel, étant donné la limite de ton niveau de conscience actuel. Je peux te dire que c'est une période de grande connaissance. Mais viendra un temps où la connaissance ne suffira plus, où l'âme cherchera à faire l'expérience de ce qu'elle sait d'elle-même selon sa nouvelle perception d'elle-même. Et cela, elle le comprend très bien, n'est possible que dans le monde physique.

L'âme retourne donc à la physicalité.

Oui. Avec bonheur et joie, ton âme retourne au Cœur de ton Être. Et, une fois de plus, au cours de son voyage de retour, elle répond à l'Interrogation sacrée : « Sais-tu ce que tu veux Savoir ? À présent, choisis-tu de retourner à la physicalité ? »

Lorsque la réponse-pensée-sentiment est oui, ton âme est devant un autre choix : retourner à la physicalité dans la même vie, ou sous la forme d'un être physique différent.

L'âme a-t-elle la Terre pour seule destination, ou peut-elle retourner à la physicalité sous une autre forme, sur une autre planète ou dans un autre endroit de l'univers ?

> Comme nous l'avons déjà indiqué dans cette conversation, il y a bien des routes dans le continuum spatio-temporel.

Dans son livre *En terre étrangère*, Robert Heinlein déclarait qu'il y a tellement de « quand-où »...

> Oui. Il l'a parfaitement énoncé. Et tu peux choisir celui que tu veux. Par la suite, tu entres une fois de plus dans l'Émersion totale, laquelle atténue ton énergie vitale de façon que tu puisses entrer dans l'expérience appelée « naissance ».

Merci.

Merci pour cette description, et pour toute cette conversation. Je sais qu'elle contient beaucoup de « descriptions de processus » – des explications basées sur la métaphore, la science et la métaphysique visant à décrire la cosmologie de toute la vie et le « fonctionnement de tout ». Elle m'a également apporté des révélations spirituelles merveilleuses, une compréhension et une conscience plus profondes qui m'ont réconforté, et j'espère apporter à mon tour ce réconfort à beaucoup d'autres, surtout aux gens confrontés à la mort d'un proche ou à leur propre mort prochaine.

> Chaque véritable ministre de Dieu (ce que vous êtes tous, ordonnés ou non) a la chance d'offrir du réconfort aux mourants.

Cela étant dit, il est parfois difficile de trouver les mots justes pour ceux qui pleurent la perte d'un proche. Il y a quelques années, une certaine Sheila m'a écrit ceci...

Cher Neale,

Mon frère Chuck est mort il y a plusieurs années. Il n'avait que vingt-sept ans, et je ne peux m'empêcher de le regretter. Chaque jour, je pense à lui, et tout ce que je vois me rappelle son souvenir. Rien n'a plus d'importance pour moi. Je suis en dépression chronique. Peux-tu m'aider ? Sheila, Wisconsin.

Qu'est-ce que monsieur Tout-le-monde peut répondre à cette personne ? Voilà la question. Après tout, nous ne sommes pas tous des ministres formés ni des thérapeutes certifiés. Nous n'avons pas tous passé des années en relation d'aide.

Alors, que lui as-tu tout de même dit ?

J'ai répondu du mieux que j'ai pu, à partir de ce que ma conversation avec Dieu m'avait apporté.

Chère Sheila,

Je suis désolé pour cette perte et je comprends ta peine. Mais il y a des choses que j'aimerais te dire, qui pourront t'aider à repeindre ce souvenir sur la toile de ton esprit de telle sorte que tu ne sois pas toujours triste en le voyant.

D'abord, tu dois savoir que Chuck n'est pas mort, que la mort est une fiction et un mensonge, qu'elle ne se produit jamais. C'est la première chose, et ton Être doit intégrer cette vérité appartenant à l'ordre le plus élevé pour que le reste de cette réponse ait un sens pour toi.

Deuxièmement, si nous acceptons que Chuck n'est pas « mort », comme tu le dis, et qu'il est en fait très vivant, alors nous devons nous demander : Où est-il ? Que fait-il ? Et, bien sûr, est-il heureux ?

Commençons par répondre à la dernière question. Chuck n'a jamais été plus heureux, ni plus joyeux, qu'au moment de sa transition à partir de sa vie terrestre. Car, à cet instant, il a connu une fois de plus la plus grande liberté, la plus grande joie, la vérité la plus merveilleuse. Celle de son propre être et de son unité avec Tout Ce Qui Est.

À cet instant, la séparation a pris fin pour lui et sa réunification avec le Grand Tout a été un moment glorieux au ciel et sur la Terre. En effet, c'était un moment de célébration, et non de deuil, mais le deuil est compréhensible, étant donné notre conscience limitée de ce qui se passe réellement, ainsi que l'amplitude de la perte personnelle que nous éprouvons naturellement.

Après une période de peine très naturelle que nous devons avoir la bonté de nous accorder, nous devons alors choisir entre rester dans cet espace de désolation et de deuil absolus, ou passer à une plus grande conscience et à une vérité plus grandiose qui nous permettent de sourire – même en pensant à son départ, tout prématuré ou abrupt qu'il soit, tandis que rien n'est « hâtif » ou « abrupt » dans le calendrier de Dieu et que tout tombe à point.

Si nous choisissons de passer à cette conscience élargie, nous devenons libres de célébrer dans la plénitude la vie qui a été celle de Chuck, le cadeau qu'il a accordé à tous ceux qu'il a rejoints, et la merveille de son être et de son amour, même maintenant.

Nous le faisons surtout en permettant à Chuck lui-même d'être complètement libre. Ce qui nous amène à la première question des trois : Où se trouve Chuck, désormais ? Dans le tome 3 de CAD, il m'a été révélé que dans le monde de l'absolu où réside Dieu, nous sommes partout. C'est-à-dire qu'il n'y a ni « ici » ni « là », mais tout simplement un « partout ». Ainsi, en termes humains, nous pouvons être à plus d'un endroit à la fois. Nous pouvons être à deux endroits, ou trois, partout où nous voulons être, pour faire toute expérience que nous choisissons. Car c'est dans la nature de Dieu et de tous les êtres divins.

Et quelle expérience choisissons-nous d'avoir, entre autres ? L'expérience de l'unité et de l'empathie pour ceux que nous aimons, tout comme nous le faisions dans notre forme corporelle. Ce que cela sous-entend, c'est que Chuck t'aime encore maintenant, non pas au sens théorique, mais en un sens très spécial, celui d'un amour vivant qui ne mourra jamais. Et grâce à cet amour éternel, Chuck (la part de l'es-

sence qui est Chuck) vient vers toi, pour être avec toi, lorsque tu penses à lui. Car la pensée de quelqu'un qui nous aime est une attraction et un attrait que l'essence d'un être ne peut nier, et n'ignore jamais.

Chuck est avec toi au moment même où tu lis ceci, car tu l'as à l'esprit, et une part de lui est très présente pour toi. Si tu es très silencieuse, très ouverte à l'instant, tu seras même capable de le sentir… et peut-être même de l'« entendre ».

Cela est vrai de tous les gens, de partout, et cela explique les milliers de comptes rendus, chaque année, de « visites » d'êtres aimés décédés à ceux qui restent, comptes rendus que les psychiatres, prêtres, médecins et guérisseurs de tout acabit ont pris l'habitude d'entendre sans remettre en question.

Souvent, l'essence de l'être qui s'envole vers nous au moment où nous pensons à lui arrive dans notre espace remplie d'amour et de compassion, et complètement ouverte à nous. Cette ouverture permettra à l'essence de cet être aimé de savoir et de comprendre pleinement ce que nous ressentons et éprouvons.

Si nous pensons à cette personne avec tristesse, peine et douleur, cette essence le saura. Et puisque cette essence est maintenant pur amour, elle cherchera avec amour à guérir notre tristesse, car elle ne pourra s'en empêcher.

Si, par ailleurs, nous pensons à cette personne avec joie et dans un esprit de célébration, cette joie sera connue de l'essence de la personne que nous avons si profondément aimée, et cette essence se sentira ensuite libre de passer à sa prochaine aventure grandiose, sachant que tout va bien de notre côté. Bien entendu, elle reviendra. Elle reviendra chaque fois qu'on pensera à elle.

Mais ses visites seront de joyeuses danses dans notre esprit ; des liens merveilleux, étincelants ; des moments brefs, mais éclatants ; des sourires élargis. Alors, l'essence disparaîtra de nouveau, ravie de voir notre amour et notre célébration de sa vie, avec le sentiment d'avoir complété son interaction avec nous, bien que ce ne soit aucunement la fin.

Alors, pour nous aider à guérir notre peine et notre tristesse, et pour mettre fin à notre deuil, rien n'arrêtera l'essence de cet être aimé, qui prendra toute méthode à sa disposition (y compris, peut-être, une lettre comme celle-ci venant d'un parfait étranger) pour nous apporter le message de sa joie sans relâche là où elle réside ainsi que la vérité de la perfection du processus de la vie et de la transition.

Lorsque nous pourrons célébrer la perfection, nous permettrons à l'essence et à l'âme d'un défunt de la célébrer aussi, de la libérer pour aller vers les inexprimables merveilles de sa réalité globale, honorant sa présence dans notre vie, sous sa forme physique précédente, maintenant, à cet instant, et même à jamais.

Célébrons, célébrons, célébrons ! Finie la tristesse, fini le deuil, car aucune tragédie n'a affligé qui que ce soit. Plutôt un souvenir particulier, accompagné de sourires et de larmes, oui, mais des larmes de joie devant la merveille de Qui Nous Sommes, de qui est Chuck, et de l'inexprimable amour d'un Dieu qui a peut-être créé tout cela pour nous.

Célèbre, Sheila. Donne-toi, et donne à Chuck et à tous ceux dont la vie a été touchée par vous deux, le cadeau d'une vie : le don de la joie qui remplace la peine, de la joie qui surmonte la douleur de la perte, de la vraie gratitude et de la paix, enfin.

Les bénédictions de Dieu t'entourent, Sheila, surtout la vie de Chuck et sa présence auprès de toi, à présent. Va, maintenant, et sois Qui Tu Es Vraiment. Et souris.

Chuck ne voudrait pas qu'il en soit autrement.

Sois bénie,
Neale

C'était une réponse merveilleuse. Je suis certain que Sheila l'a trouvée fort réconfortante.

Oui, mais est-ce vrai ou est-ce que j'invente, tout simplement ?

Oui.

Oui, quoi ?

> Je réponds oui aux deux questions. C'est vrai *parce que* tu l'inventes. Tu peux choisir ce que tu veux.

Tu n'arrêtes pas de me le répéter, et je n'arrête pas de vouloir que ça se passe d'une certaine façon parce que *ça doit vraiment se passer ainsi.*

> Mais ça se passe *vraiment* ainsi.
>
> C'est ainsi que « cela se passe vraiment » parce que tu continues de le créer de la sorte. Si tu veux le créer autrement, ce le sera.
>
> D'ailleurs, on peut dire cela à propos de toute ta vie, sur la Terre comme au ciel.

Eh bien, si je suis véritablement en train de créer ma vie et celle qui m'entoure de la façon que je choisis, alors je choisis pour nous tous de vraiment répondre à ton appel à devenir ministre en ce monde. Je suis tellement inspiré par des gens comme Joan Beck (un nom fictif retenu pour protéger l'identité de la personne), qui, en janvier 2003, m'a offert en cadeau le récit de la manière dont la mort de son fils avait changé sa vie.

Jason, son premier né, avait 18 ans, il terminait son deuxième cycle du secondaire. Il s'est noyé le premier jour du cours de natation. Sa mort consterna Joan, sa famille et sa communauté.

Joan expliqua qu'elle n'avait jamais pris conscience à quel point la guérison de son deuil pouvait être aussi physique. Seulement deux jours après la mort de Jason, elle sentit sa présence. D'ailleurs, elle mentionne qu'elle n'aurait pas pu survivre à cette expérience déchirante sans son aide.

Cela l'a lancée dans une quête afin de connaître la raison derrière sa mort. Étant la fille d'un prêtre méthodiste de l'Église unie, elle sentait la présence de Dieu, qui, selon elle lui demandait seulement de bien s'occuper de sa vie. Mais elle n'arrivait pas à comprendre pourquoi Jason « devait » mourir, car après tout, elle était une bonne mère, enseignant entre autres à ses enfants la « bonne » façon de mener leur vie.

Après sa « mort », Joan m'expliqua que Jason devint un partenaire très actif dans sa quête de réponses. Il la guidait même lorsqu'elle résistait à voir la vérité. Sa capacité de pardonner au professeur d'éducation physique est un exemple de la façon que Jason continuait de jouer un rôle dans sa vie.

Joan n'avait jamais eu beaucoup de contacts avec ce professeur, mais après la mort de Jason, elle le retrouvait souvent sur son chemin. Son fils l'aida à lui faire comprendre qu'elle devait pardonner à cet homme. Aujourd'hui, elle se sent libérée de ses sentiments de colère. Malgré qu'elle s'inquiète que certaines personnes puissent la trouver cinglée, elle trouve son réconfort dans le fait d'avoir trouvé une « nouvelle » façon de vivre.

Lorsque Joan m'a envoyé ce message, je lui ai dit à quel point j'étais touché par son expérience et je l'ai remerciée de m'en avoir fait part. Puis, je lui ai envoyé la lettre suivante.

Je sais, Joan, à quel point tu as dû te sentir désespérée quand Jason est mort. Je suis si content qu'il ait trouvé le moyen de rester en contact avec toi pour t'aider à affronter tout cela et t'amener à des vérités de plus en plus grandes.

À présent, il me semble clair que Jason avait cette intention dès le départ. Nous entrons tous dans la vie les uns des autres pour une raison et un but précis. Cela se rapporte presque toujours à la croissance spirituelle. Pour la même raison, tu es également entrée dans la vie de ce professeur d'éducation physique. Même si tu souffres à propos de ce qui s'est passé, j'imagine que lui aussi en souffre. Il ne le montre peut-être pas, mais je suis certain qu'il est intérieurement dévasté. Tout cela est survenu sous sa garde. Il ne pourra jamais le faire oublier ni rien faire pour le changer. Pendant bien des années, il va pleurer tout seul la nuit, j'en suis sûr.

J'espère que tu lui as pardonné, et pas seulement dans ton cœur, que tu lui as parlé en personne, que tu as partagé ton amour humain avec lui afin de lui laisser savoir que tu comprends à quel point il doit se sentir mal (même s'il ne le montre pas, je le répète), que tu n'as pas à lui « pardonner » (ce qui supposerait qu'il a fait quelque chose de « mal » dont il est « coupable »), que tu le laisses en paix, car il est clair à tes yeux qu'il est une bonne personne, qu'il n'a rien fait intentionnellement ou avec une intention malicieuse, et que ce qui s'est produit était tout simplement une tragédie, point à la ligne. Ces choses surviennent dans la vie, et personne n'en est « coupable ».

Dis-lui que tu comprends ça et que tu espères qu'il pourra poursuivre sa vie comme tu poursuis la tienne, encore prêt et capable d'apporter de la joie et de l'amour, du rire et du bonheur dans la vie des autres.

Ah ! et ajoute que Jason veut qu'il se rappelle toujours les centaines de jeunes dont il a touché la vie de bien des manières positives et importantes – et que ce n'est pas fini, loin de là. Et qu'apprendre à vivre avec une erreur, c'est transformer la tragédie en bénédiction, guérir l'humanité entière, car nous avons tous commis des erreurs dans la vie, nous sommes tous des humains, nous sommes tous également capables de donner et d'apporter beaucoup d'amour au monde, et nous le ferons tous, si nous nous en accordons le droit.

Dis-lui des choses semblables, car cet homme a besoin d'être guéri de sa blessure, et tu es l'une des personnes les plus aptes à l'y aider. D'accord ?

Affectueuses accolades…
Neale

Voilà comment Joan peut véritablement remplir un ministère. Vous n'avez pas à être « ordonné » pour devenir un ministre dans le monde. Dieu vous a ordonné en vertu du fait que vous êtes en vie. Vous pouvez être – et vous l'êtes – un ministre dès maintenant. Chaque jour, en cherchant, vous trouverez une occasion d'apporter votre ministère de guérison et d'amour à une nouvelle personne.

Que puis-je dire aux mourants ? Jusqu'à présent, cette idée a été l'une de mes priorités, comme pour bien des gens. Quel réconfort puis-je leur offrir ?

Si tu rencontres des gens qui considèrent devoir recevoir le pardon afin d'être « dignes du ciel », offre-le-leur en ajoutant que Dieu le fait aussi.

Si tu rencontres des gens qui s'attendent à être accueillis par Dieu et leurs proches après leur mort, offre-leur-en la confirmation et assure-les que Dieu le fait aussi.

Si tu rencontres des gens pour lesquels il n'y a aucune espèce de vie après la mort, présente-leur une idée différente et dis-leur que Dieu le fait aussi.

Dieu le fait par le biais de bien des événements de la vie, et ce, à cent moments différents, de mille voix différentes entendues par tous ceux qui écoutent vraiment.

Cette conversation, qui t'est offerte ainsi qu'à l'humanité entière, est l'un de ces événements.

Ainsi, je t'invite ici à offrir la prière qui suit aux mourants.

Le Dieu auquel tu crois est avec toi, maintenant, à cette heure même, en cet instant précis. Si tu n'as aucune idée de Dieu, c'est sans importance. Dieu est tout de même ici, à cet endroit, avec toi, maintenant, et murmure à ton âme

« Tu seras la bienvenue dès que tu seras prête pour le retour ».

Tu ne seras pas refusé, pour aucune espèce de raison. Si tu crois qu'il y a une cause ou une raison valable, Dieu – si tu veux que Dieu le fasse – peut l'invalider dès maintenant. Dieu – si tu le veux – est en train de dégager toutes les voies, de redresser tous les chemins, en disant : « Faites place à mon bien-aimé, qui choisit de retourner à Dieu. »

Cette prière t'est offerte, merveilleux enfant de l'univers, au moment où tu commences le voyage le plus joyeux que tu aies jamais entrepris, rempli de merveilleuses surprises. Un voyage dans le plus grand bonheur que tu aies jamais connu, et l'expérience la plus grandiose que tu auras jamais.

À présent, fais des rêves de gloire. Rêve que tous tes fantasmes se réalisent, que toutes les douleurs disparaissent, que tout ce que le temps t'a volé t'est retourné. Rêve de revoir tes proches – ceux qui sont déjà partis et ceux qui suivront.

Rêve à la certitude que lors de ton départ, tu retrouveras tous ceux qui ont tenu une place dans ton cœur et qui sont partis avant toi. Et ne t'inquiète pas de ceux que tu laisseras derrière, car tu les reverras et tu les aimeras aussi, encore et encore, durant l'éternité entière, et même au présent. Car il ne peut y avoir de séparation en présence de l'amour ni aucune attente là où il n'y a que le Présent.

Souris donc, dans l'attente joyeuse de ce qui s'en vient. Ces cadeaux te sont offerts, et Dieu n'attend que ton Retour pour te les donner. Tu es et tu as la paix, la joie et l'amour, maintenant et à jamais. Il en est ainsi, et il en sera ainsi à jamais. Amen.

Tes ancêtres marchent avec toi. Tes héritiers se tiennent à tes côtés, regardant les décisions que tu prends en leur nom.

36

Merci, mon Dieu, pour cette prière vraiment merveilleuse. J'espère que, partout dans le monde, les gens la réciteront s'ils la trouvent utile, apaisante et réconfortante, si elle apporte l'espoir et la compréhension aux mourants.

Mais attends, s'il te plaît. J'ai encore besoin de comprendre une chose.

Qu'entendais-tu en disant que nous verrons nos proches qui nous suivront dans la mort «même dans le présent» ?

Te rappelles-tu lorsque, plus tôt dans cette conversation, tu m'as interrogé au sujet de Pip, la femme d'Andrew Parker ?

Oui. Je t'ai demandé si elle voulait vraiment avoir le cancer si tôt dans sa vie, si elle avait véritablement *choisi*, en un libre arbitre, de partir si tôt, de mourir si jeune. J'ai ajouté que son mari, ses enfants et les membres de sa famille auraient une sérieuse difficulté à l'accepter. Ils allaient demander, avec une peine profonde, j'en suis sûr, *pourquoi Pip voudrait les quitter ainsi*.

Et te souviens-tu de ma réponse ?

Oui, tu as dit : « J'ai une réponse qui te secouera peut-être. »

J'ai gardé deux Rappels pour la fin de notre conversation. Ce sont les Rappels les plus joyeux, les plus merveilleux de tous.

Voici le premier :

LE DIX-SEPTIÈME RAPPEL
Dans la mort, vous serez accueillis par tous vos proches – ceux qui sont morts avant vous et ceux qui mourront après vous.

Ces âmes vous réconforteront lorsque vous vous dégagerez de votre attachement au monde physique, vous guidant doucement dans le monde spirituel. Vous n'aurez plus jamais à être seuls, jamais, pas plus que maintenant.

Je suis si reconnaissant de le savoir. La « solitude » pendant ce voyage représente ma plus grande crainte.

Tu n'es jamais seul et tu ne pourrais *jamais* l'être, par ta nature même. Car tu n'es pas un individu, mais une Individualisation du Tout. Tu fais partie de Nous Tous Qui Vivons, et nous avons un investissement dans Ton expérience. Tes ancêtres marchent avec toi. Tes héritiers se tiennent à tes côtés, regardant les décisions que tu prends en leur nom. Nous sommes tous avec toi, toujours, et toi avec nous. Il suffit que tu croies pour Savoir que nous sommes là.

Je ne comprends pas bien ce dernier Rappel. Veux-tu dire que lorsque je fermerai les yeux dans la mort et que je les rouvrirai dans l'au-delà, tous ceux que j'ai aimés – *même ceux que je viens de laisser derrière moi* – seront là ?

Si tu le veux, ils y seront. Si tu le crois, si tu l'espères, tu auras conscience de leur présence à tes côtés.

Mais… écoute, comme je te l'ai déjà mentionné, j'ai entendu dire bien des fois que les âmes de ceux qui m'ont *précédé* dans la mort m'attendront quand je ferai la « traversée ». Tu l'as souligné toi-même, plus tôt dans cette conversation. Mais je n'ai *jamais* entendu dire que ceux qui vivent avec moi *maintenant*, qui vivront au moment de ma mort, seront là pour m'accueillir. Comment est-ce possible ?

Le paradis est si merveilleux que, même s'il peut paraître long à ceux qui restent vivants dans la physicalité, à l'intérieur de l'illusion du temps, ce sera dans ton propre Présent que vous serez réunis.

Mais je croyais que j'allais être là pour *les* accueillir lorsqu'*ils* mourront. Puisque je suis l'un de *leurs* bien-aimés, est-ce que je ne les attendrais pas à leur mort ?

Oui, tu les attendrais… et tu les attendras.

Mon Dieu, je suis désolé, je n'arrive pas vraiment à suivre. Si je les attends au moment où *ils* font la traversée, et qu'ils sont déjà là pour moi lorsque je traverserai, comment puis-je… Comment tout ça se déroule-t-il ?

À la fin de vos vies physiques, vous allez vous saluer les uns les autres *d'une façon séquentanée.*

Mais quand une chose est à la fois séquentielle *et* simultanée, qu'est-ce que je vis exactement ? Tu ne m'as jamais expliqué ça. Pour moi, une chose arrive-t-elle après une autre, ou tout arrive-t-il instantanément ?

C'est selon ton désir. Tu peux regarder une image précise de ta « murale », ou reculer et voir toute la murale dans son intégralité. Ce n'est qu'une question de point de vue. Et tu peux adopter le point de vue qui te servira, ou qui te plaît.

Les implications sont énormes. Comme si, lorsque *ma* vie sera terminée, celle de *tout le monde* le sera aussi. Quand *je* meurs, *tout le monde* meurt. Ça ne semble pas juste.

Il n'y a rien d'injuste là-dedans. L'injustice et l'iniquité ne sont pas possibles dans l'Ultime Réalité.

Il faudra peut-être des années avant la mort de tes proches qui vivent encore, mais ces années seront instantanément comprimées dans l'espace du non-temps. Si tu veux prendre du recul par rapport à la murale et voir tout le tableau, tu feras l'expérience, « en un rien de temps », de les voir se joindre à toi dans l'au-delà.

Voilà pourquoi j'ai déjà précisé que si tu *crois* que tes proches – *tous* tes proches – seront avec toi dans l'au-delà, au moment de ta traversée, si tu *espères* seulement qu'ils le seront, tu auras conscience de leur présence à tes côtés. La croyance crée la perspective, et l'espoir te distance de tes pires craintes, en te permettant d'avoir une vue d'ensemble.

Oh, mon Dieu ! c'est tellement nouveau, tellement théologiquement… *renversant*. Je n'ai jamais entendu parler de ça nulle part. Écoute, je n'aurais jamais imaginé une chose pareille.

C'est là une description parfaite du royaume de Dieu.

Je te le déclare, à présent, tu seras réuni à toutes les âmes avec lesquelles tu as jamais voyagé, celles avec lesquelles tu es en train de voyager et *les âmes avec lesquelles tu voyageras à l'avenir.*

Mes *futurs compagnons* seront là ?

Si tu le veux, oui.

Il ne se produira rien que tu ne choisiras pas. Rappelle-toi : Le « paradis » consiste à obtenir ce que l'on veut et l'« enfer », ce que l'on ne veut pas. On a créé une grande théologie autour de ces deux mots, mais en définitive, ils disent tout. L'« enfer » n'existe pas, à moins que tu ne le crées toi-même. En d'autres mots, tu obtiens *tout de même* ce que tu veux ! Et si tu crées vraiment ton propre enfer, il disparaît dès que tu n'en veux plus.

Alors, en vérité, *il n'y a que le paradis.*

En effet, ça pourrait être le résumé de toute ta théologie : seul le paradis existe.

Utilise les événements d'aujourd'hui pour créer la promesse de demain.

37

Cette idée m'emballe tellement ! Mais, si je dois aussi être rejoint dans ce paradis par les âmes avec lesquelles je passerai des vies futures, ça signifie que je traverserai *toutes* mes vies – y compris *celle-ci* – avec des âmes que j'ai connues… *à l'avance.*

Exact. As-tu jamais rencontré une personne en ayant la certitude de l'avoir déjà connue ?

Oui, bien des fois… Oh, mon Dieu !...

Ce n'est que le commencement de la merveille et de la gloire, mon bel enfant, que le commencement. Shakespeare avait raison : *Il y a plus de choses au ciel et sur la Terre, Horatio, que n'en ont rêvé vos philosophes.*

T'ai-je déjà dit que dans mon royaume, il y a bien des palais ? N'ai-je pas déclaré que vous étiez des dieux ?

Je te le dis, vous allez *tous* vous rassembler, vous, âmes antiques ? Vous allez tous vous rencontrer et vous aimer de nouveau. Vous allez tous vous joindre une fois de plus, et toujours, dans le Cercle sacré de la cocréation.

Et les âmes partenaires de toutes tes vies t'entoureront et t'inonderont d'amour alors que tu répondras à l'Interrogation sacrée : *À présent, veux-tu continuer ? As-tu terminé la présente expérience de la Divinité ?*

Quelle incroyable révélation !

Oh, ma merveille, mon enfant, mon époustouflante création, je ne t'ai presque rien dit encore. J'ai des choses à te montrer qui rendront banales même celles-ci. Et la première que je te montrerai lorsque tu quitteras cette vie, c'est ton être glorieux. *Tel que tu as été créé à l'origine*, tu seras vu, dans le miroir de ton propre amour. Car au ciel, tu t'aimeras de nouveau, tout comme lorsqu'on te le permettait. Tu seras de nouveau jeune et en santé, et tu passeras au monde spirituel avec tout l'entrain et l'esprit de ton époque la plus captivante. Tu feras l'expérience de toi-même comme aux jours de ta jeunesse terrestre, et ce sera comme s'il ne s'était écoulé aucun temps – ce qui sera précisément le cas.

Je dois te poser une dernière question. Elle a trait à quelque chose que nous n'avons pas du tout abordé tout au long de ce dialogue, soit la mort des enfants. Ces derniers vivent-ils les choses dont nous avons parlé ici ?

Oui, mais très en douceur. La mort est très douce pour eux, car ils l'abordent rarement avec toutes sortes d'idées négatives préconçues quant à la suite des événements. Ils sont purs. À peine arrivés du monde spirituel, ils ne sont pas si éloignés du Cœur de leur Être. Ils viennent d'émerger de l'Essence. Ainsi, les petits enfants traversent très rapidement les premiers stades de la mort et refusionnent presque immédiatement avec l'Essence.

Mais lorsqu'ils émergent de ça et qu'ils font l'expérience du moment de l'Interrogation sacrée, poursuivent-ils leur voyage en tant que tout-petits, ou à l'âge qu'ils avaient en quittant leur corps ?

On leur donne le Plus Grand Libre Choix qu'ils auront jamais à faire – celui auquel sont confrontées toutes les âmes avant d'entrer dans le monde spirituel. Ils peuvent poursuivre leur vie en retenant l'identité avec laquelle ils ont quitté leur dernière expérience de la vie physique, ou créer une nouvelle identité. Toutes les âmes ont ce choix.

Il faut dire que les enfants « grandissent » dans l'au-delà. C'est-à-dire qu'ils deviennent pleinement conscients de tout ce qui se passe, et de l'Ultime Réalité. Ils savent pourquoi ils sont venus sur terre et pourquoi ils sont partis si tôt. S'ils ont l'impression d'en avoir terminé avec tout cela, ils peuvent poursuivre, sous la forme de leur choix. Dans le cas contraire, ils ont l'occasion, comme toutes les autres âmes, de « revenir à la vie ». Le processus est donc le même pour l'ensemble des âmes, peu importe l'âge de leur corps lorsqu'elles quittent le monde physique.

Mais à présent, j'aimerais parler des buts de ces enfants qui meurent à un très jeune âge.

Oui, s'il te plaît. J'aimerais beaucoup les connaître.

Les âmes qui entrent dans le corps et le quittent après une très courte période – les enfants qui meurent à la naissance, par exemple, ou en très bas âge – le font inévitablement pour servir le programme d'un autre, sur un plan très élevé.

Toutes les âmes viennent à la physicalité afin d'accomplir leur programme individuel, mais ce dernier peut être presque sans rapport avec elles-mêmes, et très relié au programme des autres. L'âme qui retourne en tant qu'avatar ou maître, par exemple, le fait pour la joie de se connaître à ce titre. Dès lors, elle sait que la meilleure façon d'y arriver consiste à se mettre presque exclusivement au service du programme des autres.

Dans ce cas, le programme des autres peut être de se rappeler Qui Ils Sont Vraiment et, sur un certain plan, d'en faire l'expérience. L'avatar ou le maître sert ce programme en vivant sa vie.

De même, plusieurs âmes viennent sur terre pour ressentir la joie d'être au service du programme des autres d'une manière différente. Dans certains cas, on leur demande de partir tôt afin de le faire. Cependant, ce n'est jamais une tragédie pour ces âmes, qui ont *accepté* de partir tôt.

Tu veux dire que nous concluons des ententes avec d'autres âmes ? Que nous établissons des « contrats » ?

Oui. Rappelle-toi : Toutes les âmes que vous avez jamais aimées vous attendront au moment de votre mort. Cela comprend les âmes qui vous ont précédé dans la mort, de même que celles qui vous ont suivi. Vous ouvrirez les « yeux » en « traversant » et trouverez *chacune là* – tout comme elles *vous* trouveront *là* lorsqu'elles traverseront à leur tour. Vous serez tous là les uns pour les autres dans le Seul Moment Qui Soit.

Nous allons nous rencontrer au même moment et dans le même lieu ?

Tout à fait. Et vous célébrerez joyeusement tout ce que vous avez cocréé afin de pouvoir chacun connaître Qui Vous Êtes Vraiment, et en faire l'expérience. Vous établirez alors un « contrat » ou conclurez une entente les uns avec les autres portant sur ce que chacun fera dans sa prochaine expression *séquentanée*. Comme toujours, vous choisirez de faire l'expérience de cette prochaine expression comme si elle se produisait séquentiellement – et comme toujours, elle aura lieu simultanément.

Il y a un certain temps, tu as posé une question à propos des anges. Tu désirais savoir s'ils retournent jamais sur terre dans la physicalité, et je me demande si tu te rappelles ma réponse.

Bien sûr. Tu as répondu qu'ils le font tout le temps.

Nous parlons ici des enfants qui meurent très tôt.

Ce sont des *anges* ?

Toutes les âmes qui s'incarnent pour servir le programme des autres sont des anges – et tous les enfants morts très jeunes l'ont fait en guise de cadeau. Pendant un certain temps, ce cadeau ne sera peut-être pas compris par les parents et les autres personnes qui sont, naturellement, en deuil profond. Toutefois, je te promets qu'avec le temps, et au fur et à mesure de la guérison, le cadeau sera vu comme tel. Il sera reçu, et le travail de ce petit chéri – qui ne pourrait être décrit *que* comme un ange – aura été accompli.

Cette affirmation guérit. C'est une idée très douce et thérapeutique.

Ce n'est pas seulement une idée. C'est un fait. C'est la réalité. C'est ce qui existe.

Je suis si reconnaissant de le savoir, et de savoir tout ce que tu m'as appris dans mes *Conversations avec Dieu*. Ce dialogue continu avec toi a changé ma vie et touché des millions de gens partout dans le monde. Je ne sais trop quoi ajouter, mais je sais par contre que c'est là notre dernière conversation…

Notre dernière conversation *publique*, car je serai toujours avec toi. Toujours. Tout comme tes proches. Ils planent autour de toi, à présent, certains physiquement, d'autres en tant qu'anges et guides spirituels. Mais ce sont *tous* des anges. Même ceux qui t'ont semblé être des adversaires, que tu as vus comme tes ennemis. Tous sont apparus dans ton monde avec une raison divine et dans un but divin : pour que tu puisses connaître et choisir, exprimer et vivre, devenir et accomplir Qui Tu Es Vraiment.

Par conséquent, sache ceci : *La vie sur cette planète est votre plus grand trésor à tous, créé pour vous en tant que contexte de la prochaine décision la plus glorieuse que vous prendrez à propos de vous-mêmes.* Et sache aussi que pour vous aider dans ce choix, je ne vous ai envoyé que des anges.

Tu me l'as déjà dit, mais je ne t'entendais pas. Ma vie était un tel désastre que je devais trouver quelqu'un à blâmer. Le monde était si près de la destruction que je devais trouver *quelqu'un* sur qui rejeter tout le tort.

Mais n'ai-je pas dit : « Ne jugez pas ni ne condamnez » ? Par conséquent, sois une Lumière dans l'obscurité, ne la maudis pas. Car tout est arrivé pour t'offrir un passage dans le monde et dans l'expérience de ton imagination la plus merveilleuse.

Utilise les événements d'aujourd'hui pour créer la promesse de demain. Sers-toi de ton expérience de maintenant pour engendrer la merveille de toujours.

Sur ce, terminons notre conversation publique. Tu as dit, quelque part dans ce dialogue, que tu n'avais pas encore accompli ce que tu avais entrepris. À présent, tu l'as fait. Ou presque. Il ne te reste qu'à te rappeler comment aimer. Complètement, plutôt qu'un peu. De manière désintéressée, et non uniquement lorsque c'est dans ton meilleur intérêt.

Tu peux te contenter de tout ça, désormais, pour que prenne fin cette conversation publique. Car tu as conduit à sa conclusion – avec cette dernière information sur la cosmologie de toute la vie et de la vie après la mort – un dialogue destiné à l'humanité entière, et c'est suffisant. Tu as donné dix ans de ta vie à ce processus, et c'est suffisant. Tu as changé l'idée que le monde se fait de Dieu, et de la Vie, et c'est suffisant.

Oui, mais pas vraiment tout le monde, pas le monde entier.

Le monde entier a *vraiment* changé. Je te le jure.

Nouvelles Révélations et *Le Dieu de demain* ont été accueillis par des gens de partout. Et grâce à ton travail et à celui de bien d'autres comme toi – les enseignants, les auteurs, les conteurs et chanteurs, les guérisseurs et les prêtres, les conteurs dans des murales en mouvement, les mamans et les papas qui ont câliné leurs enfants dans l'étreinte d'un amour réel et constant, les travailleurs des vignes et tous les messagers profondément engagés à changer la façon dont la vie est vécue sur terre –, le MONDE ENTIER a ouvert la voie à sa remarquable transformation.

Cette transformation s'accomplira avec le temps. Elle est déjà accomplie, avec le Temps et en un Rien de Temps.

Car telle était ta volonté, et la mienne. Et en ce monde que nous avons créé, notre volonté est faite.

En es-tu étonné ?

Tu connaîtras un moment de surprise en entrant pour la première fois dans le monde spirituel, car tu découvriras que tu peux tout créer, et ce, à la vitesse de ta pensée. Et que tu peux arriver à Connaître ce que tu as créé séquentiellement *ou* simultanément, à ta guise. Ça oui ! Quelle surprise ce sera !

Cependant, la plus grande surprise et la plus grande merveille restent à venir. Ce n'est que lorsque tu auras choisi de te recréer à neuf, lorsque tu auras décidé – entouré des âmes de tous tes proches – comment tu veux faire l'expérience de la merveille et de la gloire de Qui Tu Es, que la totalité de ta conscience s'ouvrira à ceci…

LE DIX-HUITIÈME RAPPEL
Le Libre Choix est l'acte de pure création,
la signature de Dieu, et ton cadeau,
ta gloire et ton pouvoir, à jamais.

Tu peux exercer ce pouvoir à la fois dans le monde spirituel et dans le monde physique. Tu l'exerceras par tes pensées, tes paroles et tes actes. Tu es en train de le faire, en ce moment même. Par conséquent, en ce glorieux moment, en ce Maintenant/Toujours, recrée-toi à neuf dans la prochaine version la plus grandiose de la plus grande vision que tu as jamais entretenue de Qui Tu Es.

Et sache ceci, enfin : Quoi que tu choisisses et où que tu sois, tu as toujours la capacité d'instantanément...

Retourner à Dieu.

Ainsi soit-il.

Postface

Chers merveilleux amis...

Merci d'avoir entrepris ce périple avec moi. Je suis si reconnaissant !

Je suis reconnaissant, car je sais qu'il vous a fallu du courage et une énorme volonté pour vous ouvrir tout ce temps aux nouvelles pensées et idées sur Dieu et la Vie exposées dans ce dialogue. Je suis également reconnaissant, car je sais que, désormais, vous comprenez, vous aussi. Que vous vous rappelez, vous aussi, Qui Vous Êtes Vraiment. Et cela peut transformer notre monde.

Lorsque j'ai commencé ce dialogue il y a dix ans, je me sentais très seul. Déjà, cependant, je savais que les messages de ces livres extraordinaires n'étaient pas destinés qu'à moi. Ils s'adressaient au monde entier, car ils pouvaient le *changer*. Actuellement, notre monde a besoin d'un peu de changement, si nous voulons poursuivre notre aventure sur cette Terre magnifique et jouir d'une vie meilleure.

Nous sommes allés aussi loin que nous le pouvions dans la direction prise. Aujourd'hui, nous déconstruisons petit à petit ce que nous avons rassemblé au cours de notre long processus d'évolution. Nous voyons se dérouler cette déconstruction graduelle tout autour de nous. Toutefois, les dés ne sont pas jetés, et notre avenir n'est nullement déterminé. En effet, notre espèce se retrouve cette fois devant une alternative, au seuil du lendemain. Effectuerons-nous dès maintenant un saut quantique vers une expression magnifique de la vie collective dont nous avons été dotés, pour devenir véritablement des êtres hautement évolués ? Ou ferons-nous un pas de géant en arrière, retournant à nos propres débuts de misère, adoptant de nouveau la mentalité de l'homme des cavernes, et vivant en fonction des priorités les plus primitives ?

Telles sont les questions auxquelles est dorénavant confrontée l'humanité, des questions qui me hantent depuis les premiers jours de ma jeunesse. Déjà, à cette époque, je pressentais que la solution à nos problèmes les plus pressants se trouvait droit devant nous et consistait tout simplement à redéfinir nos idées préconçues les plus fondamentales sur notre vie. Aujourd'hui, après une décennie de conversations avec Dieu, j'en ai la certitude.

Cependant, je sais également ceci : changer les idées préconçues de l'humanité sur la vie ne se fait ni aisément ni en restant seul. Les efforts combinés de tous les humains qui se sentent appelés à collaborer à la création de l'avenir s'avère nécessaire, et vous savez déjà si vous faites ou non partie de ce groupe. Le cas échéant, vous vous engagerez à faire suivre cette décennie de dialogues par un siècle de changements. À mon avis, une centaine d'années suffiront – le reste de ma vie et de la vôtre, et quelques années de plus – pour assurer l'avenir de l'humanité. À l'échelle cosmique, c'est un clin d'œil, mais à l'échelle humaine, c'est un travail à long terme, et il est temps de commencer. En réalité, ce travail est amorcé, mais pas trop tôt, comme vous pouvez le constater en jetant un regard rapide sur le monde qui nous entoure.

Notre mission, si nous choisissons de l'accepter, consiste à modifier l'idée que le monde se fait de lui-même. Dans ce but, nous devons transformer notre Récit culturel. Nous devons changer ce que nous nous disons sans cesse sur qui nous sommes, ce qu'est la vie, ce que nous faisons sur terre et ce que Dieu veut. Nous devons élever nos enfants autrement, avec de nouvelles idées sur le sens de la nature humaine. Et nous devons d'abord nous rééduquer nous-mêmes.

Vous savez tout cela, bien sûr. Au plus profond de lui, chacun le sait déjà ; c'est pourquoi il est venu à ce livre. Vous pensiez peut-être que c'était le fruit du hasard, ou par simple coïncidence, mais vous voyez bien, à présent, que ce n'était pas le cas. Vous vous êtes chacun ouvert à ce dialogue avec la Déité, vous vous êtes permis d'avoir cette conversation avec Dieu afin de vous rappeler ce que vous avez toujours su au plus profond de votre être et, dès lors, rassembler et former les énoncés nécessaires en vue d'aider tous les autres à se rappeler à leur tour.

Voilà, en somme, pourquoi ces *Conversations avec Dieu* se sont présentées à moi, ainsi qu'à vous.

C'est donc maintenant qu'il faut entreprendre la tâche véritable. Et vous avez un rôle important à jouer, qu'il vous reste quatre semaines ou quatre mois à vivre, que vous ayez quatre ans ou quatre décennies devant vous.

Même les personnes qui sont très proches de la mort – surtout elles, peut-être – ont un rôle à jouer. Si elles le veulent, elles peuvent, par leur façon de mourir, envoyer un message qui rejoindra leur entourage et, par conséquent, leur monde. C'est d'ailleurs l'un des principaux arguments du dernier dialogue de ce livre : *La mort est un acte de création*.

De même, ceux d'entre nous qui vivront un peu plus longtemps sous leur forme physique actuelle ont beaucoup à apporter au processus par lequel toutes les âmes se rappelleront qui nous sommes tous et ce que nous faisons ici. Venus sur terre pour connaître notre identité véritable et en faire l'expérience, nous pouvons accélérer ce processus en aidant les autres à connaître la leur et la vivre. Voilà le Grand Secret de la Vie. C'est le tournant le plus important que nous ayons à prendre sur la voie du retour à Dieu.

Il y a bien des façons d'entreprendre cette tâche, mais avant de vous laisser ce dernier texte du dialogue, je vous suggère une manière extraordinaire de changer votre vie et votre monde. Examinons d'abord des choses assez simples à faire et des ressources immédiatement accessibles aptes à élargir votre expérience personnelle de la merveilleuse énergie de la Nouvelle Spiritualité.

Vous pourriez choisir de générer une énergie de groupe pour explorer les idées de la Nouvelle Spiritualité susceptibles de libérer l'humanité de son vieux paradigme de peur et de séparation, de colère et de violence, en vue de passer à une expression plus paisible et joyeuse de la vie. Pour ce faire, il vous est possible de former un groupe d'étude de *Retour à Dieu*. Créer de petits groupes de rencontres et organiser des réunions informelles chez des gens, deux ou trois fois par mois, peut grandement aider tout le monde à former un nouveau Récit culturel, en élaborant de nouvelles croyances qui engendreront de nouveaux comportements quotidiens. (Vous trouverez de l'information utile sur un cours de *Retour à Dieu* sur le site nealedonaldwalsch.com.) C'est ainsi que nous changerons le monde, n'en doutez pas. Les rencontres régulières de quelques personnes réunies en petites « cellules » dans le monde ont déjà eu un effet sur notre vie quotidienne. Il ne s'agit pas de savoir si on peut le faire, mais comment faire.

Partout où je vais, on me pose souvent cette question : « Comment puis-je transmettre à mes enfants les messages de

Conversations avec Dieu ? » J'ai le bonheur de vous annoncer que c'est maintenant possible, grâce à Robert Friedman, un homme remarquable qui a choisi de publier une collection de livres pour enfants inspirés de *CAD*. Les deux premiers ouvrages de cette série sont *The Little Soul and the Sun* et *The Little Soul and the Earth*. Ces livres racontent l'histoire progressive de la Petite Âme, et son aventure sur le plan spirituel et dans le monde physique. Ils sont si bien écrits, et si bien illustrés, que les enfants de quatre à sept ans peuvent facilement en saisir la signification profonde.

D'autres aventures de la Petite Âme restent à paraître. Toutes sont publiées à la maison d'édition Hampton Roads, que M. Friedman a créée afin d'apporter ces messages au monde. (C'est cet homme qui, le premier, a pris le risque de publier la trilogie initiale de *Conversations avec Dieu*, il y a dix ans. Ce qui semble aujourd'hui banal était à l'époque un pari. Il aurait pu perdre alors beaucoup d'argent et de bonne volonté. Pourtant, cela n'a pas arrêté Bob, et le monde est désormais meilleur parce qu'il a eu ce grand courage et cet engagement.)

À vos enfants ou petits-enfants adolescents, vous pouvez offrir *Conversations avec Dieu pour les adolescents*. Ce livre présente sur la vie des questions fort pertinentes posées par des adolescents. J'ai fait le tour du monde et du réseau Internet pour leur demander ceci : « Si tu pouvais poser n'importe quelle question à Dieu, quelle serait-elle ? » Cela a donné l'extraordinaire dialogue de ce livre unique pour eux.

Peut-être cherchez-vous de magnifiques rappels musicaux des messages du présent ouvrage. Laissez-moi vous en recommander quelques-uns ? L'album de Carly Simon *Have You Seen Me Lately* ?, sorti il y a quelque temps, renferme l'extraordinaire chanson « Life is Eternal », basée sur le message de Rossiter W. Raymond que j'ai cité dans ce livre. Annie Sims, chanteuse country au style raffiné, a également enregistré des chansons très particulières, dont au moins deux s'inspirent directement de son expérience de *Conversations avec Dieu*. « Go Within », belle à pleurer, tirée de son album *Half the Moon*, en est un exemple profondément émouvant. De même, un grand nombre des chansons profondément pénétrantes qu'Alanis Morissette a écrites et enregistrées ces dernières années viennent droit du cœur de la Déesse ou du Dieu en nous. Je trouve vraiment inspirant l'engagement d'Alanis à utiliser son don extraordinaire pour élargir la conscience planétaire tout en divertissant.

J'aimerais également vous sensibiliser à un moyen de partager ce que les participants de nos retraites de Renouveau spirituel de *CAD* ont vécu au fil des années, durant les très particulières méditations guidées offertes par Nancy Fleming-Walsch. Pour un grand nombre de nos participants, ces méditations remarquables représentaient un passage du Savoir au Vécu quant à leur nature véritable et fournissaient une merveilleuse façon de voir leur lien avec la Source. Ce mouvement du Savoir au Vécu est le périple dont nous avons largement parlé dans ce livre. Trois des méditations profondément efficaces de Nancy sont maintenant sur le CD *Your Secret Place*. Je le recommande hautement à ceux qui cherchent un outil d'approfondissement du Retour à Dieu.

Toute l'information sur le Cours de *Retour à Dieu*, les livres *Little Soul* pour enfants, la musique d'Annie Sims et d'Alanis Morissette, les extraordinaires visualisations guidées du CD *Your Secret Place*, et les retraites de Renouveau spirituel de *Conversations avec Dieu* qui sont offertes partout dans le monde sont disponibles à l'adresse www.nealedonaldwalsch.com. Vous n'avez qu'à cliquer sur le lien *Special Opportunities and Resources*. Et ce n'est là que le début.

À mon avis, vous pourrez *vous-même*, à partir de tout cela, développer une grande force dans la création de notre avenir collectif. Et je le répète, il ne s'agit pas de savoir si vous le *pouvez*, mais si vous le *voulez*.

Pour ce faire, vous devez cependant disposer d'un outil, d'une méthode, d'un moyen pour que la force puissante qui est en vous puisse agir sur la force puissante à l'extérieur de vous. Vous avez déjà cet outil, mais n'en avez peut-être pas conscience. C'est l'accomplissement individuel par l'action collective. C'est la méthode par laquelle chacun de nous peut arriver à ses fins en s'unissant à d'autres, dans une entreprise qui canalise ses efforts vers un but identique. Comme l'indique cette citation déjà empruntée : « Le problème du monde actuel, c'est que les civils ne sont pas organisés… et que les gens organisés ne sont pas civils. » Je crois que c'est le chroniqueur Jimmy Breslin qui a écrit cela, et il n'aurait pu tomber plus juste. Notre rôle est donc de *nous organiser*.

En octobre 2005, devant un auditoire de quelque 750 personnes aux Pays-Bas, j'ai fait une déclaration assez spontanée qui a, depuis, déclenché le projet mondial d'un groupe sélect de gens extraordinaires. Ce soir-là, j'ai dit à l'auditoire : « Voyez ce qu'une poignée de gens a fait pour répandre la terreur dans notre monde. Imaginez ce qu'un aussi petit nombre de gens pourraient faire s'ils s'engageaient tout autant à créer la paix, l'amour et la joie dans notre monde. »

Puis j'ai ajouté : « Envoyez-moi un millier de gens – dix des Pays-Bas, dix du Danemark, dix de la France, dix de l'Allemagne, dix de l'Italie… Cent de toute l'Europe, cent autres de la Corée, de la Chine, du Japon et de l'Extrême-Orient, cent du Moyen-Orient, cent de l'Afrique, cent de l'Amérique du Sud, cent de l'Amérique du Nord, et ainsi de suite… Envoyez-moi seulement mille personnes réparties ainsi sur toute la planète, et nous changerons le monde. »

Ensuite, je me suis étonné en rajoutant : « D'ailleurs, si vous voulez faire partie de ces personnes, envoyez-moi un courriel à info@TheGroupOf1000.com. » À l'époque, cette adresse n'existait même pas ! Après la conférence, j'ai dû me précipiter vers ma chambre d'hôtel afin de la créer. Le lendemain matin, quand j'ai ouvert cette nouvelle adresse de courrier électronique, elle contenait 77 messages !

Nous étions sur la bonne voie.

Nous avançons désormais en tissant un réseau mondial qui soutiendra une remarquable initiative planétaire afin d'aider l'humanité à changer sa conception d'elle-même. Nous avons l'intention de le faire en modifiant notre Récit culturel, *et ce*, en changeant ce que nous nous enseignons *à propos* de nous-mêmes.

Ceux qui se renseignent sur le Groupe des 1 000 ne décident pas tous d'en devenir membres, car le type d'engagement requis envers notre monde et son avenir est très, très élevé. Ceux qui se sont inscrits ont choisi de changer le cours des choses sur notre planète d'une manière profonde et remarquable.

Si vous voulez en connaître davantage sur cette initiative spirituelle et concrète, veuillez écrire à info@TheGroupOf1000.com.

J'aimerais conclure cette postface en me penchant sur la religion traditionnelle et son point de vue le plus récent sur une partie de ce contenu. Je sais que bien des membres des religions traditionnelles accorderont leur attention à ce dialogue et à ce que nous faisons ici.

Souvent, je souhaiterais que certaines de ces religions puissent voir les choses quelque peu différemment. Il y aurait tellement de changements si seulement la religion traditionnelle cessait d'enseigner que Dieu nous envoie tous en enfer, que c'est lui qui nous récompensera ou nous condamnera à la damnation éternelle, au Jugement dernier. Des millions de gens n'auraient plus alors à aborder la vie, la mort ou Dieu dans la peur.

Souvent aussi, je me dis : Si seulement la religion pouvait enseigner que *nous nous faisons cela à nous-mêmes !* Nous pourrions alors cesser de nous sentir coupables à l'approche de la mort et ne créerions jamais notre propre « enfer » en franchissant cette porte.

Malgré tout, je reconnais que cette religion envoie *vraiment* des messages nouveaux, et j'en suis véritablement reconnaissant. Cela m'apparaît comme un signe sûr et certain de notre évolution, et je veux reconnaître et honorer le changement époustouflant que j'ai constaté dans les propos de certains chefs religieux contemporains.

Dans plusieurs livres précédents, j'ai mentionné les remarquables affirmations du pape Jean-Paul II. L'enfer n'est pas un lieu, a-t-il dit. Le « ciel » et l'« enfer » sont (selon ses paroles, et non celles de *Conversations avec Dieu* !) des « états d'être ».

Dans des allocutions prononcées devant un auditoire de plus de 8 000 personnes, plusieurs mercredis de suite, en juillet 1999, Jean-Paul II s'est penché davantage sur ces idées de ciel et d'enfer. Selon l'*Osservatore Romano*, le journal du Saint-Siège, le Saint-Père a dit : « Quand ce monde se sera dégagé de sa forme, ceux qui ont accueilli Dieu dans leur vie et se sont sincèrement ouverts à son amour, du moins à l'instant de leur mort, goûteront cette plénitude de la communion avec Dieu, qui est le but de la vie humaine. »

Bien sûr, c'est quasiment là une répétition des propos tenus dans le livre que vous tenez entre vos mains.

« Le ciel est la fin ultime et l'accomplissement des plus profondes aspirations humaines, l'état de bonheur suprême et définitif », a poursuivi le pape.

Traitant de l'enfer dans sa catéchèse, il nous met en garde contre le danger d'interpréter faussement les images de l'enfer dans l'Écriture sainte : « Plutôt qu'un lieu, l'enfer indique l'état de ceux qui se séparent librement et définitivement de Dieu, source de toute vie et de toute joie. »

Je crois que le pape était directement inspiré par la Déité au moment de ces déclarations. En outre, il était sûrement conscient du fait que le monde entier suivait chacune de ses paroles. Mes propres conversations avec Dieu précisent souvent et clairement que l'enfer n'est pas une punition de Dieu, mais une création formée par l'impression d'isolement des humains à qui on a enseigné qu'ils sont séparés de Dieu.

De plus, la présente conversation m'a incité à révéler que les idées et concepts sur l'enfer et la damnation que nous gardons toute notre vie se reproduisent dans notre expérience après notre mort. C'est le cas, explique Dieu dans ce livre, au deuxième stade de la mort, lorsque notre expérience correspond à nos attentes – y compris la mort, si telle est notre attente.

Dans ses remarques en 1999, Jean-Paul II disait que l'enfer « n'est pas une punition imposée par Dieu de l'extérieur, mais le développement de prémisses déjà établies par les gens en cette vie ».

N'est-ce pas incroyable ? Cette déclaration provient directement de la plus grande autorité religieuse dans la vie de millions de gens dans le monde, le chef temporel et spirituel de l'une des plus grandes religions.

« L'enfer est un état qui résulte d'attitudes et d'actions que les gens adoptent en cette vie », a ajouté Jean-Paul.

Encore là, c'est précisément ce que nous avons dit ici.

L'idée du pape selon laquelle l'enfer n'est pas une punition de Dieu, mais quelque chose que nous créons nous-mêmes au moyen de nos pensées de séparation du Divin, ressemble remarquablement aux déclarations de l'évangéliste Billy Graham il y a plusieurs années :

« Tout ce que je peux affirmer avec certitude, c'est que l'enfer signifie notre séparation de Dieu. Nous sommes séparés de sa lumière, de sa compagnie. C'est cela, l'enfer. Quant au feu pris au sens propre du terme, je ne prêche pas à son sujet, car je n'en suis pas certain. » (Magazine *Time*, 15 novembre 1993)

Alors, existe-t-il un véritable « lac de feu » qui brûle littéralement et éternellement ? Selon la Bible, la réalité de l'enfer est une doctrine essentielle (épitre aux Hébreux, chap. 6, versets 1 et 2). Jude enseignait que l'enfer est un lieu réel de feu et de tourments (épitre de Jude, chap. 3, verset 7). L'apôtre Jean a déclaré que l'enfer était un lieu véritable (Livre des révélations, chap. 14, v. 10 ; chap. 20, v. 10 à 15 ; chap. 21, v. 8). Mais le rév. Graham et Jean-Paul II rejettent complètement cet enseignement définitif de l'Écriture sainte.

J'ai donc la joie de reconnaître que la religion dominante est en train de s'éveiller. Nous pouvons espérer que l'avenir sera plus lumineux. Nous pouvons *vraiment* atteindre une masse critique en partageant avec notre monde de nouvelles idées sur Dieu et sur la Vie, si nous nous rassemblons tous, en utilisant la force du réseau Internet et d'autres formes de communication de masse, dont la radio, la télévision et le cinéma.

J'ai l'intention de me servir de tous ces outils au cours des mois et des années qui viennent, maintenant que ma « mission » a changé. Comme je l'ai précisé, ce livre de dialogues est le dernier, mais ce n'est pas pour autant la fin de mon œuvre. Dieu a tout simplement modifié ma « description de tâche » : il ne s'agit plus de *transmettre* le message, mais de le *lancer*. En accomplissant cette nouvelle mission, j'ai l'intention de rêver l'impossible rêve, à savoir que l'humanité entende un jour l'affirmation de Dieu à l'humanité entière : *Vous m'avez très mal compris.*

Jusqu'ici, l'humanité n'a rencontré qu'un ennemi invincible dans sa longue quête d'accomplissement de soi. Cet ennemi, c'est l'idée que nous nous faisons de nous-mêmes. Comme l'a si bien dit Pogo, le merveilleux personnage de bandes dessinées de Walt Kelly : *« Nous avons rencontré l'ennemi, et c'est nous. »*

Ainsi, comme Don Quichotte, j'aurai maintenant une façon différente de me voir, de nous voir tous et de voir le monde.

Cette mission, vous l'assumerez aussi, je l'espère. Dieu nous a promis que les idées du monde étaient en train de changer et que nos rêves peuvent véritablement changer le monde entier. J'aimerais constater cela dans l'instant présent de ma vie. Je nous presse tous, alors que nous continuons de créer notre réalité collective dans le temps et l'espace, de rassembler nos énergies afin d'obtenir les résultats nouveaux et merveilleux auxquels nous aspirons depuis si longtemps. Je n'oublierai jamais mon partenariat spirituel avec vous, au cours de ces dix dernières années de partage de conversations avec Dieu. Je vous chéris et vous aime en tout temps et en tout lieu de mon être.

Et maintenant, *tous* en chœur…

Rêver un impossible rêve
Porter le chagrin des départs
Brûler d'une possible fièvre
Partir où personne ne part

Aimer jusqu'à la déchirure
Aimer, même trop, même mal,
Tenter, sans force et sans armure,
D'atteindre l'inaccessible étoile

Telle est ma quête,
Suivre l'étoile
Peu m'importent mes chances
Peu m'importe le temps

Ou ma désespérance
Et puis lutter toujours
Sans questions ni repos
Se damner
Pour l'or d'un mot d'amour
Je ne sais si je serai ce héros
Mais mon cœur serait tranquille
Et les villes s'éclabousseraient de bleu
Parce qu'un malheureux

Brûle encore, bien qu'ayant tout brûlé
Brûle encore, même trop, même mal
Pour atteindre à s'en écarteler
Pour atteindre l'inaccessible étoile[1].

Toujours, et de toutes les façons.
Neale Donald Walsch
Ashland, Oregon
Noël 2005

1. « La Quête », extrait de *L'Homme de la Mancha*, de Joe Darion et Mitch Leigh, adaptation de Jacques Brel.

Rappels

Le Premier Rappel : On ne meurt que pour soi.

Le Deuxième Rappel : Vous êtes la cause de votre propre mort. C'est toujours vrai, quels que soient le lieu ou les circonstances.

Le Troisième Rappel : On ne peut mourir contre son gré.

Le Quatrième Rappel : Aucun chemin de Retour n'est meilleur qu'un autre.

Le Cinquième Rappel : La mort n'est jamais une tragédie. C'est toujours un cadeau.

Le Sixième Rappel : Vous ne faites qu'un avec Dieu. Il n'existe aucune séparation.

Le Septième Rappel : La mort n'existe pas.

Le Huitième Rappel : On ne peut changer l'Ultime Réalité, mais on peut changer l'expérience qu'on en fait.

Le Neuvième Rappel : Tout Ce Qui Est désire Se Connaître dans sa propre Expérience. Telle est la raison de toute la Vie.

Le Dixième Rappel : La vie est éternelle.

Le Onzième Rappel : Le moment et les circonstances de la mort sont toujours parfaits.

Le Douzième Rappel : La mort de chaque personne sert toujours le programme de toute autre personne qui en a conscience. *C'est pourquoi elle en a conscience.* Par conséquent, aucune mort (ni aucune vie) n'est jamais « gaspillée ». Personne ne meurt jamais « en vain ».

Le Treizième Rappel : La naissance et la mort sont une seule et même chose.

Le Quatorzième Rappel : Vous êtes continuellement dans l'acte de création, dans la vie et dans la mort.

Le Quinzième Rappel : L'évolution est sans fin.

Le Seizième Rappel : La mort est réversible.

Le Dix-septième Rappel : Dans la mort, vous serez accueillis par tous vos proches – ceux qui sont morts avant vous et ceux qui mourront après vous.

Le Dix-huitième Rappel : Le Libre Choix est l'acte de pure création, la signature de Dieu, et ton cadeau, ta gloire et ton pouvoir, à jamais.

Récentes parutions aux Éditions Ariane

Auteur	Titre
Steven M. Greer	Non reconnu
Simon Buxton	L'Abeille initiée
Neale Donald Walsch	Conversations avec Dieu, tome 4
Philip J. Corso	Au lendemain de Roswell
Sondra Barrett	Le secret de vos cellules
Gerry Gavin	Présence des anges
Kevin Hall	La puissance des mots
Michael E. Salla	Programmes spatiaux et alliances extraterrestres, tomes I et II
T. Colin Campbell	Redevenir entier
Pierre Lessard	Au-delà des frontières dimensionnelles
Bruce Lipton	Biologie des croyances édition 10e anniversaire
Dorothy Maclean	La voix des Dévas
John MacKey, Rajendra Sisoda	L'entreprise responsable et consciente
John Perkins	Confessions d'un assassin économique
Chrystèle Pitzalis	Osmose temporelle, tome III – Trânma
Gordon Lindsay	Nouvelle alliance
Pierre Lessard	Nourriture de guérison et de transmutation cellulaire
Ron Garner	Révolution pour un monde sans maladie
Eckhart Tolle	Le pouvoir du moment présent, œuvre intégrale
Jim Self, Roxane Burnett	Transition dimensionnelle
Marc M. Vallée	Émergence d'un monde nouveau
Monika Muranyi	L'âme humaine révélée
Chrystèle Pitzalis	Osmose temporelle, tome II – Sôthis
Suzan Stiffelman	L'Art d'être un parent présent
Yvon Dubé	La technique Love Energetics
Betty Quirion	La fraîcheur de l'instant
Michael J. Roads	Marcher entre les réalités
Sten Linnander	Je suis avec vous
Joe Dispenza	Le placebo, c'est vous !
Paul Selig	Le livre du savoir et de votre valeur

ARIANE BOUTIQUE en ligne

www.editions-ariane.com/boutique/

Canada : Flammarion Québec — 514 227-8807 — www.flammarion.qc.ca

France, Belgique : DG DIFFUSION — 05.61.000.999 —www.dgdiffusion.com

Suisse : Servidis diffusion — 23.42.77.40 — www.servidis.ch